近代史資料

Sources in Modern Chinese History

中国社会科学院近代史研究所《近代史资料》编辑部 编

总139号

中国社会科学出版社

图书在版编目(CIP)数据

近代史资料. 总139号/中国社会科学院近代史研究所《近代史资料》编辑部编. —北京：中国社会科学出版社，2019.6

ISBN 978-7-5203-4470-8

Ⅰ. ①近…　Ⅱ. ①中…　Ⅲ. ①中国历史—近代史—史料
Ⅳ. ①K250.6

中国版本图书馆 CIP 数据核字（2019）第101184号

出 版 人　赵剑英
责任编辑　冯春凤
责任校对　张爱华
责任印制　张雪娇

出　　版　中国社会科学出版社
社　　址　北京鼓楼西大街甲158号
邮　　编　100720
网　　址　http://www.csspw.cn
发 行 部　010-84083685
门 市 部　010-84029450
经　　销　新华书店及其他书店

印刷装订　环球东方（北京）印务有限公司
版　　次　2019年6月第1版
印　　次　2019年6月第1次印刷

开　　本　880×1230　1/32
印　　张　9
字　　数　233千字
定　　价　59.00元

目　　录

锡良函稿（十）

锡　良著

捌、东三省总督时期

宣统元年——三年

Ⅰ. 蒙旗开荒

1. 札达尔罕王旗

宣统元年二月初八日

为札行事：

案查本大臣筹设洮南府驿站道路、开放达尔罕王旗荒地一折，于光绪三十四年十二月初十日具奏，奉旨："理藩部议奏。钦此。"本年正月二十日经理藩部复奏请旨，饬由东三省总督派员会同该旗员，先将所拟开辟之路详细履勘，妥筹办法，并按该王所报各情，切实查明究与蒙旗有无窒碍，绘图贴说，奏明办理等因。奉批："依议。钦此。"准理藩部咨行到奉，本大臣自应钦遵办理。

查辽源州通入洮南府道路，自从札萨克图王旗、镇国公旗放荒以来，均由该旗荒地经过。计自卧虎屯起至边昭止，约二百余里，人烟寥落，盗贼横行，往往酿成巨案，行旅视为畏途，蒙旗

整理者：本篇资料由《近代史资料》编译室整理。

亦多不便，叠经前任军督部堂派员向该王旗商议开放，迁延至今，迄未遵办。本大臣到任以来，历次派员赴蒙旗调查测绘，于该王旗地势蒙情，无不了然在胸，是以于筹设驿站折中，并奏请将该王旗沿路两旁各划十里，出荒招恳在案。以达尔罕旗管界之广，此路站荒不过划出百分之一，何得谓于合旗蒙民游牧生计大有妨碍？且现在由奉天通洮南、卜魁各路电线，早经在此路架设，亟须驻兵设站，以资巡护，开放一事，万不容缓。乃该王旗总以有碍游牧为词。事关全盟之治安，三省之军报，岂有徇该旗一己之私见，听其阻挠国家要政之理。惟念蒙旗锢蔽太深，罔顾利害，于外人侵略之现状及朝廷整顿之苦心茫然不知，每遇举行新政，往往因此误会，自生疑阻，良可慨也。

兹本大臣遵旨，遴派妥员查办，不惮剀切开导。兹派辅国将军辽阳城守尉宗室德裕、奉天旗务司科员候补直隶州知州明哲，前往该王旗明白宣布，并按照原奏所陈各节，会同详细查勘，妥拟办法，呈候核夺。札到，仰该王旗俟委员到时，和衷商办，并传知闲散王、贝勒、贝子、公及属下人等一体遵照。该札萨克为一旗之主，其协理台吉、管旗章京等均有办事责任，尤当深明大义，恪遵谕旨，妥筹办法，毋得始终固执旧见，仅以有碍生计一语空言塞责，致贻后悔！此次事在必行，无论如何为难，该王旗总当切实遵办，以副本大臣谆谆劝勉之意。切切！此札。

2. 咨哲里木盟盟长

宣统元年二月初八日

为咨行事：

案查本大臣筹设洮南府驿站道路、开放达尔罕王旗荒地一折云云，以副本大臣谆谆劝勉之意。除分行外，相应咨行贵盟长察照，转饬达尔罕王旗切实遵办，以利交通，而维公益，盼速施行。须至咨者。

3. 咨达尔罕王旗多罗郡王

宣统元年二月初八日

为咨行事：

案查本大臣筹设洮南驿站道路，开放达尔罕王旗荒地一折，于光绪三十四年十二月初十日具奏，奉旨："理藩部议奏。钦此。"本年正月二十日经理藩部复奏请旨，饬由东三省总督派员会同该旗，先将所拟开辟之路详细履勘，妥筹办法，并按照该王所报各情，切实查明究与蒙旗有无窒碍，绘图贴说，奏明办理等因。奉批："依议。钦此。"准理藩部咨行到奉，本大臣自应钦遵办理。

查由辽源州通入洮南府道路，自从札萨克图旗、镇国公旗放荒以来，均由该旗荒地经过。计自卧虎屯起至边昭止，约二百余里，人烟寥落，盗贼横行，往往酿成巨案，行旅视为畏途，蒙旗亦多不便，叠经前任军督部堂派员向该王旗商议开放，迁延至今，迄未遵办。本大臣到任以来，历次派员赴蒙旗调查测绘，于该王旗地势蒙情，无不了然在胸，是以于筹设驿站折中，并奏请将该王旗沿路两旁各划十里，出荒招垦。以达尔罕旗管界之广，此路站荒不过划出百分之一，何得谓于合旗蒙民游牧生计大有妨碍？且现在由奉天通洮南、卜魁各路电线，早经在此架设，亟须驻兵设站，以资巡护，开放一事，万不容缓。本大臣深知蒙旗生计艰难，开路放荒，原欲各闲散王公所有分地逐渐招垦收租，一体均沾利益。乃访闻该王旗协理台吉、管旗章京一味把持旗务，札萨克等听从属员一面之词，阻挠公益，反以各闲散公等不愿开放为口实。

查此项站荒，多系贵郡王属下之地。兹派辅国将军辽阳城守尉宗室德裕、奉天旗务司科员候补直隶州知州明哲，面见贵郡王，和衷商办。贵郡王世受国恩，深明大义，且现充哲里木帮办盟务，尤应首先提倡，报效国家，从速开放，以为达尔罕王旗各王公、贝勒、贝子、公之劝。本大臣上体朝廷恩德，下念蒙古王公困难，凡可为贵郡王仰恳恩施优予利益之处，自必妥为筹计，以示体恤。事关全盟之治安、三省之军报，岂能听该旗固执旧见，阻碍国家要政。此次奏明开放站荒，事在必行，无论如何为难，总期贵郡王极力赞成，无负本大臣谆谆劝导之意！除分行外，相应咨请贵郡王察照办理。须至咨者。

附：蒙务局呈

宣统元年闰二月二十三日

案奉钦帅行知理藩部复奏筹设洮南驿站、开放达尔罕王旗荒地一折，饬局核办等因。查阅原奏多据蒙王抵拒之词，为依违两可之议。惟折中有请旨饬下东三省总督，派员查勘妥筹办法一层。该蒙王在京时，既经理藩部传询，总以有碍生计借口，部折曲为回护，不无先入为主，其有成见可知。且此折在蒙旗视之，必为已经部驳，非另筹办法，未免徒费唇舌，甚无益也。兹奉钧谕筹议，适有达尔罕王旗之印务梅楞道达德宝，为辽源州三岔河争领税务津贴一案来奉，因明哲带同来见，借探该旗内容。据称该旗事务均由老福晋作主，王爷并无实权。此项站荒，实系闲散王、贝勒、贝子、公属下牧地，既经奉旨查勘，须由王府会集七家王公协商，方能办理。但开放站荒一事，本旗台壮人等大半墨守旧见，本札萨克等不肯轻易允从，历任将军、总督提议此事，均未切实奏明请旨，是以旋议旋罢，并非旗下人等故意阻挠也。现在此路已经安设电线，旗下人等亦知此事必须开放，但原奏将东西各划若干里，其在路东之地，蒙人未便越界游牧，是虽名为开放站荒二十里，其实东边之地已成夹荒（即瓯脱之意），等诸废弃，于蒙情最为不便。可否变通办法，将电线往东挪移，尽本旗郭尔罗斯公旗接界之处挨放一段。按所指沿边即长岭县所出荒界，站路亦沿荒界修筑，较为两得。照此商办，蒙旗必所乐从等语。

查蒙员所述各节，即该蒙王在部呈称东西分为两段有碍生计同意。若沿郭尔罗斯荒界出放，挪移电线，别开站路，亦断无如此办法。蒙人愚谬固执，其抵拒搪塞之伎俩内容，亦不过尔尔。现经钦帅将该王阻挠之情形及此路必须开放之关系，详细胪陈，并绘具图说以进。如荷特允，严饬该王遵办，自易就我范围。而蒙人懵于情势，劝导一层，亦不可少。查勘地段，亦须派员会同办理。拟趁辽阳城守尉德裕、旗务司一等科员明哲等前赴该旗勘议采哈新甸一案之便，饬令就近与议站荒办法。如果该札萨克仍然固执前说，即令向闲散王公等劝导。缘此荒属于温都力郡王者居多。该王去岁情愿出荒，曾向该员等商请代恳钦帅出奏，此次往商，正可迎机以导。如果因应得宜，亦足间执札萨克之口，于开放荒务或有裨益。

除另将拟行该王旗及温都力郡王札咨各一件，呈请核阅印发交该员等赍投外，所有筹议派员商办该王旗站荒事宜，谨具条议，呈请鉴核施行。

附呈清折一扣。

谨拟派员商办达尔罕王旗站荒事宜说略

一、商办次第。此次该员等因采哈新甸一案，前往该旗勘段，自应先将采哈新甸荒界议妥，接续再议站荒。但采哈新甸指段虽先经该旗允认，遵照奏案执行，该旗当无异言。其难处在较量地亩之膏瘠，足敷抵债与否为断。而开放站荒为该旗固拒之事，提议及此，未免触其疑忌之心。虽奉朝廷谕旨，不敢显与委员为难，必借口推诿须与各闲散王公会议，各王公又多与该札萨克不合，恐难协议有济，且明知委员不能久留，故为此延宕之计也。是该员等往商，先借议办采哈新甸一案，与该旗协理以下各员联络熟识，探彼疑惧之内容，施我应付之手段，然后相机开导，怵之以威信，动之以利禄，并不惮劳费唇舌、濡滞时日，盖非使该旗上下晓然，知我事在必行，迫而就我商问善后条款，不能予以通融利益也。

二、通融条议。查该王旗对于开放站荒，始终以有碍生计执为口实者，厥有数端：一、路线中抽，东西之地蒙旗无从管理；二、界内有台壮自招垦地，蒙员坐失私利；三、放荒收价及常年租赋，不愿国家干涉与夫分给闲散王公。此数原因，该王虽未明言，默揣蒙情之疑虑在此，部文所谓妥筹办法者亦在此。姑就所知，分条揭出，以资应付，并为解决如左：

甲、案该旗所指路线东段之地，东南与怀德、奉化邻近，即采哈新甸、哈尔巴山等处；东北与郭尔罗斯公前旗接壤，即吉林长岭子、新集厂荒界。该段虽系生荒，地面甚广，其间不无蒙屯私垦之户。路线中抽，东西隔绝，蒙旗视为不便者此耳。若照该旗梅楞道达德宝之说，挪移路线，沿郭尔罗斯边界出荒，其在怀奉一面者，仍不免有夹荒之嫌，其说本自不圆。况电报、铁路均取直线，更无舍近图远之理。此等谬见，务须切实破解者也。

乙、原奏谓东西各划十里，不过浑说全路大概。查路线地势不同，不妨量予变通。如果地段狭窄，或有天然阻碍必须让避之处，似可移东就西，截长补短。缘站路为已定不可移易之线，荒段或西面少划数里，东面多划数里，本无不可。此当于勘界时，审察地方情形，量为变通者也。

丙、如该旗仍以东西阻隔为疑，当于荒段内酌留公共道路数条。自辽源州起至边昭止，凡二百余里，每若干里留出横路一条为蒙民通行道路。

丁、前策如不可行，尚有一斩截办法，亦不妨为该旗开诚言之。电线系军国要政，为永远保存之物，沿路有电杆，即不啻沿路有记号，较封堆鄂博尤为确切明显。今该旗既以东西隔绝为不便，拟将路线以东之地全行开放，路线以西自卧虎屯起至边昭止，以电杆所在地距离一里为界，将来放荒招垦、修路开站，均在电线以东界内兴办，不令该旗再展寸土。看该旗之意如何，果能说得透彻，既足以破东西分为两段之见，而且不失沿边出荒之意。该旗利在保存西部，又有确切不移之界址，放荒以后，所收荒价可得巨款，蒙人嗜利，当可歆动。

戊、蒙旗自行招垦之地，向来蒙员收租不实不尽，所谓“黑租”者比比皆是，上损王旗，下削民户。即如怀德、奉化一带，放地甚多，该旗每年征租不过二千余两等类是也。此次拟开放荒站，颇失蒙员私利，亟应于商议时，动以利害，不使其暗生阻挠，并可援照各旗放荒成案，于经费内提给蒙员办公银两，格外从优赏给。

己、出辽源州以北，自卧虎屯起至边昭止，均为该旗辖境。其蒙户以卧虎屯为最盛，或不免有台壮私自招垦之地。该屯又为站路所必经，将来勘界划段，恐有障碍。拟俟丈放之时，由委员会同查勘，准于该处酌放镇基。如有台壮各蒙户等实系久住该镇基界内者，则其住之房身，由委员丈量明确，准其免缴地价，领给执照，作为本人产业。倘房身适当修筑道路要冲，则照原房亩大小，量移换给，不得阻挠。如有开放以后新移之汉户，不在此例。如附近镇基有垦熟之地，照章尽原户先领，或准予留界，以示体恤。

庚、查奏定蒙旗放荒章程，所放荒价，酌分上、中、下三则。俟收齐荒价若干，向章以一半归之国家，一半拨给该旗札萨克，作为旗下办公之用。此次开放站荒，其地不尽属札萨克，有为闲散王公管界者，与他旗情形不同。若照向章办理，恐闲散王公定有违言，又生枝节。拟将此次荒价作为十成计算，以五成归之国家，以二成五归之札萨克旗下办公，以二成五归之闲散王公，以照公允。再，此次开放站荒，原为振兴蒙地要政，国家大计所在，岂复较量报效荒价之多寡。如果该旗实有为难之处，无妨许以于国家所得之五成中再提一二成，津贴该蒙旗台壮及闲散王公属下人等，以示优异。但事关更变定章，尚须奏明请旨定夺。该员等允许此条，须到旗后体察情形，妥慎议办。非议到尽头，不可轻易予此特别利益也。

辛、查该旗于怀德、奉化一带放荒时，多系本旗自行招户，自行设局收租，官府向不过问。此次所放站荒，系由军督部堂奏请开放，断不能以前案援引办理。将来所收地租，向章每亩收东钱六百六十文，以二百二十文归之国家，以四百四十文归札萨克及旗下人等分劈。但现在之站荒为该旗闲散王公分地者不少，亦应酌量改正，折为三分，仍以二百二十文归之国家，以二百二十文归之札萨克等，以二百二十文归之闲散王公，以示区别。如所经过地方并无闲散王公之地者，不在此例。

三、挟持手段。此次开放站荒，不尽为该札萨克属地，其中以多罗郡王帮办哲里木盟务之纳兰格勒尔者居多。该员等前往议商，亦当有所先后。宜先与该札萨克商明办法，再向多罗郡王提议，不令互相推诿为要诀。俟该郡王认允后，再由札萨克出具正当印文，拟定条款，方为切实。其操纵之术尤在相机因应，使其就我范围。如该郡王梗议，则告以事关奏案，将来如自干阻挠之咎，反令札萨克袖手旁观，殊为不值。如札萨克推诿，则告以倘经多罗郡王等允认，日后军督部堂奏明，而札萨克颜面何存。是在善为说词，以期于事有济。

惟此事头绪繁多，以上各条均已絜其要领，倘有未尽事宜，刻下辽源州已设电局，如关急要者，可由该员等随时电禀请示。

附：度支部咨

宣统元年三月十一日

度支部为钦奉事：

田赋司案呈东三省总督徐奏，复陈筹办达尔罕旗开通道路情形，并请旨允准勘放，以利交通而杜隐患一折，宣统元年闰二月十九日奉朱批：“著该督抚妥筹勘放。该部知道，图说并发。钦此。”抄交到部。相应恭录朱批，咨行东三省总督查照可也。须至咨者。

附：度支部咨

宣统元年三月十一日

度支部为钦奉事：

田赋司案呈东三省总督徐奏，复陈筹办达尔罕旗开通道路情形，并请旨允准勘放，以利交通而杜隐患一折，宣统元年闰二月十九日奉朱批：“著该督抚妥筹勘放。该部知道，图说并发。钦此。”抄交到部。相应恭录朱批，咨行奉天巡抚查照可也。须至咨者。

4. 复程德全电

宣统元年五月二十五日

程雪帅鉴：静密。养、漾两电敬悉。锦州府荣道、陈守事，请俟弟回奉再商。达尔罕王旗放荒一差，请即委殷守鸿寿办理。良。有。印。

附：德裕、明哲呈

宣统元年五月十六日

辽源州蒙务行局总办德裕、帮办明哲为呈复事：

窃查前奉蒙务局朱督办启钤电开：转奉宪谕，探询达尔罕王已否回旗，拟放洮辽站荒，赶紧商议等因，遵照电知前来。当将该王尚未到府，已派员驰往坐探。嗣据确报，再行呈复，电乞转禀在案。

兹据该坐探员回局声称，探悉达王已于本月十二日从库噜迁道抵府，即应遵照前军督宪谕及蒙务局札饬，面见该王，和衷商办。奈职等现与各蒙员商订留界踩放镇基，局务正当吃紧，深恐脱身前往，诸多延误。因思开放站荒，关系交通，尤有不容稍缓之势。计惟呈请宪台选派要员，赴旗专办，不但较为郑重，且得从容会议，可免顾此失彼之虞。是否有当，伏乞鉴核施行。

抑职等尤有请者：达旗内政与他旗不同，该王久寓京师，章京、梅楞等员，内托老福晋命令，外凌宗族，标榜用事，把持主权，又复愚诈性成，罔顾信义，每与议事，虽不敢公然抗拒，而因循不振，一味宕延，求其出一果断之言杳不可得。职等与之直接办事，知之最深。纵此后该王在府，权有攸归，而主少奴强，支族交哄，尊宗敬长之义久已不闻，无事时相为隐忍，频思陷害，一有共公旗务，则莫不乘机发难，团结狡执，必致破败而后已；亦以权操自下，虽令不从，而其实由于札萨克行政不公，独沾利益，素行专制，从无聚族商办之事，如果事须会议，本族势必分驰，札萨克转得借此支吾，阴遂其抗违不遵之计。此达旗实在情形，而难与共事者也。

职等窃料将来议放站荒，不过徒延时日，似无由议而成之理。据管见所及，拟请宪台径札该旗并分札各该闲散王公，予以开议日限，严饬遵照；一面委派威望素著大员，到府会议，届期不到者，请札申斥，以儆其余。议而成固妙，设未就范，似亦无庸再议。拟请派员径行勘定界址，妥议章程，绘缮具奏，略谓开站未可再缓，王旗难以理喻，据实陈明，请旨开放，并叙该王在京闲居，耽延二载，不以旗务为重，纵容旗员，阻挠公益，其能否胜札萨克之任，留待察看。虚声恫吓，该王必惧而就我，于事方克有济。似此办理，未免已甚，然与达旗办站荒之事，势有不得不然者。愚昧之见，伏维采择。

所有呈报达王回旗日期，请派员前来商办站荒并陈管见各缘由，不揣冒昧，谨具文呈请宪台批示遵行。须至呈者。

批：据呈已悉。缴。

附：蒙务局呈
宣统元年五月二十二日

东三省蒙务局为呈请事：

窃以开放洮辽一带站荒，关系綦重，久经筹办，未获实行。现既奉旨允准开放，而达尔罕王旗素称顽固，其坚拒固守之积习，一时断难尽除，托词延阻，势所必然。若非机警明敏之员驰赴该旗筹商，导以大义，动以诚悫，明示利益，隐胁威权，刚柔并进，蹈隙乘机，必不足以慑服该王旗之心。于发轫之始，尤宜选择与该王旗素习深悉其内容者，于事始能有济。前虽由本局拟就应付该旗各条款，呈请札派辽源州蒙务局总办德裕、帮办明哲，乘便向该王旗筹商在案。现该员等正在丈放采哈新甸抵债蒙荒，事极繁难，恐一时未克分身前往。拟请另派专员先赴辽源州行局，会同该总帮办斟酌情形，询悉前在该旗彼此对答之言，并该旗如何抵拒，如何希望，及详阅本局前拟对付该旗条款，此次应先向何人开谈，从何下手，着着进行，期于必成。盖筹商之初，倘因应稍失机宜，从此枝节丛生，无从措手，另筹再议，则事更加难矣。

兹查有留奉补用知府殷鸿寿，曾在驻扎该旗防营办理文案，颇悉该旗内容，人尤明敏刚决，堪以添派驰赴该旗筹商。此为站荒重要，因事择人起见，是否有当，理合呈请督抚帅鉴核，札派施行。须至呈者。

批：呈悉。仰候札派殷守鸿寿前往辽源州，会同该行局总帮办斟酌情形，与该王旗切实筹议。缴。五月二十七日。

附：程德全来电

宣统元年五月二十三日

哈尔滨锡清帅鉴：蒙务局呈称：辽源州行局德裕、明哲，丈放荒地未竣，所有派达尔罕王旗筹商开放洮辽一带站荒一差，刻拟改派留奉知府殷鸿寿前往办理。钧意如何，乞复。庚。印。

5. 札达尔罕王旗

宣统元年□月□日

为札饬事：

案查洮辽一带站荒，经前军督部堂徐奏请开放，奉旨允准，当经行知该王旗遵照在案，并派辽源行局总办德裕、帮办明哲前往该旗明白宣布，并按照原奏所陈各节，会同详细查勘，妥拟办法。现该员等正在丈放采哈新甸抵债荒务未竣，碍难分身。兹已添派留奉知府殷鸿寿驰赴该旗，妥慎筹议。除札委外，合行札仰该旗，俟委员到时，和衷商办，并传知闲散王、贝勒、贝子、公及属下人等一体遵照。该札萨克为一旗之王，其协理台吉、管旗章京等均有办事责任，尤当深明大义，恪遵谕旨，妥筹办法，毋得始终固执，任意延阻。总之，此次事在必行，无论如何为难，该王旗总当切实遵办，以副本大臣、部院谆谆劝勉之意。切切！特札。

附：德裕、明哲呈

宣统元年六月初七日

辽源州蒙务局总帮办德裕、明哲为呈报事：

宣统元年六月初五日准达尔罕王旗移开："为移复事：案照本副盟长适值年班京差事竣旋旗，护理札萨克印务协理台吉都楞呈阅应办公牍，检查本年闰二月间，准理藩部叠次札开：所有由奉天辽源州北界起至开通县止，绵亘二三百里，均系达尔罕王旗荒地，人烟寥落，无站无兵，盗贼横行，若不及早开荒设站，行旅视为畏途，蒙旗亦多不便。该王两次在部呈请，均以开荒设站于庙宇、陵寝、坟墓及蒙村各户生计有碍为词，证之地图，该王又未能逐一指明，势难悬断。相应请旨，饬由东三省总督派员会同该旗，先将所拟开辟之路，详细履勘，妥筹办理，并按照该王所报各情，切实查明，究与蒙旗有无窒碍，绘图贴说，奏明办理。想该札萨克有自主之权，人极开通，必能一力赞成，以期仰体皇仁抚绥藩服之至意。嗣三月间，接奉东三省总督先后来札，大致以开放本王旗洮辽站荒，沿路两旁各划十里，出荒招垦，究与蒙旗有无关碍，绘图贴说，奏明办理。兹派辅国将军辽阳城守尉宗室德裕、奉天旗务司科员候补直隶州知州明哲，前往该王旗明白宣布，并按照原奏所陈各节，会同详细查勘，妥拟办法，呈候核夺行令。俟委员到时，由旗遴委协理大员，和衷商办，迅速会勘，绘图呈候核办等因。奉此，应即派委协理台吉拉特那巴萨尔、管旗章京丹森等前往，会同贵总帮办面商，遵照理藩部暨东三省总督所札，由辽源州北界起至开通县边界止，其中究与庙宇、村屯以及陵寝、坟墓，蒙人养赡、游牧各地有无关碍，详细查勘，绘图贴说，呈复核办。除饬遵外，相应备文移复，请烦查照施行。须至移者。”等因。准此，查自奉谕与该王旗议放站荒，屡与该旗协理等蒙员接见，一经道及，非托词该王未归，不敢主政，即有问不答，无隙可乘。幸在采哈新甸差次，备陈利害，苦口劝导，始行相率回旗，有此举动。今阅来文，竟将奏准开放一节，略而弗载，仍以陵寝、坟墓等项有无关碍，查勘核办等语，为层层搪塞地步，计亦甚巧。但时不可失，亟宜乘此入手，故特先行电禀，恳请另派妥员。顷奉札饬，已派殷守鸿寿来辽会议。遵悉之余，曷胜欣感！

查议放站荒，该旗向未认可，无从与之开议。又以蒙性反复，出人意表。站荒事关重大，深恐力难兼顾，贻误转多，是以呈请派员，得以一意商办。既蒙宪谕会同筹议，遵候殷守鸿寿到差，不分畛域，相机办理，以仰副委任之至意。所有达旗移会查勘站荒暨奉饬会议各缘由，理合具文，呈请宪台鉴核施行。须至呈者。

批：据呈已悉。仰候殷守到辽，即行会同与该王旗切实筹议，随时呈报。此缴。六月十二日。

6. 札达尔罕王旗

宣统元年六月十一日

为札饬事：

案据辽源州蒙务行局电禀，洮辽站荒，业经该王旗派有协理二人，在辽源州等候会勘，足见该王旗深明大义，甚为欣慰。

兹再添派东三省蒙务局编辑委员程厚、测绘委员孙启鸿，前赴辽源州蒙务局，会同该总办德裕、帮办明哲暨前派殷守鸿寿一同会勘。所有勘定地段，务须挖立封堆，造具四至清册，由该王旗出具印文；并令此次派往之编辑、测绘委员，详绘地图，注明界址，呈候核夺，以凭入奏。为此札知。札到，该王旗即便遵照，俾速竣事而便设施。是所厚望。切切！此札。

7. 札达尔罕王旗

宣统元年七月二十七日

为札饬事：

照得洮辽站荒久经奏准开放，当派辽源蒙务行局总办德裕、帮办明哲与该王旗商指荒界在案。旋据该总帮办电称，该王旗已派协理二人在辽守候会勘，因复札派殷守鸿寿并饬蒙务总局添派测绘各员赴辽，会同该协理等前赴荒段履勘，俾即时勘定界址，一面咨部立案，一面设局丈放，并办理通道安站事宜，以期迅速赴机。乃该员等到辽半月有余，该协理等种种拖延，迄未下地会勘。

查此段站荒，关系全盟大局，既经奏奉俞允，岂能任听该旗延玩。况站荒一事，所有初年之荒价、常年之地租，计该旗所应得者厥数甚巨。且道路通则百工聚，土地辟则百利兴，此段站荒出放以后，裨益该旗尤非浅鲜。夫以该札萨克为一旗主，管辖疆土纵横至数百里之大，坐弃地利，不能自兴，致劳朝廷代为擘画，顾犹再三托词推宕，思为挠阻之计，是何居心？是何主见？反复思维，殊不可解。

本大臣、部院下车伊始，即闻该札萨克久住京城不归，该旗旗务悉置弗问，全由协理等把持妄为等情，本大臣、部院犹未深信，证以此次站荒延玩情形，所闻实为不虚。似此不特有负朝廷三百年来抚翼之深恩，亦并失本大臣、部院整顿蒙务之期望，自应据实严参。姑念该札萨克袭爵不易，年纪尚轻，且久被该协理等遇事蒙蔽，此次于会勘站荒一事故意延搁，是否究出该札萨克一人之谬见，抑系出自该协理等把持之惯习？仰该王旗迅即据实呈复，并严饬该协理等即赴站荒地方，会同前派各员，迅速履勘，指明界址，以凭核办。若再延玩，定即一面从严参处，一面即饬殷守等自行赴段勘办，断不能仍候该旗会勘，致久延糜款也。札到，该王旗立即凛遵，毋得延抗，自取咎戾。切切！特札。

附：那木济勒色楞移复

宣统元年五月二十九日

哲里木盟副盟长科尔沁札萨克和硕达尔罕亲王加四级纪录八次那木济勒色楞为移复事：

案照本副盟长适值年班京差事竣旋旗，据护理札萨克印务协理台吉都楞呈阅应办公牍，检查本年闰二月间准理藩部迭次札开："所有由奉天辽源州北界起至开通县止，绵亘二三百里，均系达尔罕王旗荒地，人烟寥落，无站无兵，盗贼横行，若不及早开荒设站，行旅视为畏途，蒙旗亦多不便。该王两次在部呈请，均以开荒设站于庙宇、陵寝、坟墓及蒙村各户生计有碍为词，证之地图，该王又未能逐一指明，势难悬断。相应请旨，饬由东三省总督派员会同该旗，先将所拟开辟之路，详细履勘，妥筹办理，并按照该王所报各情，切实查明，究与蒙旗有无窒碍，绘图贴说，奏明办理。想该札萨克有自主之权，人极开通，必能一力赞成，以期仰体皇仁抚绥藩服之至意。嗣三月间，接奉东三省总督先后来札，大致以开放本王旗洮辽站荒，沿路两旁各划十里，出荒招垦，究与蒙旗有无关碍，绘图贴说，奏明办理。兹派辅国将军辽阳城守尉宗室德裕、奉天旗务司科员候补直隶州知州明哲，前往该王旗明白宣布，并按照原奏所陈各节，会同详细查勘，妥拟办法，呈候核夺行令。俟委员到时，由旗遴委协理大员，和衷商办，迅速会勘，绘图呈候核办等因。奉此，应即派委协理台吉拉特那巴萨尔、管旗章京丹森等前往，会同贵总帮办面商，遵照理藩部暨东三省总督所札，由辽源州北界起至开通县边界止，其中究与庙宇、村屯以及陵寝、坟墓，蒙人养赡、游牧各地有无关碍，详细查勘，绘图贴说，呈复核办。"除饬遵外，相应备文移复贵总帮办，请烦查照施行。须至移者。

附：那木济勒色楞移

宣统元年七月十五日

哲里木盟副盟长科尔沁札萨克和硕达尔罕亲王那木济勒色楞为移知事：

本年六月间，蒙奉天行省总督锡、巡抚程札开："案查洮辽一带站荒，经前军督部堂徐奏请开放，奉旨允准。当经札饬该王旗遵照，并派委辽源州蒙务行局总办德裕、帮办明哲，前往该王旗明白宣布，按照原奏各节，会同详细查勘，妥拟办法，呈候核夺在案。现该员等正在丈放采哈新甸抵债蒙荒，事极繁难，一时未克分身前往。兹添派殷守鸿寿驰赴辽源州，会同蒙务行局总帮办，斟酌情形，与该王旗切实筹议，随时呈报核夺。除分饬遵照外，合行札仰该王旗遵俟该委员到日，和衷商办，并传知闲散王、贝勒、贝子、公及该旗属下人等一体遵照。该札萨克为一旗之主，其协理台吉、管旗章京等均有办事责任，尤宜深明大义，凛遵谕旨，妥筹办法，毋得始终固执已见，任意玩延。总之，此次无论该王旗如何为难，事在必行。”等因。奉此，查议开站荒，屡蒙理藩部暨军督部堂饬遵有案，是以本旗遵照上札，出派查勘委员协理台吉丁森委鲁布、梅楞萨那巴沙尔等前往面谒贵委员等，遵照军督部堂所札，由辽源州北界起至开通县边界止，其中究与庙宇、村屯以及陵寝、坟墓，蒙人养赡、游牧各地有无关碍，详细查勘，绘图贴说，呈复核办。

除饬遵外，相应备文移复贵委员等，请烦查照施行。须至移者。

附：德裕致那木济勒色楞函

宣统元年七月十七日

王爷仁兄大人爵前：

敬肃者：差次茅封，时深葵向。前以护从回府，本拟驱车晋谒，畅聆鸿猷，借纾蚁悃，奈局务正当吃紧，未克脱身前往，歉甚罪甚！辰维桐封集祜，藩列延禧，翘溯钧晖，莫名遥颂！

弟奉委放荒，计款抵债。自春间接札后，来与贵旗商订办法，幸承派来各员，未易生手，事既谙悉，人亦和平，故一切章程，按照奉天蒙荒成案，再四会商，呈准奏咨立案，力求慎重，杜绝偏私。良以案经念余年，垫款数百户，众怒难犯，非持平了结，势必功败垂成。苦口婆心，勉力撑拄，凡事昭昭在人耳目，当邀洞鉴。刻间领户业已掣签，饬起带往拨段，蒙文大照，急需应用。前派孙委员遝赍照到府，呈请钤印，计日谅已用毕，祈速饬回局，照章填发，以免延误任咎。现在督抚宪办事，雷厉风行，凡任差于外者，均不敢稍涉因循也。即如商办贵旗站道一事，起初委弟会同查勘，当以才力不及，呈请另派专员，亦以办事甚难，深恐劳而无功，反取罪戾。不料现派殷委员鸿寿来辽，仍饬敝局会办，势逼处此，难安缄默。开放站道，在督抚宪极为注意，事经奉旨允准，志在必行，迭次电催，不容暂缓。现因贵协理章京等员辞差，未经印务批饬，不能偕往勘段，致使殷委员守候多日，并未办公。迭奉督巡宪严词饬催。殷委员最为督抚宪素重之员，人极果敢，不辞劳怨，倘因人受过，彼必有所不甘。弟既叨列葭莩，休戚相关，何可作袖手旁观之想。无论贵旗有何定夺，总祈迅速批饬，俾得早日开办为是。敢布腹心，君试图之！倘以此言为河汉，则负弟知无不言之热诚矣。并祈不吝金玉，是所顶祝！肃此。敬请爵安。统希垂察不庄。

姻愚弟　德裕顿首

七月十七日

附：那木济勒色楞致德裕函

宣统元年七月二十日

仲克[①]将军姻兄大人阁下：

客春都城晤谈，至今钦感。奉到瑶章，诸承关切，展诵之

① 德裕，字仲克。

余，曷胜欣佩！我兄蒙疆宣勤，功德无量为颂！

敬启者：前以民人吴玉祥等为荒索债四十九万余串，缠讼多年，曾遵照历任将军所札，允给采哈新甸等处长六十里宽三十二里放荒，以了佃民宿债。讵意案经奏结，债分三股，不惟较原债加增，且断给该民耗费银若干，亦由此荒抵还。是以前此移请贵局转呈，将所有各民执据检发本旗，以凭核夺，乃仅蒙发给吴玉祥原执印文借帖一纸、本旗旧存底簿三本，其余地局执照概未给发。现已备文，呈请军督核示。孙委员暹赍到蒙文大照，未给钤印，实为慎公起见，非敢饰词狡展也。

站荒一事，已遵照军督来札，派委协理台吉丁森委鲁卜①、梅楞萨那巴沙尔前往会勘。此事若再始终固执，似乎有意与兄等为难，敢负雅嘱。第因蒙藩办事，动须游疑，恐性质不合大人，诸乞见原。应如何委婉委为转详，使敝旗蒙众得安游牧，冀谋永远生计，则感戴大德不止弟一人已也。专此泐复。敬请勋安，惟照不既。

愚弟　那木济勒色楞顿首

七月二十日

附：德裕、殷鸿寿等呈

宣统元年七月二十八日

蒙务行局总办德裕、发审局总办殷鸿寿、蒙务行局帮办明哲为会衔呈报事：

窃查职等遵奉札饬，会商达尔罕王旗站道荒务等因，卑府鸿寿遵即禀辞，于六月十二日起程，十八日驰抵辽源州蒙务行局，当与职尉裕、卑职哲，查照蒙情，商订办法。是时王旗派

① 前为丁森委鲁布。因音译之故，文中前后人名多有不统一之处，一仍其旧，不作改动。

来之协理拉特那巴萨尔、章京丹森二员，已于十二日先后到郑[1]，往复会议。正拟履勘，不料该协理等来局声称，现因会放采哈新甸荒地，未能偕往勘段，昨已禀王爷，请另行派员专办站道等语。初谓托词搪塞，后加探访，果有此举，又疑为该王授意，阴行其得缓且缓之谋。此王旗派来蒙员未及办事先行辞差之情形也。

迟之已久，当由职裕具函往催，立待回复。于七月二十五日接到该王信件并印文一纸，始知勘商站荒，另派协理丁森委鲁布、梅楞萨那巴沙尔二员前来会议，而前次派来之二员，是否准其辞差，抑系添派二员，未据叙及。正拟俟蒙员来郑，即行会商，不料该协理丁森委鲁布派人来局，声称奉委登程，行及半途，染患病症，现正调治等语。当由职局备文移催，迅速到差，词严义正，不稍宽假。似此任意因循，借免抗违之名，实行支吾之计，旷日持久，伊于胡底！此王旗二次派来蒙员，未及晤面先已告假之情形也。

职等窥核该旗文函词意，一味固执，避重就轻，容心宕延，已可概见。职等仰蒙委任，责有攸归，何敢听其迁延，自取罪戾，一再会核，似须扼中要害，发启冥顽，方能就我范围。若意存体恤，力主和平，深恐徒劳词费。近日传闻，该旗有将采哈新甸等处台壮蒙户拟徙站道界内，以为将来借口地步。似此居心，更觉不堪问矣。

职等奉命日久，毫无头绪，明知上劳宪注，抚衷殊觉难安。除嗣丁协理等到日若何情形再行呈报外，兹谨将该旗两次派委来文并职裕来往信件，一并译出呈送，伏乞宪台鉴核实情，以备预拟对待办法，庶几刚柔互用，事乃攸济。愚昧之见，是否有当。除分呈外，所有奉委会商站荒迄未勘段缘由，理合会衔具文，呈

① 即郑家屯。

请宪台俯赐批示遵行。

再，此后站荒文件，拟即盖用辽源州蒙务行局关防，合并声明。须至呈者。

计呈送译蒙文函四件。

批：呈暨译件均悉。据称站荒迄未勘段，系因该旗前后所派之员种种延玩，实属有意抗违，殊堪痛恨。前已严催，该王旗即饬协理等迅赴站荒地方，会同该员等速为履勘，毋再延抗，札饬在案。仰俟该协理等到日若何情形，随时呈报。至所称站荒文件，拟即盖用辽源州蒙务行局关防。现在界址尚未勘定，应准暂时钤用，俟将来设局丈放，再行酌夺办理，仰即遵照。缴。译件存。八月初四日。

8. 咨哲里木盟盟长

宣统元年八月二十二日

为咨行事：

窃照洮辽开办站荒事宜，经升任军督部堂徐具奏，于宣统元年闰二月二十四日奉朱批："著该督抚妥筹勘放。该部知道，图说并发。钦此。"钦遵到奉。当经恭录咨行，并遴派辽源蒙务行局总办德裕、帮办明哲与达尔罕王旗指商荒界，分别札饬在案。嗣以辽源行局总办德裕、帮办明哲等，正在丈放采哈新甸荒段，不及兼顾，因复札派殷守鸿寿并饬省城蒙务总局添派测绘各员赴辽，会同该协理等前赴荒段履勘，俾即勘定界址，一面咨部立案，一面设局丈放，并办理通道安站事宜，以期迅速赴机。讵该王旗先派之协理拉特那巴萨尔、管旗章京丹森等，始而借词延缓，嗣即托故辞差。继经该王旗续派协理丁森委鲁卜、梅楞萨那巴沙尔等前来会勘，旋亦中途托病不赴。现在殷守鸿寿等到辽已经五十余日，迄未能会同该王旗人员下地勘丈。

查此段站荒关系全盟大局，既经奏奉俞允，岂能任听该旗延玩！况站荒一事，所有初年之荒价、常年之地租，计该旗所应得者厥数甚巨；且道路通则百工聚，土地辟则百利兴，此段站荒出放以后，裨益该旗尤非浅鲜。夫以该札萨克为一旗主，管辖疆土纵横至数百里之大，坐弃地利，不能自兴，致劳朝廷代为擘画，顾犹再三托词推宕，思为挠阻之计，是何居心？是何主见？反复思维，殊不可解。

本大臣、部院下车伊始，即闻该札萨克久住京城不归，该旗旗务悉置弗问，全由协理等把持妄为等情，本大臣、部院犹未遽深信，证以【此】次站荒延玩情形，所闻实不为虚。似此不特有负朝廷三百年来抚翼之深恩，亦并失本大臣、部院整顿蒙务之期望，本应据实严参，姑念该札萨克袭爵不易，年纪尚轻，且久被该协理等遇事朦蔽，此次于会勘站荒一事故意延搁，是否究出该札萨克一人之谬见，抑系出自该协理等把持之习惯？

除严札该王旗据实呈复，饬催该协理等迅速会勘外，相应咨请贵盟长查照，迅速遴派亲信大员前往该旗督催，务令该王旗派出之协理等赶赴站荒地方，会同省派各员妥速履勘，指明界址，以凭核办，勿任再事延缓，实纫公谊。须至咨者。

附：齐默特色木丕勒咨复

宣统元年九月初六日

哲里木盟长管理本盟备防官兵镇国公衔郭尔罗斯辅国公加四级齐默特色木丕勒为咨复事：

本年九月初三日准贵总督部堂、巡抚部院咨开，当经本盟长处出派梅伦章京玛克男塔、笔其格奇章京三音必齐拉特那等，于九月初六日起程前往，并札行该王旗详阅文内情节，即由该旗出派协理官员与本札萨克之梅伦玛克男塔等，一同前往该站荒处所，会同省城委员，遵照总督部堂、巡抚部院札饬办理。查案关奉旨之件，理应敬谨遵办，毋得如前迟延等因。

除严饬外，相应咨行贵总督部堂、巡抚部院，请烦查照。须至咨者。

附：德裕、殷鸿寿等呈

宣统元年十月初九日

辽阳城守尉宗室德裕、发审处帮办知府殷鸿寿、补用直隶州知州明哲为呈复事：

窃职尉等奉檄借放采哈新甸蒙荒之便，就近商办洮辽一带站道。职尉等遵即磋商多日，迄无头绪。适值丈地掣签，局务吃紧，特恐顾此失彼，当即呈请宪台另派威望素著大员专办站道，以昭郑重。嗣奉饬知添派知府鸿来辽为商办站道专员，会同职尉等与该王旗派来会勘蒙员切实筹议。知府鸿遵即于六月十八日到辽，会同往晤蒙员协理台吉拉特那巴萨尔、管旗章京丹森等，开议履勘办法。嗣该协理等亦以丈放采哈新甸局事紧要，不能兼顾，禀请该王另派妥员接办。于七月二十五日职等接准该王文移，改派协理台吉丁森委鲁布、梅楞萨那巴沙尔会勘，职等遂整装以待。迟之又久，未见该协理等到辽，屡催罔应。及备文专弁驰往守催，该协理台吉丁森委鲁布将送公文竟不拆看，掷还去弁，口出悖逆之言，实难书诸楮墨之间。职等视该协理如此跋扈，迥非寻常可以情理喻者，当即一面将该王旗延宕情形呈报宪台鉴核，一面严词移催该王旗迅速派员会勘。嗣于八月二十七日准该王移称，已严催协理台吉丁森委鲁布、梅楞萨那巴沙尔迅速到差，并添派前委协理台吉拉特那巴萨尔、管旗章京丹森，会同遵章详细履勘等情前来。该梅楞等旋即到差，惟协理丁森委鲁布始终置若罔闻。职等因该协理到差无期，恐需时糜款，遂于九月初九日同编辑委员程存、测绘委员富森布，会同蒙员协理台吉拉特那巴萨尔、管旗章京丹森等，前往履勘，按照奏定章程，由辽源起程，经卧虎屯以北，循已设电线道路两旁各划十里界内，至巴彦昭迤南四旗分界处止，约长一百九十九里。沿途由蒙员逐指勘验公主园寝二处、格格园寝四处，郡王、福晋、世子园寝各一处，台壮坟墓三百余处，多罗郡王旧府一处，大小庙宇十五座，大小村屯一百〇二处，台吉一百〇七户，外旗台吉三户，各项壮丁八百〇六户，蒙人旅店十八处，山二座，河流二道，熟地三百余万陇，均经编辑委员程厚测绘，委员富森布随处记载测绘，周历两旬，始克勘毕回辽。正值绘译全图间，适盟长前郭尔罗斯公派梅楞马哈那达、笔帖式三音毕喜到辽，遂于十月初二日同该王旗蒙员以及盟长委员等携带蒙旗文字、地图，并带糇粮起程，赴王府拜谒该王，将图递与该王细阅，按路线与该王辩论。时盟长委员均在旁，竭力襄助。那知该王始而给我，继而拒我，今日认可之条而明反复，当面画定之约而文稿变更。在该王虽属顽固，经职等委曲婉商，晓以大义，尚能就我范围。惜大权旁落，旗务受制于佥壬。说者谓，该王以站道为奏准之件，初意即遵章开办，实因协理台吉丁森委鲁布阻挠于前，不知名字之和硕喇嘛架唆于后，职尉等所放采哈新甸之荒，需延时日，未始非受斯两人之影响。职等骤闻之下，不敢遽信，及证该协理丁森委鲁布迭次奉委，迄不到差，并证以同该王会议时有和硕喇嘛在座，从中抗议。经职等告及盟长委员马哈那达等译述此站荒乃国家要政，不可干预，该喇嘛妄自尊大，听我藐藐。以职等目睹情形，证以所闻，其为该协理同喇嘛之架唆阻挠可知。乃职等持定宗旨，刚柔互用，面向该王着着进取。筹商半月之久，文稿凡易十余次，始克议成。经该王出具印文地图，赍回呈请宪台鉴核。旋辽后，因在途雪大天寒，粮草缺乏，人病马疲，须稍息数日，兼清厘积牍，翻译蒙文，当经电知蒙务总局代达下忱，谅蒙垂鉴。

职等伏思洮辽站荒关系綦重，历经前督抚宪筹办，未获实行。兹蒙宪台严札该王旗并饬知府鸿会同职尉等切实筹商，艰窘备尝，事甫议定，即随带编辑委员程厚等亦均无役不亲，不辞劳瘁。倘将来开放站道办法稍事从权，既经该王出具印文，谅不致再行翻悔。

所有议妥洮辽站道缘由，除分呈蒙务总局外，理合将赍回该王旗出具印文、地图翻译汉文，并此次测绘详图，备文呈请宪台查核示遵。

再，职等先后领借川资项银两，拟即核实开单，另文呈报。须至呈者。

计呈王旗印文、地图并翻译汉文暨新测详图各一件。

批：呈图均悉。该员等履勘站道并与蒙王磋商定议，办理尚属得宜。候饬蒙务局妥议开放站荒办法呈复，再行核夺饬遵。此缴。图两件存。十一月十二日。

附：那木济勒色楞呈复

宣统元年十月十八日

哲里木盟副盟长科尔沁左翼中旗札萨克和硕达尔汉亲王那木济勒色楞为呈复事：

案查前奉理藩部暨贵督部堂、抚部院、本管盟长叠次来札，以开放洮辽站荒，沿站两旁于蒙古村屯有无关碍，由奉省奏明，派委德城守尉裕、殷守鸿寿、明直牧哲等来旗会勘。当经本旗饬派协理台吉拉特那巴萨尔、管旗章京丹森、梅楞萨那巴萨尔，前往会同履勘去后。旋据该协理等复称："本年九月初四日奉札，以据前派协理丁森委鲁布赴勘站道，当因患病，未能即时到差，叠经札催，该协理报病未愈，遣员呈请改派，免误要公，委职等遵速会勘等因。奉此，遵于九月初九日会同奉天委员由辽源州北阎家崴子民屯勘起，沿洮南府通行直路，至卧虎屯南五家子，于沿小站两旁十里界内，查大小庙宇九座，各庙临近均有喇嘛居住房园，以及公主、格格陵墓九处，帮办盟长本旗多罗郡王应管祭祀山一座，山名布克特力，又帮办盟长多罗郡王旧府一处，蒙屯十七村，台壮户口三百二十五家，蒙古自垦熟地一百七十万〇七千陇，台壮坟墓七十二处。由卧虎屯起至边昭止，查有大小庙宇六座，临近均有喇嘛居住房园，以及帮办盟长多罗郡王应管祭祀山一座，山名布格力。绕山向南，河流一道，蒙屯八十八村，台壮户口六百〇六家，蒙古店栈十七家，熟地一百六十九万七千陇，台壮坟墓二百八十一处。正值会勘之际，据该沿站两旁十里界内一百〇五屯蒙古台壮及守护公主、格格陵墓长史官、护卫，各庙喇嘛，群向职等恳恩，备述苦情，声称伊等先人当本旗开疆分土以来，即各安居此地，所有上辈园寝、坟墓以及庙宇、村屯，临近垦田，均各有分地，其无村屯、坟墓未垦之地，牧养牲畜，并无闲荒余地。溯查本旗南界，自伊通边门至采哈等处，先今屡次开荒，招民放荒，段内牧养为难，计均陆续迁移旗界中间，搀入旧居台壮以内，户口较从前已厚，垦田游牧不能充裕。现议开放站道，所有两旁十里界内一经放荒，伊等先辈、公主陵、格格陵、庙宇、房园以及坟墓、垦熟牧养各地均有妨碍，台壮老幼无法生活，必致弃房园，远陵墓，失敬先人祀典，久之新屯旧屯互相杂处。蒙人不能牧养，即无生计，被迫情急，流离失所，势不至逃亡不止。备具苦情，哀哀泣恳转呈等情。据此，当经协理等婉言开导，允为转呈恳恩。至庙宇、村屯、公主陵、格格陵、台壮户口、坟墓、垦田，均随勘随记，绘图开单，以备呈复。协理等会同奉天委员查勘开放站道事毕，于二十一日旋辽。次日，盟长委员梅楞马哈那达、笔其各奇章京三音毕喜等亦到，据称为勘站道一事，奉派催令蒙旗速办。途次闻知，已与奉天委员赴勘至本公旗连界之乌尔图额喜地方边界，勘界毕返辽；并称伊系循电线站道来，沿途留心查看，所有蒙屯多寡，证之舆图，与贵协理会勘无异，应请按所查情形禀复本盟长，毋庸复勘等语。理合详细呈复鉴核”等情具报前来。本札萨克王复核无异。事关奉旨转行之件，自应遵照办理，惟既据该协理等查明种种关碍情形，不得不据实转请，代为恳恩。

所有查明沿站两旁十里界内，凡蒙古村屯、栈店、大小庙宇、喇嘛房园及公主陵、格格陵、王爷陵、台壮各家坟墓、帮办盟长多罗郡王祭祀山林、旧府地基、台壮熟地，牧养生计，均属实有关碍；并据各户台壮所称，伊等上辈公主、格格园寝，及庙宇、村屯、庐墓、垦田牧养所在，开荒设站，生计艰难，异常困苦，先人陵寝，祀典攸关，亟应敬重守护。所有本旗台壮困苦情形，本王又何敢不代为转达，使蒙民一视同仁。理合抄录该协理拉特那巴萨尔等原呈、查报蒙户名单，并绘图贴说，呈请贵督部堂、抚部院鉴核施恩，将所查台壮庐墓、田园以及庙宇、村屯、多罗郡王先辈固伦额附王爷陵、公主陵、格格陵暨蒙户牧养生计各项关碍之地，代为转奏恳恩，准予体恤，宽为酌留，俾得各安生业，实为德便，并乞示复遵行。须至呈者。

附：东三省蒙务局呈复

宣统元年十二月二十六日

东三省蒙务局为呈复事：

案奉宪札饬将德城守尉裕、殷守鸿寿等会勘洮辽站荒情形，妥议开放办法，呈复核夺。遵即详加体察，并参酌札萨克达尔罕亲王原呈，悉心筹议。查该札萨克原呈，始终以蒙民生计艰难，恳恩体恤为词，无非欲明定章程，宽予留界。即德裕等所呈，亦有将来开放站道办法宜稍事从权等语。伏思宪台仰体朝廷德意，优待蒙藩，凡可以变通之处，但不悖于放荒章程，无不量予体恤，自当从宽核议。谨详查原奏，曲体蒙情，并备考历次放荒成案，斟酌损益，开具清单，恭呈裁夺。惟上项章程，系就职局一面计画，将来开办，容有未尽事宜，尚须与该王旗筹商。应俟行局设立后，由该局总办会同蒙员参酌情形，再行妥拟细章，呈请查核，奏咨立案。

再，此荒开放，须照章会同蒙员丈量。惟本年采哈新甸之荒，设局已经月余，蒙员始行到差。及会勘站荒，该蒙员辗转支吾，将及三月，始克就道。若再任其玩视，不惟有误明年开垦，而于奏准设立之驿站，亦未便再事迟延。拟请宪台札饬该王旗速派蒙员，于明年二月初间到辽，与该行局总办筹商会丈，以期速放而重荒务。

所有遵议开放洮辽站荒办法缘由，理合条列章程，开具清单，呈请宪台鉴核施行。须至呈者。

计清单一纸、图一纸（图发局）。

9. 札德裕等

宣统元年□月□日

为札饬事：

前据该守尉暨殷守鸿寿、明直牧哲等呈复会同履勘洮辽站道情形，当经札饬蒙务总局妥议开放办法，呈复核夺。兹据该局筹拟开放洮辽站荒办理章程，缮单呈复前来。

查所拟各条尚属妥协，应即设立蒙荒行局，遴员开办，以便从速丈放。查该德尉裕堪以派充洮辽蒙荒行局总办，殷守鸿寿堪以派充会办，仰即会同克日前往辽源州设局开办，并查照蒙务局原拟章程，和衷商筹，参酌蒙旗情形，妥拟细章，呈候查核，奏咨立案。应给该总办薪水每月二百五十两，会办薪水每月二百两，自出省之日起支。除分饬达尔罕王旗外，为此札饬。札到，该员仰即遵照办理。抄发蒙务局原呈暨清单一件并图一纸，仍缴呈。特札。

计粘抄原呈清单一件、图一件。

10. 札达尔罕王旗

宣统二年正月初七日

为札饬事：

案查开放洮辽站荒一案，前经本大臣、部院派德城守尉裕等会同该旗委员履勘定议，取具该札萨克印文、地图呈复在案。兹经本大臣、部院派委德城守尉裕、殷守鸿寿为洮辽蒙荒行局总会办，克日前往辽源州治设局开办。合亟札饬。札到，该旗仰即迅派蒙员，限于二月初十日以前到辽源州，与该行局总会办等筹商会丈。

查此案系业经奉旨允准之件，亟应从速开放，以重荒务。上年会勘站荒，该旗所派蒙员辗转支吾，将及三月，始行就道，殊属不成事体。此次若再仍前玩延，定予严惩。切切！特札。

附：那兰格呼勒呈

宣统二年三月十五日

御前行走哲里木盟协办盟长事务达尔罕旗多罗郡王为呈请事：

案奉令在本王府东随修铁路两旁开放民等荒地等情，本王并无报误之处。惟此路两旁如果开放给领，实于本王先世坟墓、公主园寝及寺庙界址并土著之台壮生活、田地以及庐墓，均有窒碍之处。去岁九月，曾将此情呈请本副盟长达尔罕札萨克王转报在案。本副盟长达尔罕札萨克王是否将此情形转报，并未饬复。迨至本年三月间，因本旗协理台吉拉达那巴咱尔在辽源州会同由盛京派来委员德裕等查办此项荒地，本王遣人询知此前情，当经知会辽源州衙门及委员德裕、殷鸿寿，协理拉达那巴咱尔等言：本王曾将此铁路两旁出荒有碍各节，呈报本副盟长达尔罕札萨克王，迄今尚未回信。且协理拉达那巴咱尔去岁出放采哈新甸等处荒地之际，同管旗章京丹赞、梅伦达大特卜札兰、僧各拉希等，引领委员德裕、明哲等由采哈新甸等处，违背督宪与本副盟长达尔罕札萨克王商定出放宽三十二里，长六十里荒地之限制，将新甸以外未经指名之处长一百余里，宽六十余里，其中村屯若干，及有碍本旗祭祀封禁之山，任意挖立封堆标记，将荒地溢卖渔利，以致蒙民互起争端，恳请查办等情，叠经呈报本副盟长达尔罕札萨克王，亦迄今尚未办结，而随修铁路出荒之事，即派令该协理台吉拉达那巴咱尔会同委员德裕等办理等情，本副盟长札萨克王处并未行至本王，难保该协理拉达那巴咱尔不仍前借端与委员等，肆行将土著蒙众生计及有碍本王先世陵墓、寺庙界址于不顾，虽经预先呈请本副盟长达尔罕札萨克王转报，因亦未蒙饬复。

除复将此情分行辽源州委员殷鸿寿、德裕，协理拉达那巴咱尔等，请将该协理拉达那巴咱尔奉派放此荒地，自何处起，欲卖给民众若干里，详细咨复外，仍恐借端铁路，将本王所属土著台壮庐墓、田园及本王先世陵墓、公主园寝、寺庙附近之地卖给民众，实属有碍，碍难遵照。恳请照自山海关修筑铁路往来无碍良民于生计之章程办理，实为公便等情，已呈报本副盟长达尔罕札萨克王转详督宪及盟长公外，伏祈仿照自山海关修筑铁路，预备国家驿站，并无遗误，且从前国家以安民生活为念，叠将本王祖籍之地开放，如今已逼近王府，去岁开放，复又侵越若干屯地，致一旗台壮等生计已极为困苦。兹惟恳将随路两旁之地仍令本旗土著台壮等安生，以免有迁移之苦，而俾照常耕种，不失原业。希为照依呈报各情，仅筑铁路，勿碍于蒙民生活，实为公便。须至呈者。

附：德裕、殷鸿寿呈

宣统二年□月□日

洮辽蒙荒行局总办德裕、会办殷鸿寿为呈请事：

窃查职等奉饬开放洮辽站道蒙荒，业将到差日期具文呈报，并移催该王旗迅派大员来辽商办各在案。嗣于月之初三日，据该王旗协理拉特那巴萨尔前来声称：现奉王命会商站荒，尚有梅楞一员，随后即到等语。

查蒙人办事，天性因循，殊堪焦灼。然该协理即已报到，虽难偕往划段，尚可会订细章。正在拟议间，接该旗闲散温都立王移称，请将勘放站荒暂予从缓等因。准此，细译来文，任意逞辩，且牵及前次采哈新甸成案，尤属无理取闹，当以无直接办事权限，备文移复。该王技穷，现又移请辽源州知州开导职等仍应缓办，并请该州出示严禁放荒各等情。如此冥顽不灵，殊于荒务前途大有窒碍。

窃查该温都立王强而有力，而其二子尤为少不更事，夙与札萨克相持不下，意见极深，凡有措施，莫不尽力反对。即如去岁采哈新甸荒务，原奏虽有不增寸土一语，而第七条章程载列明晰，提留拨补，方足偿还欠款。该王未必不知，犹复借词狡执，其心怀叵测，已可概见。现在该旗札萨克既经派员，事有专主，责有攸归，似此节外生枝，本可置之不论，惟经此番干预，该王冀此入手，其可虑者有六：

查开放站荒，在各闲散王公，窃料本不甚愿，一经倡议，恐有从而和之者，可虑一。即或事关奏案，和者无人，倘该王以札萨克为可欺，劫掳蒙员，不容勘段，可虑二。该各蒙员向来玩懦，一经恫吓，咸有戒心，则未来者势必更形延宕，可虑三。各起委员指日绳丈，该王计无所出，恐有纠众肆殴之举，可虑四。即不然，界内台壮，户以百计，有恃无恐，相率为伪，人情之常，若不饬令该王退听，即从宽划留，亦难允服，可虑五。领户本属无多，且怀顾忌，此风不息，后患堪虞，虽设法招徕，难期踊跃，可虑六。

凡此六端，均极窒碍。又况此次荒段，除留界及不堪耕种外，余地无多，拟照前次采哈新甸成案，提留拨补，按里核方。现与该协理一再磋商，略有成议，若任该王之无故破败，恐半月功效统归画饼矣。势逼处此，难安缄默。应请宪台查照，札饬该王旗速行各闲散王公，俾免借口，并径行严札该温都立王一体遵照，勿使越俎干涉，致败已成之局，且养未来之患。

愚昧之见，是否有当，所有历陈荒务可虑情形，拟请严札各王旗遵照缘由，谨抄呈该王来文并职局移复，具文呈请宪台鉴核。如蒙允准，恳请迅赐施行。须至呈者。

那兰格呼勒移

御前行走哲里木盟副盟长多罗郡王加五级纪录八次为移行事：

案查去岁九月间，当将勘放站荒有关蒙民等情，已经禀请敝王旗各盟长转详在案，未蒙饬复。惟此次开放站荒，非敝王所敢阻挠，然站路两旁所有陵寝、庙宇及台壮养赡熟地，自应量予划出，以免窒碍。正在候复间，询悉勘放站荒已由札萨克派委该旗协理台吉拉特那巴萨尔等，会同贵总会办勘放站道事宜。第查去岁所放采哈新甸之荒，经拉协理会同贵局指放荒段，按照督抚宪奏准，该荒计长六十里、宽三十二里之数勘放，不意竟放至一百余里，殊与原奏不符。况所放段内，村落、山脉以及原有封堆，均行放出，实于蒙人大有关碍。所收荒价，该札萨克亦均承受，以致各蒙户激起事端，有与各领户争论情事。当即据情禀请札萨克查核办理在案，迄未奉复。则此事未复，而站荒又行勘放。况札萨克并未行知敝旗，如拉协理仍照采哈新甸放荒办法，则陵寝、庙宇、养赡熟地等项再不划出，实属碍难屈从。适于本年三月间，复行禀请札萨克转请督抚宪迅速饬复，以便遵照又在案。既未奉复，自应移请贵总会办，俯将勘放站荒事宜暂予从缓，以俟奉复再行勘放，并请将勘放站荒宽长里数移复敝王旗，以便遵办。如照采哈新甸放荒办法，则蒙民养赡熟地及陵寝、庙宇等项再不划清，断难承认。第查此次勘放站荒，本属奏咨案件，非敝王旗所敢阻挠。至贵总会办放荒办法，统希见复。

除移行敝旗各盟长转请督抚宪核示暨移行拉协理、辽源县衙门查照外，相应备文，移行贵总会办查核见复施行。须至移者。

洮辽蒙荒行局移复

宣统二年三月二十三日

洮辽蒙荒行局为移复事：

顷准移行，业经译悉。窃按各节，统系达尔罕一旗之事。敝局现与贵旗札萨克商办，即与贵王商办无异。照例本可不复，但承明示，稍事声明：

查敝局奉督抚宪札谕，来与贵旗札萨克会放站荒，并未奉命与贵王办事，是敝局与贵王无直接权限。且事关奏案，办法自有定章，敝局更不敢任意从缓，致干严谴。相应备文，移复贵王查照施行。须至移者。

批：呈悉。候即严札该旗暨温都力郡王一体遵照。仰该员等会同迅速妥拟细章，呈候奏咨立案。此缴。单存。三月二十八日。

11. 札达尔罕王旗温都力王

宣统二年三月二十七日

为札饬事：

案据洮辽蒙荒行局委员德尉、殷守等呈称，该郡王于勘放洮辽站荒多方阻挠，请严札申饬等情。本大臣正在核办间，复据该郡王呈称，站荒开放窒碍；又一呈称，采哈新甸委员丈放逾额各等因。查阅两呈，俱无印记，且未具名。若果呈文出自该郡王，谅不至荒唐至此，必系该旗下素不安分之人捏造呈文，希图破坏。似此胆大妄为，目无法纪，断不能稍事姑容。仰该郡王查明捏造呈文之人，迅即呈报，以凭严惩，毋得徇隐。

至开放站荒，系早经奏明奉旨允准之案，事在必行。仰该郡王静候委员勘放，倘敢把持阻挠，定即据实严参不贷。凛之勿违！切切！特札。

12. 札达尔罕王旗

宣统二年三月二十七日

为严札事：

案据洮辽蒙荒行局委员德尉、殷守等呈称：据该王旗协理拉特那巴萨尔前来声称云云，俾免借口；并据该旗温都力郡王呈称，站荒开放窒碍各等因。据此，查勘放站荒系早经奏明奉旨允准之案，本大臣迭经剀切晓谕，不啻三令五申。乃该旗于派员商办，任意延玩；该温都力郡王复多方阻挠。似此抗违朝旨，破坏公益，殊堪痛恨！为此严饬该旗，仰即凛遵饬催，派出梅楞一员，迅赴辽源商办，毋稍稽延！并分行各闲散王公并该旗下人等一体遵照。倘有越俎干涉，希图破坏，定即据实参处不贷。

再，该温都力郡王此次来呈，并未具名，又无印记，是否该旗下人捏造，并仰查明呈复，以凭惩办，毋得徇隐！切切！特札。

附：齐默特色木丕勒咨

宣统二年四月十七日

哲里木盟长管理本盟备防官兵札萨克镇国公衔郭尔罗斯辅国公齐为转咨事：

于本年四月初一日据本盟帮办盟务多罗郡王那兰格呼勒呈称：“为呈请转详事：案奉令在本王府东随修铁路两旁开放荒地等情。惟查此铁路两旁荒地如果开放，实与本王先世坟墓、公主园寝及寺庙并所属之台壮庐墓、田园均有窒碍之处。去岁九月间，曾请本札萨克王转报在案。本札萨克王是否将此情形转报，并未饬复。迨至本年三月间，因本旗协理台吉拉达那巴咱尔在辽源州会同由盛京派来委员德裕等查办此项荒地，本王遣人询知前情，复将以上滞碍情形，知会辽源州及委员德裕、殷鸿寿，协理拉达那巴咱尔等，仍恐借端铁路，将本王所属台壮庐墓、田园及本王先世陵墓、公主园寝、寺庙附近之地，一并卖给民众，实有滞碍，碍难遵照，呈请仿照山海关修筑铁路往来无碍良民生计之章程办理。且查去岁开放新甸荒地，已经侵越丈放若干，至一旗台壮等生计已极困苦，今如再若逼近本王府，将随修铁路两旁之地开放，实与本属台壮人等生计有碍。惟有将修此铁路两旁之地，仍令本属台壮等不失原业，照旧安生耕种，以免有迁移之苦，实为公便等情。除呈报督宪外，理合具文，呈请转详施行。”等情。据此，相应抄录原文，咨行贵总督，请烦查照办理可也。须至咨者。

13. 咨哲里木盟盟长

宣统二年五月初二日

为咨复事：

宣统二年四月二十七［十七］日准贵盟长咨开：于本年四月初一日据本盟帮办盟务多罗郡王那兰格呼勒呈称云云，请烦查照办理可也。等因。准此，查开放洮辽站道，关系蒙地要政，经前军督部堂徐奏明，奉旨允准，并经本大臣派员履勘，与该旗札萨克面商定议，取具印文在案，岂容该郡王以一人私见，破坏已成之局。惟既据称与该郡王先世陵墓等有碍，本大臣上体国家优恤蒙情之意，不厌再三推求。为此派委正任兴京府知府都守林布前往面见贵盟长，详查该郡王所称窒碍之处是否属实，妥为办理，务俾站道、蒙情两得其宜，并希贵盟长严饬该郡王凛遵。倘仍肆意阻挠，定即据实参处不贷。

除分饬外，相应咨复贵盟长，请烦查照。须至咨者。

14. 札达尔罕王旗

宣统二年五月初二日

为札饬事：

宣统二年四月二十七日［十七］准哲里木盟长咨开云云，请烦查照办理可也。等因。准此，查开放洮辽站道，关系蒙地要政，经前军督部堂徐奏明，奉旨允准，并经本大臣派员履勘，与该旗札萨克面商定议，取具印文在案，岂容该郡王以一人私见，破坏已成之局。惟即据称与该郡王先世陵墓等有碍，本大臣上体国家优恤蒙情之意，不厌再三推求，合行派委正任兴京府知府都守林布前往面见该札萨克，详查该郡王所称窒碍之处是否属实，妥为办理，并仰该札萨克严饬该郡王及旗下人等，一体凛遵。倘仍肆意阻挠，即由该守据实禀揭，定予严参不贷。为此札饬。札到，该札萨克仰即遵照可也。切切！特札。

附：那兰格呼勒呈复

宣统二年四月二十九日

御前行走协办哲里木盟盟务科尔沁多罗郡王那兰格呼勒为呈复事：

窃照本年三月间，由本王处为案奉在本王东随修铁路两旁开放荒地，与本王先世陵墓以及台壮庐墓、田园等项有碍，并去岁委员德裕等丈放采哈新甸等处荒地，致将本王所属土著蒙众等二十余屯地土全行丈放等情，呈蒙督宪于本年四月十三日饬复，内开一切情形，均遵阅悉等因。奉此，惟查本王前报各情，并非阻挠国家要政，委因本王所属五家子屯族长及园寝头目扎兰、大小关防会长等佥称：去年开放采哈新甸荒地，占去所属台壮等所居村屯二十余处、坟墓五十余处、开熟之地一万余顷，将薄地尽行拨出，并索取被占村屯官员公馆费，以致酒肉、米面、盐菜、茶烟等项钱五千九百千，又纸笔钱二千三百五十四千八百八十文，以致被占村屯人等现无一定之处安生。兹由辽源州北界至札萨【克】图王旗二百余里之间，开为站荒者，又将原居台壮等屯四十四处包括在内。其原立会中之寺庙，各有喇嘛数十名，住持诵经，并有坟陵一百三十余处、熟地十余万顷、四千余人之房产牲畜及牧场，亦均被占在内，又要公馆费一千余千，将与身等生计大有损伤各情，呈请转详上宪衙门。如设立驿站、修造铁路，虽与各屯数户有碍，亦情愿让给；惟求不令各蒙众迁移失业，照旧安生，以免流离失所各等情。据此，查昔日本旗上辈王分为游牧四处，本王上辈固伦额驸分住本旗东南四山两河之间，与近族及管理甲丁之族长台吉二员、参佐领二员，共四员为一游牧之地，循辽河、布克特尔山居住。后世王等与本旗札萨克会议，具奏请旨，将南界之荒开放，招留贫民垦种为生。自道光年来，迭次放荒，逼近本王府，当经移居此山西北六十里西拉木兰岸鄂尔图吉尔嘎朗图巴彦他拉甸子居住。嗣于同治年间，又将本王牧场特木肯沟地方之荒开放，现在荒界近距本王府二十余里。以前所属旗人生齿日繁，而生计之地渐窄，且关有为皇上诵万寿经之庙，固伦额驸、王、公主、县君等园寝，祭祀之布克特尔、布格呼、两哈啦巴等四大山，辽河、西拉木兰两河。其采哈新甸系在本王所属游牧东界，去年经贵总督与本旗札萨克会议，将此采哈新甸之荒开放六十里长、三十二里宽还债。由本札萨克所派协理官员等多方捏造，抛弃挪移地方，往南往西增丈开放，虽未将山河售卖，然已将辽河、哈啦巴山为开放此荒之中央。将若干腴田及所有村屯数百里之地尽行圈入，挖立标记、封堆等情，当经将此实在情形抄录，迭次呈报本旗札萨克。而札萨克不但未给查阅，亦未赐一回音。现在开放铁路站荒之处，所有被占村屯各蒙众佥来诉此艰苦，恳祈转请上宪恩施，不令该台壮等有失原业，照旧安生等情。据此，本王既系该蒙众等游牧之地主，若置若罔闻，不与准行，实于例理不合。奈呈本札萨克不与转行，是以前次将此艰苦实情，循用旧例，以无印记白文呈报贵行省衙门及本盟长公处，暂请停止丈放，此外并无捏造呈文之人，亦无不遵定例多方阻挠抗违之事。

再，蒙古闲散王公等，凡有要件呈报内外各衙门及理藩部，向均循例用无印记白文。并查照来札，始知前报文内并有未署名之失，遂照例将承办官员罚以九数牲畜充公，并将书记鞭责四十发落等情。

除呈报外，抑又有据实恳请之情形：查本王所属游牧形势，现居之地迤南距辽源州二十余里；迤西虽系一旗，于古辈时分为贝勒、贝子等七家游牧之界二十余里；迤北虽地势稍宽，沙瘠硗薄，不但不能耕种为生，即牧放牲畜亦无好草。惟东界约百余里宽、二百里长，地方宽阔，而由两河之间，四山之中，迤北地好，原居村屯户口最为稠密，实系农民根本之地，为一方游牧循良各台壮等赖以耕种为生之地。去岁因为还债，已将此地东半放出七十里之宽、百余里之长，两山一河已圈入在内。今此新站铁路之荒，距本王府贵重之庙及上辈园寝、坟墓十余里，东边向北通至本旗交界，开放二十里之宽，先后两段荒地之间。由旧游牧布克特尔山向北宽窄不等一条数十里长之间，内中有山一座、村屯十余处，如分入荒段内，关系本王所属游牧要紧之地，仅剩一河并水中一山。用特将被占有碍原居蒙众生计各情形，抄录详细，报请恩施。

伏查设立电线、火车铁路等项，凡所过各省各旗，未闻有如此占地之多。本王迭次呈请，本札萨克不与转达，亦不将此放荒情形先为晓谕，即派放荒委员独将本王所属游牧若干宽长有碍之地出放，似属可疑。第查近数年内，本札萨克达尔罕亲王请假不在衙门，而暂署札萨克印务协理台吉都楞、协理拉达那巴咱尔等，乘空串通合谋，任意舞弊，既不待本札萨克王核办，又不与本王等咨商，直将本旗之地视为己有，任意占放渔利。因闻本札萨克王有信回府，于前数日预先派员将前次浮多丈放及今开放站荒浮多有碍等弊问明，皆出自协理台吉都楞及出派会议协理台吉拉达那巴咱尔、扎兰僧格拉布等私自捏造，查有明确。理合具文，呈请贵总督俯赐鉴核，查照文内事理，恳将占荒铁路直修并复请派员将所报各处确实查明，照例惩办。仍请将此站荒有碍情形转奏，恳请施恩，将去岁所放浮多之荒作为新放站荒，俾本王所属一游牧之循良各台壮等永远不失生计，实为德便。为此出具情形，复报贵督宪俯赐鉴核施行。

再，此文系钤用本王图章，合并声明。须至呈报者。

附：德裕、殷鸿寿呈

宣统二年五月初十日

洮辽蒙荒行局总办德裕、会办殷鸿寿为呈送事：

案查前蒙宪台札派开放洮辽站道蒙荒，并抄发蒙务局呈议办法清单，饬令查照，妥拟细章，呈候查核等因。奉此，业经择要另文议复在案。嗣据该王旗派来蒙员协理拉特那巴萨尔、扎兰僧格拉喜，于四月十一日始行到齐，当即定期会议开放办法。职等先将国家整顿边防暨宪台优待蒙藩之德意剀切宣布，并援引历办蒙荒成案与之反复酌核，协理等始行感悟，逐条磋商。

查原奏有自辽源州以北至边昭止，共计二百数十里等语，迨经勘丈，见辽源州以北二十里界内早经出放，则此次荒段南界应由辽源州北之阎家崴子起，北至边昭，而边昭在扎旗内，距达旗边界尚有十余里之遥，则此次荒段北界应至四旗分界处止，现经丈定南北直长一百七十四里。至原奏有沿路两旁各划十里从事垦放等语，一再勘商，因道西窒碍甚多，议改向东推丈，循电线为标准，西占一里，东划十九里，仍符原奏横宽二十里之数。再以直长一百七十四里核算，应放荒地三千四百八十方。段内台壮，均照从前宽予留界，蒙员翕然允从，毫无异议。

综计此段站荒，半属硗薄，除从宽留界必择膏腴外，不但上地无几，而中下地亦属无多，深恐无人报领，宕延需时，经费无出。嗣与该协理等核议，深以为然。当即拟照前次采哈新甸成案，计里核方，扣留拨补。总之，此段站荒连道路、镇屯等项通盘核算，以至多不得过三千四百八十方，应合毛荒十五万六千六百晌为限。将来派员下段，先尽横宽二十里定界，普通丈量界内留去若干晌数，以连界余荒照数补足，庶几肥瘠相间，易于招领，且与原奏开放里数亦属相符。

至所得各项正价，除荒地一款遵章平分外，其镇基价银向例尽数拨旗，未昭公允；而屯基系属创举，更未便尽数拨旗。查此次既为开通站道，并非注意于放荒，则此后应办之事甚多，似不妨预筹的款，以备经营善后。当拟由镇基、屯基正价项下提留一半，另储备用。嗣与该协理等核议，意见相同。

大纲既举，细目自易参商。援照从前各案，并遵查蒙务局所呈办法，因革损益，稍事变通，拟订细章十八条，缮具清折，呈送鉴定。如蒙允准，恳请奏咨立案，以便遵循。

再，职等业于四月二十五日会同蒙员带领员司绳丈，前往捆段履勘一周，划清四面界线，已于月之初四日回局。除选派员书督饬绳弓订期丈地另行呈报暨分咨度支司、蒙务局外，谨缮具草图，随折附呈，用备考核。所有拟订开放洮辽站道蒙荒变通章程，并捆段日期各缘由，理合缮折绘图具文，呈请宪台批示祇遵。须至呈者。

计呈送清折一扣、草图一纸。

附：那兰格呼勒呈复

宣统二年五月二十四日

御前行走协办哲里木盟盟务科尔沁多罗郡王那兰格呼勒为遵札呈复事：

兹于本月十七日奉贵总督派委兴京府知府都林布晤面，并奉到札开等因。奉此，查本王前报本旗札萨克盟长及贵省衙门呈文内，并无阻挠国家开放站荒、修造铁路情形，并将呈请暂行停止情形咨行委员德、殷一次，亦无违阻丈量等情。惟查本王游牧之地，自昔年以来，迭次出放荒地周围千余里地，将蒙众地土、牧场尽行圈入一州数县之内。本属蒙众户口较前倍增，地土渐窄，生计实属艰难。去岁又为民人吴姓、吕姓等还债，增放荒地数倍，周围数百里，致失蒙众村屯田地。去岁七月间，由本旗札萨克札商文开："现奉总督札开：'站荒两旁各开放十里之宽'等因。如何放给、有无滞碍各情，迅即声复，以凭转报"等因。本王当即据理声复。直至本年三月间，亦未将滞碍情形示复。及闻协理拉达那巴咱尔等出放站荒，倘照二十里宽丈放，因所属游牧之地日渐狭窄，故将蒙众困苦情形呈报盟长及贵省衙门，初无阻挠站道本意。第此两段之荒，有碍八十余村屯良善蒙众生计，业经将此苦累情形与委员知府都林布面为说明，听候详查核办。委员都守允令指引，将有碍游牧地方查明。兹因勘放站荒委员德、殷等业于路线迤东移丈十九里宽，迤西一里，虽与本王先世额驸、公主园寝稍慰，然查明仍与山河村屯户口田产、坟墓有碍甚多。理合据实声明，恳请贵总督俯赐恩施，鉴核查照，俾所属游牧台壮等永安生计，实为公便。须至呈报者。

批：此次开放站荒，既经变通奏案向东移丈，并宽予留界，现复由都守查明，曲徇该郡王之情，荒段南界改由毛改吐起绳，所开官道，则仍自阎家葳子开始，业由蒙荒行局呈准奏咨立案。本大臣体恤蒙藩，可谓至优极渥。乃该郡王不知感激，辄反前议，以山河村屯仍多有碍，砌词哓渎，显系有意阻挠，希图破坏，殊堪痛恨。倘再抗违，定即严参不贷。凛之！此批。摘由抄发。六月初九日。

附：都楞呈

宣统二年五月二十九日

暂署达尔罕亲王旗印务协理旗务头等台吉都楞为遵札呈报事：

本年四月间奉督宪札开：为开放站荒，该多罗郡王那兰格呼勒来呈，并未具名，又无印记等情，饬令查明呈复等因。奉此，遵即照抄来文，转行该多罗郡王那兰格呼勒明白声复，以凭转报去后。旋于本年五月二十五日准该多罗郡王那兰格呼勒声复：遵查本年三月间，本王先后两次将放荒有碍游牧良善台壮等生计情形，分报本旗札萨克盟长及盛京行省衙门。旋于四［三］月间奉钦差大臣锡札开：为札饬事。案据洮辽蒙荒行局委员德尉、殷守等呈称，该郡王于勘放洮辽站荒多方阻挠，请严札申饬等情。本大臣正在核办间，复据该郡王呈称，站荒开放诸多窒碍；又呈称采哈新甸荒务委员丈放逾额各等情。据此，查阅两呈俱无印记，且未具名。若果呈文出自该郡王，谅不至荒唐至此，必系该旗下素不安分之人捏造呈文。仰该郡王查明捏造呈文之人，迅即呈报，以凭严惩等因。奉此，查前两次所报各情并无捏造呈文之人，亦无不遵定例多方阻挠抗违之事。惟查蒙古闲散王公等，凡有要件呈报内外各衙门及理藩部，向均徇例用无印记白文。兹奉前因，始知前报文内有并未署名之失，遂照例将承办官员罚以九数牲畜充公等情，业经呈复督宪在案。兹复准前因，理合声明前情，恳请转详施行等因。准此，合将该郡王声明前情，备文呈报贵总督俯赐鉴核，实为公便。须至呈报者。

批：呈悉。业于该郡王径复呈文内明晰批示矣。仰即知照。缴。摘由批发。六月二十一日。

附：都林布禀

宣统二年五月三十日

大帅钧座：

敬禀者：窃知府仰蒙宪檄，查办蒙旗站荒事件，并面谕探查淮、陆两军兵丁滋事。遵即起程，于十二日抵昌图，询知淮、陆两军因观剧两相口角，遂起斗争。次日，陆军赴街购买物件，途遇淮军，又起争斗，互相受伤。

查毕，随于十五日前赴辽源，即于十六日会同德尉裕、殷守鸿寿往谒温都力王确商。据该郡王称：此次勘放之荒，虽系达尔罕王旗界，实属本王之产，如果开放，于台壮牧养大有窒碍，并非阻挠等语。知府随将此次开放之荒，系因交通蒙政起见，万不能不办，再三开导，并许以台壮宽给留界。该王始允随派该王长子辅国公杨桑扎卜，会同知府等，亲诣荒段，查看情形，量予变通，事方就绪。揣该王之意，希图留界，经此番议定，另划南界，计少放荒地六百方上下，可谓如愿，谅不致别生枝节，再有异词。惟该局前呈开放章程，间有应行更易之处，容俟知府驰赴廓尔罗斯公旗，面见该公，述陈办法事竣，拟即会同德尉晋省趋叩宪辕，面禀一切。倘蒙允准，再行呈请奏咨立案，以便分别饬遵。谨先肃禀，上纾廑注。

所有经过昌图、洮南及各蒙旗，雨足禾茂，地方亦静，谨以附陈。敬请福安，伏乞垂鉴。

知府　都林布谨禀

附：德裕、殷鸿寿呈

宣统二年七月初十日

洮辽蒙荒行局总办德裕、会办殷鸿寿为呈报事：

案查职局踩立三镇，并拟定镇名，业经绘具草图，具文呈报在案。嗣以镇基丈定，认领各户备具银两，纷纷来局挂号，均以争先报领为快。而局内六月之久，所开经费，除借领度支司五千两外，复向商号合盛元陆续借用，欠款已巨，势难为继。查历办蒙荒，莫不先放镇基，以所收正价经费银两借资周转。当即查照定章，悬牌招领。差幸领户踊跃，不数日而两镇报齐。乐安镇基已于六月初三日当堂掣签，挨号拨放。计该镇十六段，共丈基地九万六千方丈。除留官基七千二百方丈外，应放基地八万八千八百方丈。再，保康镇基已于六月十二日掣签拨放。计该镇十六段，共丈基地九万六千方丈。除留官基八千四百方丈外，应放基地八万七千六百方丈。以上两镇，计共放基地十七万六千四百方丈，遵章每方丈收正价库平银五分，计共收银八千八百二十两，随共收一五经费银一千三百二十三两，业经一律收齐，按月列款造报，用清眉目。

除俟敦化镇基将来掣放，再行立案暨分咨度支司、蒙务局外，所有出放两镇并收正价经费银两数目各缘由，理合具文，呈请宪台鉴核施行。

再，职局此次收款，就地开销，因未奉批示，并未加收银数，合并声明。须至呈者。

批：呈悉。乐安、保康两镇基既已掣签拨放，所收正价经费银两应准按月列款造报，以清眉目。所余敦化镇基，亦应赶紧招户掣放，以期早日蒇事，而免糜费。仰蒙务局转行遵照，并分咨度支司知照。缴。七月十四日。

附：德裕、殷鸿寿呈

宣统二年七月初十日

洮辽蒙荒行局总办德裕、会办殷鸿寿为呈报事：

案查职局拟送开放章程第八条内载："就官道扼要之地，踩立三镇，每镇计地四方，招户报领"等语。是此次放荒，原为开道设站，便利交通，非先踩立镇基，用作中流砥柱，则官之出入莫定，亦驿站之远近莫分，所关良非浅鲜。故职局于五月十一日派起下段时，特调监"通"字绳姚委员鸿福，会同蒙员，带领绳弓，按照拟定地方，前往勘段，有无关碍，呈候核夺。嗣据该委员度量地势，备具图说，先后呈报前来。职局复加查核，该委员所拟三镇，一设口袋西南，距辽源州五十八里，地当冲要；一设太平地正南，距辽源州一百里，适居荒段之中；一设满汉营子正南，距辽源州一百五十六里，北接边昭通衢要路。所拟均属合宜，且形势皆长，就道设镇，不特易于兴旺，兼免往来绕越之虞。当饬该委员一律丈量，竖桩、标号，听候掣放，再行带户认段。兹特拟定镇名，暗取庶富且教之意。其设口袋者，拟名乐安镇；其设太平地者，拟名保康镇；其设满汉营子者，拟名敦化镇。愚昧之见，是否有当，谨分别绘具草图，呈报立案。

所有踩立三镇并拟定镇名缘由，除分咨度支司、蒙务局外，理合具文，呈请宪台鉴核施行。须至呈者。

计呈镇基草图三纸。

批：呈图均悉。所拟踩立三镇地方暨分别拟定镇名，均属妥协，应准照办。仰蒙务局转行遵照，并分咨度支司知照。缴。图三纸存。七月十四日。

附：德裕、史善诒呈

宣统二年七月二十七日

洮辽蒙荒行局总办德裕、会办史善诒为呈报事：

案查职局于五月十四日饬令八起监绳下段分等丈量；并酌调熟习蒙务之员踩设镇基，筹备驿站，业经呈准在案。除调“通”字一起，踩定镇基三处，绘具草图，前已呈送外，计自五月十四日起至七月十三日止，七起丈过上等毛荒共二万二千九百〇九晌三亩九分，中等毛荒共四万九千九百四十六晌〇一分，下等毛荒共三万五千三百三十八晌五亩八分，沙碱不堪耕种二千〇三十八晌八亩七分，统共丈过荒地十一万〇二百三十二晌八亩五分，按照前捆东、西、北三面荒界一律丈齐。惟南界毛改吐以东一带，前因温都力王派人抗拒，界未划清，应俟会同该王旗亲往复勘，方能允服，再行派员补丈。现正移催该王旗派来会丈蒙员，赶将台壮各项应行留界开单移送来局，以凭按图提拨，妥为安插。惟地已丈竣，招领无期，会拟酌留两起监绳员司，以备按号拨段之用，余均裁撤，以节虚縻。容俟图册报到，即行分别去留，另文呈报。

除分咨度支司、蒙务局外，所有职局丈过荒地数目暨现筹办法缘由，理合具文，呈请宪台鉴核施行。须至呈者。

批：呈悉。该局荒地现已丈竣，所有监绳员司应准酌留两起，以备拨段之用，余均一律裁撤，以节縻费。仰蒙务局转行遵照并分咨度支司知照。缴。八月初五日。

附：德裕、史善诒等呈

洮辽蒙荒行局总办德裕、会办史善诒为呈明事：

窃职道仰蒙宪饬会办洮辽荒务事宜，遵即就道，驰抵辽源行局，业将任差日期先行呈报在案。当即会商职尉，将局中情形通盘筹划。

查自本年二月开办，迄今已阅六月之久。初则与达尔罕王筹商一切，既而俟该王旗酌派亲信蒙员会同诣勘。当经职局派员开丈，往返捆段，不无稍需时日。职尉莅差之时，本约计九、十月间可望蒇事，讵料达尔罕王将地段斟定，即派该旗印军那得那巴色拉委以全权，责成襄办其事，该王则依旧入都。而旗下温都力王贸然思逞，借口干涉，以为界址未清，捏词陈渎，上烦宪廑。但职道悉心察度，当诣勘时，始由达尔罕王派员随往，丈段时亦经该蒙员等随时照料，设有舛错误丈之区，亦经该蒙员等随时指示让还，岂肯稍留纠葛。况前蒙宪委都守林布来辽查办，禀复时，转饬将"利"字已丈之地退还三十余里。在宪台怀柔斯民，体恤之优，无以复加。而该郡王旗属人等不知感德，反作得步进步之想。惟查前都守林布来辽查办时，并未与达尔罕王所派印军接洽，致未能得其纠葛要领。可否仰乞宪台札知达尔罕王，转饬该印军那得那巴色拉与温都力王如何纠葛情形明白禀复。缘职局所丈之地，系得达尔罕王所允许，亦由该王派员所指示，该印军亦为达尔罕王所特派，正本清源之法，非此不足以断葛藤。职等筹思再四，职局经费本在所收一五经费项下支销，现已在商号借垫不资，如再迁延时日，费用浩繁，将来恐有不敷之虞。已将八起监绳委员酌裁六起，其余两起暂时留局，一俟大照颁发到日，即饬该员司等为领户随时指拨区段。此外员司亦已裁撤十余名，薪水统自七月底一律截止，以资撙节。

除咨明度支司暨蒙务总局外，理合开具职局员司去留清折一扣，备文呈请宪台鉴核批示祇遵，实为德便。

再，正在酌量裁减员司间，适奉宪批，职局除票照、解运、差遣三项委员姑准照办外，其驻局正副司书应各裁去三名，书记长二员亦应一并裁撤等因。现已遵饬照办，合并陈明。须至呈者。

附：那兰格呼勒呈

宣统二年十月初六日

御前行走协理哲里木盟盟长多罗郡王那兰格呼勒为遵呈事：

案据三音吉牙、得青嘎等，因还债指放采哈新甸荒地，蒙汉员等额外溢放，并占放熟地等情，迭次呈请贵总督，蒙准特派蒙务总局总办黄道前来，察明本王属下蒙民冤苦、生计艰难各情，转详贵总督鉴核，业蒙札饬札萨克将该蒙员等撤差。现仍派黄道总办站荒行局事务，前来办结此案；并称贵总督体恤蒙民艰苦暨本王府困难情形，以站荒地价拨提三万金，半为惠偿分给蒙民，半为津贴本王。至升科时，所收六百六十文地租，以三百三十文归札萨克，以三百三十文归本王府。本郡王伏思所属地方蒙民因被札萨克欺压之苦情，与其势不两立，定将蒙员所指溢放荒地暨熟地分别清丈，以期孰是孰非，水落石出。既蒙贵总督如此惠泽蒙众，准其伸雪，派员办结，卑藩及蒙民感戴无涯。本郡王自应遵即允办，嗣后不敢再行追控此案。理合备文，呈请贵总督鉴核俯准备案；并恳将来应收地租归入辽源州福昌地局征收。缘此局距近采哈新甸，便于交纳。仍请转饬札萨克照办，伏乞批示祗遵，实为公便。须至呈者。

批：呈悉。所拟各节，均准照办，仰即移知该郡王可也。缴。温都力王来文一件存。十月二十二日。

附：黄仕福呈

宣统二年十月十七日

洮辽蒙荒行局总办黄仕福为呈明事：

窃职道奉派前来办结采哈新甸荒务一案，遵于九月三十日亲往温都力王府，与该王面商一切。当告以前放采哈新甸荒地，经札萨克派来蒙员会同荒局委员指放，原为拨还债项，其中不免略溢丈放。况熟地一项，据蒙员等称：因有汉民私垦，系奉札萨克谕令照生荒一律丈放。清丈一节，按照向章，非俟六年升科时不可。如蒙旗穷苦，现蒙督宪格外体恤，给予津贴，以示优异。议由站荒地价内拨提三万金，以一半津贴该王，以一半分惠蒙民，俟六年起租时，并分给每晌地租二百二十文等语。当据该王称：既蒙督宪恩惠，蒙民及本郡王同深感戴。复据该王称：惟地租所收数目，按达尔罕王旗地局征租通章，每晌收中钱六百六十文，均归本王旗札萨克收用，向不分拨国家。嗣询札萨克蒙员，据称：本旗生计情苦，所收地租甚微，若由采哈新甸地租分拨，其余本王旗各地局均应一律遵行，向来既不分拨国家，亦不愿以此次开端等语。职道伏思朝廷抚恤蒙旗无微不至，想不因此区区之地租以致较量，遂同该王议定：采甸地租以三百三十文归札萨克，以三百三十文归该王。当即允遵照办。至前请分为三分，以二百二十文归国家，以二百二十文归札萨克，以二百二十文归该王，系照前蒙务局督办朱启钤所拟办法。前奉电询："地租向以四百二十文归旗，来电六百六十文，是否笔误，迅查声复"等因。查采甸放荒章程并未叙明俟六年升科时，每晌收租若干。复查怀德、奉化等地局所收地租，每晌系中钱六百六十文。此项地租札萨克派员征收，略分拨给该王，此所以致启家务争讼。现该王并呈请此项地租愿归辽源州福昌地局征收，缘该地局距近采哈新甸，便于交纳，恳求督宪转饬札萨克备案。

再，去岁丈放采甸荒时，给台壮之留界并未发给地照，现议一律补给，并将边界与留界代其划清，以免将来再有纠葛。

以上各情，业已电禀督宪鉴核在案。兹据该王嗣后再不追控此案，备具呈文，现已饬员译就，伏呈宪鉴。所有办结采哈新甸荒务一案缘由，理合具文，呈请督宪鉴核备案。

再，津贴温都力王三万金，拟俟站荒放竣，即由地价内提拨该王。伏乞指示祇遵，并请奏咨立案。须至呈者。

附：黄仕福、都林布等呈

宣统二年十月十七日

洮辽蒙荒行局总办黄仕福、帮办都林布、坐办史善诒为呈明事：

窃职道、卑府奉督宪札派，前来接办洮辽蒙荒行局暨开放站荒各事宜，所有接办情形，业已呈报在案。前奉准所拟变通办法五条，业与温都力王商妥，该王允遵照办。惟地租一项，查达尔汉王旗地局现行章程并详询温都力王、札萨克蒙员等称，地租征数甚微，每晌收中钱六百六十文，向不分拨国家。

再，温都力王屡次呈诉，总因该旗情苦起见。现采哈新甸地租既议归札萨克与该王分劈。职道、卑府伏思朝廷抚恤蒙旗站荒，亦应准予一律办理。兹议定站荒仍照该旗收租通章，俟六年起租时，每晌收中钱六百六十文，以三百三十文归札萨克，以三百三十文归该王，其余各条并无更改。至荒段业经前总办德裕派员会同札萨克蒙员勘毕。兹据温都力王称，因地段日久未放，方迹不免内有模糊。原定于十二日该王派蒙员前来辽源州，嗣因该蒙员患病，待至十五日始行来辽。职道、卑府即同再行赴荒履勘，并据该王遵即开放站荒，备具呈文，现已饬员译就，伏呈宪鉴。

所有与温都力王商妥站荒办法五条缘由，理合具文，呈请督宪鉴核备案。

再，站荒章程，俟职道、卑府赴荒勘毕后，再行重加厘定，另文缮呈钧核，呈请奏咨立案。须至呈者。

15. 设局丈放荒地告示

宣统二年五月□日

为出示晓谕事：

照得筹办达尔罕王旗洮辽站道蒙荒一案，业经前军督部堂徐、巡抚部院唐，两次奏请勘放，奉朱批：“著该督抚妥筹勘放。该部知道，图说并发。钦此。”嗣经本大臣派员赴旗会商，该王旗以事关奏案，钦遵办理各在案。兹特札派辽阳城守尉宗室德尉裕为总办，补用知府殷守鸿寿为会办，前往辽源州设局丈放。

除将章程分别奏咨外，合行出示晓谕。为此示仰各处旗民人等一体知悉，如欲领荒，务宜恪守定章，备价到局报领，毋得观望自误。切切！特示。

放荒章程

宣统二年五月十一日

计开：

一、荒界。查此次放荒，原为开通辽洮站道，与从前历办成案不同。现经丈定，南由阎家崴子起，北至四旗分界处止，计长一百七十四里，循沿途电线为标准。西占一里，东划十九里，计横宽二十里。先按原有草道留出通行官道一条，计宽十八丈；并就官道酌核远近，踩立镇基三处，筹备驿站，用符原奏。

二、方数。查勘定荒段南北直长一百七十四里，东西横宽二十里，计地三千四百八十方，应合毛荒十五万六千六百晌。此次放荒，连道路、镇屯通盘核算，以至多不得过三千四百八十方为限。拟定等则，上荒二成，约有六百九十余方；中荒三成，约有一千〇四十余方；下荒五成，约有一千七百余方。

三、丈法。比项荒地，援照札萨克图王旗初次放荒成案，所有绳弓晌亩折扣数目，仍以二百八十八弓为一亩，十亩为一晌，四十五晌为一方，三七扣实交价。计每方实荒三十一晌五亩。由局派员丈量，挨方编号，分段掣放，并发给绘图丈单，带往认段。俟地价经费一并缴清，再行钤发汉蒙合璧大照。每地一方，给照一张，并收照费银一两，以凭管业。

四、定价。查此次定章，地分为上、中、下三则。上荒每晌收库平银六两六钱；中荒每晌收库平银四两四钱；下荒每晌收库平银二两二钱。每地价银一百两，遵章随收一五经费银十五两，借资办公。所得正款，以一半报效国家，其余一半拨归该王旗，以符成案。

五、镇基。于官道扼要之地，踩立镇基三处，以备安设驿站并招集商民一体居住。拟照镇国公旗初次放荒成案，每方丈收库平银五分。除随收一五经费归局办公外，所得正款，以一半拨归该王旗，其余一半存储备用。

六、屯旗。并于段内各划适中之地，增一二十屯，以备领垦各户就近盖房之用。查此所拟章程，每方丈收库平银一分五厘。除随收一五经费归局办公外，所得正款，按照镇基一律办理。

七、留界。查从前各旗出荒，均有台壮搀居界内，届时为之拨留荒地。此次既为体恤蒙户起见，现特拟定台吉一户，留界四方，壮丁一户，留界两方，其余园寝、山河各项，无不从宽划留，以示优异。惟该王旗留去若干晌数，应由连界余荒照数补足。

八、熟田。除以上各项留界分别丈出外，倘界内有就佃各户业经开垦成熟者，准其据实报明，按方交价认领，其不愿认领者，招户另放。

九、升科。放荒以后，户口渐众，于殖民实边各事均应次第讲求。查该荒距辽源州最近，拟俟事竣，即行划归辽源州知州管辖，以便治理。一切民刑诉讼，查照历办成案，呈明核示。至此项荒地，仍由该王旗自行设局经征，遵章六年起租，以恤民力。

十、支款。局中并监绳员司薪水、车价以及临时活支等项，应在随收一五经费项下开支，按月造册呈报；如有余剩，由该行局解交度支司存储，以备拨补。惟不准向各领户额外需索分文，如有局中并监绳员司等取巧立名目，浮收肥己，一经查出或被告发，定行从严分别惩处。

16. 札达尔罕王旗

宣统二年□月□日

为札饬事：

前据帮办哲里木盟盟务多罗郡王那兰格呼勒呈称，洮辽站荒纠葛窒碍等情，当经本大臣派委蒙务局总办黄道仕福驰往查办。旋据该道复称，面见该郡王，再四磋商，拟变通办法五条，恳求照准等语，呈复前来。本大臣复加核定，秉公裁酌，准与变通五条，候本大臣奏请恩施，合先抄录札发。札到，该札萨克仰即遵照。须知该札萨克与该郡王同列藩服，受国家抚绥厚恩，本大臣一视同仁，略无偏袒。所有此项变通条款，无非体恤蒙众起见，该札萨克暨旗下人等，务当一体凛遵，不得稍有异言，并将现充站荒蒙员协理拉达那巴咱尔等即行撤回，另委廉明蒙员前赴荒段，会同行局总帮办并该郡王所派蒙员等，和衷任事，妥慎丈放。所委之员倘再蹈从前积弊，一经本大臣查出，定即严行惩办不贷。

再，该郡王呈控采哈新甸荒务一案，亦由黄道与该郡王议定，将来采哈新甸地租归辽源州福昌地局征收，每晌收中钱六百六十文，以三百三十文归札萨克，以三百三十文归该郡王府，并经本大臣批准照办，仰该札萨克一并遵照，并迅具印文呈复毋违。切切！此札。

Ⅱ. 其他

17. 复度支部函

宣统□年□月□日

敬启者：

迭准大咨限制银钱行号发行票约逐年收回一案，将以谋币制之统一，防商业之恐慌，实为至当不易之办法，荩筹伟画，极表同情。东省自去年以来，固已毅然实行矣。逮今考察现情，博访众议，就东省论，实多窒碍之处，敬为左右陈之。

东省向乏现银，又少制钱，民间交易均系通用纸帖，自省城以至府、厅、州、县，凡钱铺、丝房、粮栈、烧锅、押当，无不自行出帖。即如粮食一项，奉省出口者岁值银五六千万两，从前均由本境及外省商人分赴各乡订购，或由粮栈为之居间，款项收付，悉凭纸帖；虽间有架空之弊，而民间习惯已久，借此以资周转，尚足维商务而握利权。今者商乏转运之资，农无倍利之市，市场萧索，大异从前，而农商交困矣。

夫商力既穷，当赖官力为之补助。曩时东省官银号、广信公司、官帖局、官钱局所出票纸，凡各州县请贷，缓急尚可相通，今则限制俱严，官力亦穷于供给。大清分银行，虽有维持商业之责，处此民穷财匮，既无由吸收现银，即无由多发纸币，又不能凭地方官空言担保，贷款接济，实属进退俱穷。

然使仅于商业受其影响，币政藉可维持，得失相权，利害犹为参半。乃本省之钞票方逐年收回，外人之钞票益乘虚浸灌，为丛驱雀，害且益深。查日之老票，俄之羌帖，久已通行东省，为民间所信用，甚至乡镇、店栈到处悬牌收买。此等境象，实为各省所未见。访闻日票、俄帖发行东省者不下一日万万，彼岂有如许现金之准备哉？我以高价购其纸币，彼以纸币换我现银，日朘月削，犹自毙耳。本年粮市，华商订购者少，外人以日俄之虚币收买粮豆，抑勒市价，攘夺利权，吾民生计愈绌，而日票、俄帖自此益加充斥矣。此可为深虑者也。

良辗转筹维，补苴无术，欲拯目前之困，惟有于本省官银钱行号所出钞票暂宽额限，以资抵制。查东省官银号、广信公司、官钱、官帖各局，发行银票与日票、俄帖同一信用，款项出纳，公家力足协助，并无意外之虞。惟事关变通定章，似须奏明办理，尚祈迅赐裁复为祷。

18. 在东三省学界饯别会上的致辞

宣统三年二月□日

鄙人待罪斯土，忽忽二年矣。夙承学界诸君子挚爱，一旦言别，能无黯然？乃今承诸君子暨大中小各学生殷殷盛意，开会饯别，推许过当，愧何敢当。

顾念奉省为国家根本之重地，教育乃凡百新政之权舆。鄙人早登仕版，学术就荒，兼以在东二年，簿书鞅掌，丛脞时虞，心力有限，势不能专注于学务，此则私衷所引以为憾者。所幸卢学使[①]一方共事，时有匡襄；学界在事诸君子，更能不我遐弃，随时臂助，日积月盈，粗有规模，藐躬薄德，深幸我奉省学务将日见昌大。只以衰病侵寻，恐负重寄，去冬疏请引退，旋值鼠疫流行，民命所关，不能不力疾从公，终始其事。兹幸疫气肃清，仰荷圣恩，放归田里。继任赵公[②]，重莅斯土，东省学务乃其所手创，与诸君子相知有素，行见上下一心，其所以谋盖鄙人往日之愆尤，而大慰东省人士之愿望者，安可测耶。

抑鄙人对于大小学生尚有由衷之言，愿为临行之告。国家者乃社会之所积而成，必有完美之社会，乃有强盛之国家。诸生青年求学，既为社会之表率，即系国家之兴亡，刚毅之气不可无，而虚娇之气不可有；进取之心不可无，而忮求之心不可有；卧薪尝胆之志不可无，而轻举妄动之事不可有。世变亟矣，今日菁莪棫朴之士，皆他年心腹干城之选。白山黑水间，他时倘有瑰奇之杰出而扶危定倾以转移此世运者乎？则鄙人虽退老田间，亦将引领东望，掀髯一笑，为之加餐也。敢尽一觞，以酬盛贶，并表谢忱！

---

① 奉天提学使卢靖。

② 新任东三省总督赵尔巽。

附：吴景濂在奉天各界饯别会祝词

宣统三年二月□日

督部堂蒙古锡公，渥荷圣恩，回旗有日，我邦人士攀辕卧辙，百计俱穷。知成命之不可收回，帅节之不能不去，各界绅民感不能已，联合恳乞恭行饯送。我公不以为慢，移节临莅，荣庆曷极。

溯自我公来督斯土今二年矣。方衔命督东之始，正东省积患之时，强邻默觇政策，内政亟待补苴，难可知也。我公宽以治内，严以治外，民气于以大和，国际因之以睦。公以为未可已也。宏谋国之伟略，促宪政之进行，为民请命，面阙者一，抗疏者再，积诚格天，筹备期限特奉明诏缩短，功在全国，业在千秋，我奉天绅民隐蒙幸福犹其小者。去腊天灾流行，毒氛肆焰，至春未熄。我公督饬僚属，昕夕焦劳，遂以人谋之臧，竟厌天心之祸，而万国鼠疫研究会之代表在奉者，亦皆感极于公之诚恪忧勤无间言焉。可见公之用心，无非为民；而公之行事，无非为国也。

景濂等被福在躬，食惠未餍，怅地方之多难，竟祖帐之在途，惟有代表全省士民，敬举一觞，为我公寿。今日天气清明，惠风和畅，愿我公一饮而尽之，毋忘东省，日后旌节重临，其欢迎当更倍于今日也。辞不尽意，惟视我公努力加餐，为国自爱。

19. 在大和宾馆饯饮答词

宣统三年二月□日

今者金撙酒满，玉塞春深，本大臣躬逢盛饯，愧不敢承。因念本大臣督东二载，天假之缘，得与诸君游。诸君皆一时之彦，和衷共济，相见以诚。本大臣甚乐与诸君同事一方，愈敦邦谊，乃以老疾侵寻，恐负国家重寄，去冬欲乞骸骨，而又以藐躬不德，猝遘灾疠，天不吊我三省人民，重累诸君之客于斯者亦不安寝处，此本大臣所以不忍遽去，而必与是役相终始也。兹奇灾消弭，敝国大皇帝俯念病躯，放归田里，本大臣感戴皇仁，私心满足，惟一念及诸君殷殷之雅，匆匆言别，转觉歉然于怀。

本大臣行矣，甚愿诸君努力加餐。他日者，天之涯，地之角，仍将与诸君联杯酒之欢，重道今日之雅故，则幸甚矣！敬尽一尊，以答感意。

附：大和宾馆饯别会日本总领事致辞

宣统三年二月①

东三省总督锡大人：

贵大臣莅奉二年，未为甚久，惟此两载之间，贵大臣内修治理，外重邦交，实足钦佩。且前数月间，东省不幸有瘟疫流行。当其初也，其惨害所延，正有莫可抵止之概，乃承贵大臣妥筹防范，不遗余力，竟得速收扑灭之效，不但中外商民之福，即是世界人道之幸也。此皆赖贵大臣为国为民，不分畛域，德风普照，上天感应所致。惟贵大臣日夜过劳，遂至违和。此次贵国摄政王特允贵大臣回旗调理者，正是贵朝廷笃念忠臣之圣意。想贵大臣为朝廷所倚重，并为中外所景仰，诚不愧为国家之柱石。甚愿回京之后善为静养，不久定当重任要职，曷胜盼祷。

再者，贵大臣莅任以来，在奉各国总领事等，素承贵大臣尽礼优待，格外和好，实不胜感纫之至。正期久亲丰采，无奈行将言别，令人惆怅殊深。今夕吉辰，幸蒙贵大臣光降，并承各司道宪连袂同临，欢忭奚似。惟山茶村酒，固不足尽各国总领事等之

① 原文篇末注“四月二十九日”。

敬意，亦惟略表惜别之忱耳。本领袖领事代表在奉各国总领事、领事，谨述芜言，并请列座诸位大人共举琥珀之杯，敬祝东三省总督锡大臣之福寿康泰！

附：第二任热河都统时期

1. 致内阁总理大臣袁世凯函

宣统三年十一月初七日

窃查围场厅向系热河都统管辖，洎后改归直属，宫保原为安插退伍旗兵起见，用意至为深远。现在尚未兴办，而以形势论，则围场不归热属，于热境设疆捕盗，诸多不便。前经面陈情形，承谕令到热后具折奏陈。刻闻溥都统已有折请，业交内阁核议，恳请宫保主持，饬局议准，俾资治理，实深盼切！

附：袁世凯复函

宣统三年□月□日

昨奉惠笺，备悉一一。围场厅事，前经溥仲璐都护具奏，业交阁议，现在尚未议复，俟议定后，再行奉闻。

2. 致直隶总督陈夔龙函

宣统三年十一月□日

疆圻近接，幸倚德邻。敬维勋隆锁钥，瑞辑簪裾，为无量颂。

弟养疴未遂，旧地重来。热河僻区边陲，民情本称朴厚。近因南方俶扰，胥动流言，聚众抗捐，横蛮无忌，兼以马贼乘隙思逞，深虑勾结为患，扰害治安。就时论事，亟宜添练防营，以资镇慑。乃此间著名穷瘠，就地既无款可筹，所尤亟者，枪炮、子弹为军人命脉，调查现有枪械新旧不一，毫无可恃之利器，而库存子弹为数更属寥寥，竟不能支半日之用，设有缓急，是坐毙之道也。困处愁城，一筹莫展。

伏念热河为直省兼辖区域，安危与共，唇齿相依。台端廑念时艰，顾全大局，历蒙借师济饷，畛域不分。惟有专函奉恳，务祈慨假新式快枪若干，藉济急需，万一新枪无多，亦祈拨给曼利夏、毛瑟等枪，每枪配发子弹五百粒，以资军用。如蒙鼎诺，并祈电示，以便立派妥员赍文请领，无任盼祷！

3. 复喀喇沁王贡桑诺尔布函

宣统三年十二月□日

欣奉赐函，诵悉。弟自下车以来，深虑热河完善之区或受南来影响，所以筹兵购械，不遗余力，莫不以保安为不二宗旨，亦莫不以协和为实行主义。今读来翰，足征卓识相同，曷胜欣佩。

保安会章程，自前接到旗文，立派委员王令国治，驰赴平泉，与贵旗蒙员、地面绅士妥为酌商，务期与各方面俱无窒碍，实获裨益。即希台端电饬旗员，和衷共济，一俟该委员等斟酌尽善，禀复前来，自应通饬各地方官遵照，用昭众志成城之盛。军械所储存枪枝，仅毛瑟一种，已饬该所挑选合用者枪百杆、子弹二千颗，候尊处派员赍文领取。至于子弹，现因缺乏，昨已委员赴保定购领矣，半月内可望运到，届时自当再行分润也。

美国人信函中的慈禧宴会

南　方　戴建兵 编译

海外读史时，见一封与清末中美外交有关的书信，涉及清末打破中美外交僵局中的女性活动，颇有趣味。信件译文如下：

亲爱的朋友：

早就打算写信给你，但终日太过忙碌，甚至连德雷克先生和我的沃瑟，也很难找到时间写封信。从吃饭回来我一直坐到现在，来完成这封信。之所以返里之前再给你发□□[①]，仅是为了告诉你我5月3号从上海出发，之后大概第一周到达□□。这个月23号我即离开北京去□□，从那里乘汽船顺黄海漂流而下，几天后到达上海。我期冀能有几天时间到□□拜访在这里相处甚欢的康纳尔和拉哥德尔夫人。我计划沿来时的沿路返回，有机会再次踏上这片土地真是万分高兴，因为第二次所得的见识和收获一定会更多。进一步熟悉那些日本要塞一定非常有趣。

告别中国时，我已十分痴迷于这个王国及其人民的前景。他们是那么满足、幸福、充满阳光，却又知之甚少！有

编译者：南方，河北师范大学外国语学院教授；戴建兵，河北师范大学历史文化学院教授。

① 原文笔迹风格独特，自成一体，且个别处书写不清，经多遍辨认推敲，根据现有相似字体逐一仔细还原，仍难完全识别。文中的□处均为原文未能识别之处，除第一段外的地名、人名外，其他段落残缺部分应不影响主干信息。

一天我曾光顾一家小商店，名叫“福和楼”，门上的汉字招牌很具艺术性。屋内虽然狭小简陋，但真实反映出了中国人文化的意象，无论命运如何变迁，他们都希望精神支柱永在。即便贫穷到令人心生怜悯的程度，也并不重要，总有些东西在表明，这里的人们对形式和颜色有着独特的艺术眼光和喜好，又有种与生俱来的欲望去最为务实地加以表达。他们极其喜欢送人礼物，所表达的远不止无私和慷慨，有的是对你品位的体认和迎合，因为他们代表的是非积累经济，最善于白手起家。已记不清以前都给你写了些什么，起码上次写信时，我还没收到来自皇宫中的礼物。清国负责礼仪的大臣安排外交使节团的女性成员觐见慈禧太后，而且仅限于公使夫人及其女儿。我不在此允准范围，故未能参加第一次会见。后来我们曾款待过的一位高级官员把我在这里的消息通报给了慈禧太后，她便以我是康格夫人客人的身份，通过庆亲王①向我发出特殊邀请。就外交常例而言，有诸多我不能去的原因。但他们并没有阻拦我接受太后的礼物：一对珍贵的金手镯，上面镶嵌着珍珠和稀有宝石，四匹柔软的锦缎，三匹绸缎，一盒带有装饰的象牙梳子。不过，最终我的觐见得以成行。我向你保证，真是大饱眼福，令我的鉴赏力得到了充分发挥。这次觐见，我们有幸参观了她的寝宫内宅——客厅、宴会厅和厨房——这些地方都是首次向外国人开放。屋内以雕花木质结构为主，从地板到天花板的陈列柜里放满了稀有的古老瓷器，黄铜、青铜和景泰蓝珍品。昂贵的丝绸镶边织锦挂毯，内嵌珍珠的柚木家具，上端放有玉器，家具雕刻的花纹尽显中国风韵，从低到高，交错盘结，整个画面

① 原文不清晰，拼写似为 Ch’ing，为威妥玛拼音标注法，对应汉语拼音 Qing，因此推断为庆亲王。

足够我用余生去欣赏玩味。所到之处，皇帝都跟着我们，带点孩子气的欣喜，观察着我们的一举一动；此外，还有慈禧太后本人的人格魅力，这些都让我觉得这次见面的确与众不同。她的声音极其甜美，温柔体贴，娴静端庄，但又敏锐热切地注视着周围的一切。她跟我握手时，目光好像能看透我的灵魂，我不敢确定，自己藏在内心深处的秘密是否已被一览无余。她对我们每个人好像都很感兴趣。因为其身份，大家不约而同都表示出了应有的尊重。此外，她绝妙的机敏也使得这个光线黯淡的地方变得价值非凡，人们都觉得自己成为了这和谐氛围的一部分，尽管没有语言媒介，没有种族纽带，也没有共同风俗。她的表情既不僵硬，也不冷漠，而是非常敏锐，睿智明媚。

我得到了特别优待，得以与她同桌就餐。尽管太监们已极尽殷勤献媚，她仍始终目光炯炯地留意着每一个盘子，确保每道菜都上得圆满。皇帝坐在另一桌，他是此刻她内廷中唯一真正的男性。其他男性都是太监，膀大腰圆。多希望能跟你们细细说说这些，但纸笔有限，实在无法展开，只能写个梗概。即便如此，也得足足写一晚上。（觐见的）早些时候，曾传谕，宴会期间不送礼物，但我们可是领教了何为中国的官方命令。因为回到家中不久，我就收到了四匹浮花锦缎，两盒丝绸娟花和娟蝶，一副红漆木联，上面刻有慈禧太后亲笔书写的黑色汉字“愿弥撒之光佑你，喜乐常伴左右”，还有一只烤乳猪，两只烤鸭，一盒糕点，一盒糖果，以及用海碗装着的海参和鱼翅。礼物数量之大，品种之丰，像是给康格夫人准备的一样。你当然知道，我们并不缺吃少穿。谈及康格夫人热情款待以荣寿公主为首各公主的那次午宴，你会意识到中国上层社会已经向文明标准有了大踏步前进，因为她们当中有些人还是第一次见到外国女性。从皇宫出来的一路上，这些公主们都由士兵护卫，以防被陌生男性偷看到。她们坐在轿子里，低着头，一派侠义护花的景象。荣寿固伦长公主坐在一顶黄色的皇家暖轿上，其他公主一色红漆暖轿。由轿夫、太监、马夫和士兵一路护送到公使馆大门。此行总共派来461人①，即便在中国人中，这阵势也非比寻常！每位公主都由八名太监服侍，其中两名（对每位公主皆是如此）进入客厅，站在各自主子身边，应承她需要的任何服务。你很难想象那是一幅怎样美好的画面，真的很难用言语来表述。他们精致的绣花长袍充满艺术感，颜色鲜艳，剪裁得体优雅，舒适无与伦比。内廷的女性皆是满族，她们不裹脚，但脚依然很小，穿的绸缎鞋子优美典雅，与身上的礼服搭配浑然一体。头发大多精巧地梳成绾髻，点缀着花朵、稀有宝石，看上去美妙惊艳。单个人就已经美不胜收，想想看，十一个人站在一起，会是多么炫目耀眼。她们的脸色白里透粉，下唇上涂有一个明艳的红点儿。她们的手都小巧玲珑，指尖纤细，第三、四指的指甲很长，大多数人都戴有黄金镂刻的护指。她们都佩戴着各式各样的璀璨珠宝，诸如胸针、戒指、手镯和耳环，尤其钟爱珍珠饰品。当天共有11位美国女士出席，正好每人对应一位公主。这种安排对餐厅来说是非比寻常的考验。康格夫人以美式上餐方式提供了美国食物，每一步都保留体现了我们自己风俗的完整性。如果公主们几代人以来一直还在墨守成规，闭关锁国，不会表现得如此优雅和沉着。

公主们的举止极其端庄，这种骨子里的优雅让人确信，她们很早就受过熏陶。陌生的刀叉、西餐使用起来也非常自然，可见她们世代都在观察吸收，这也得益于她们本身与生

① 根据康格夫人《北京信札》189页记载，此行荣寿公主一行带了481个仆人。

俱来的安逸自在和自食其力。当时在场的美国女士中有四位杰出的翻译，因此彼此谈话并没障碍。康格夫人端起水杯致意，以饱满的热情祝她们健康。话音刚落，让我们很意外的是，公主立刻沉着予以回应，谈吐得体，像在我们的妇女俱乐部受过几十年培训一般。

随后，我们都得到了邀请，去公主家赴宴，当然我们都欣然接受。这些事情都具有历史意义，因为这标志着中国贵族女性社交解放的开始。当然我们也很郑重，使出了浑身解数，尽力以我们美国人最好的方式对提出的问题恰当表示尊重。我们是坐轿子去的，每人前面有一名骑马的马夫带路，后面跟着一辆马车，车上有一名丫鬟（女仆）。尽管我们穿上了最鲜艳的礼服，但在主人们美丽的衣服映衬下还是黯然失色。她们从宫中走到阳光下来迎接我们，全都面带微笑，愉快地表示欢迎。她们好像很高兴见到我们，甚至充满爱意地拉着我们的手寒暄问候。坐下就餐前，长公主作为代表敬了酒："前些时候我们见过面，各位文雅的谈吐令人愉悦万分，印象深刻。我将这杯酒崇敬地献给贵国伟大的君主，祝他健康，愿贵国和平昌盛！也祝您，尊敬的夫人（康格女士）幸福常在！所有的女宾，无论已婚还是单身，都能尽享和平安宁！"何等妥帖！我已经渐渐喜欢上了她们的燕窝汤、鱼翅、莲子和菌菇等等。当天的十七道菜对我来说真是美食盛宴。我们彼此用各自语言教对方各种事物的说法。时间就这么愉快地度过了。两小时的午餐后，我们又进行了一个小时的交流沟通。不是每个人都配有翻译。我坐在了庆亲王侧福晋的身边，她很热情，但由于语言不通，有一阵子我们更像是在演哑剧。你肯定看到过刚牙牙学语的小孩子说话，大概就是那个样子。她先是摸了摸我的礼服，又轻轻抚弄我戴的手套，称赞了我的羽饰，最后掀起裙角看了看我的鞋，满是孩子般的欣喜。我很确定的是，如果我对她身上的配饰物品同样仔细打量一番，也会同样的欣喜；那些艺术品般的织物、颜色，都会引起我的无限兴趣。我们的随行仆人从外务部拿到了赏金，可见这是多么重要的国事活动。我们觉得这些对于其人民未来的发展有重要意义。另外有令人鼓舞的证据表明，她们对待变更不是全都傲慢专横，不屑一顾。在很多细微之处，我们注意到她们接受了我们的一些形式，比方我们说再见时，她们也会用英语回答，充分表现出对告别方式的迁就。一次午餐期间，我提到了回家，结果，一天晚上从太后宫里送来了两包燕窝（每包 5 磅）[1]、一包菌菇（22 磅）、两盒糖果、一盒枣，还有打包的干枣薄片和四只火腿！其实我回家的路程还不到京城周回的一半，要是这一趟需要带这么多的食物，不是她认为任何人的消化器官都是庞然大物，就是中国人对距离的理解比我们既定的概念要远得多。

我收到了普林查德夫人的信，详细跟我讲了最近让她们感到悲痛的消息——你肯定已经听说乔夫[2]太太去世了——还有她身边旧病缠身的亲人们。像以往一样，这个冬天也是喜忧参半。很多人都离我们而去。乔夫和他可爱的小女儿已经搬走，跟杜波格和普林查德夫人住在一起。虽然伊丽莎白的离去让大家如释重负，但可以想见甜美的她在他们生活中占据了多么重要的位置。那是怎样一种难以抵挡的痛苦！后来里奇夫人在来信中谈到，里奇先生身体状况不太好，大约

① 原文括号中左上角标看不清楚，但据上下文判断此处应不是指燕窝价格，而是指重量，突出太后送来的食物之多，故译为英美常见的重量单位“磅”。

② 此两段中的人名均看不太清楚，根据拼写大致音译如此，想来是作者在谈及自己亲朋好友，应不会妨碍理解主要信息。

会因此取消每年的旅行。里奇夫人为这个侄女做了很多，她的死真差点要了她的命。那封信很消沉，但我还是像往常一样，尽力劝她振作起来。我已经开始有点迫不及待想回家，见到父亲、朋友们，尽管现在我所经历的一切都那么令人开心。对于康格夫妇为我所做的一切，我真是万分感激。他们真是这个世界上最无私、最体贴周到的人！你知道的，是因为他们，我才有机会来到这里，难道这还不是天大的善良么？我希望你，我亲爱的好朋友，在你的新家中能幸福快乐，伴着相处愉悦的熟人。我不能料定是否还会继续通过堪萨斯城继续往东，那要等到了旧金山才能做出决定。但感觉似离你很近了，盼望能经常看到你。我知道你一定会把我最衷心的问候带给拉斯罗普先生和奥普拉格。也代我问候你的母亲，从前的史密斯小姐，现在的福洛克夫人。当然了，你俩始终在一起。希望她还那么精力超常，热爱生活。我亲爱的，记住我一如既往永远地爱你，永远是你忠诚的朋友。

康格夫人问候你。

贝尔·德雷克

1902 年 4 月 14 日

该封信的英文原件现存美国斯坦福大学胡佛研究所。

1900 年庚子事变后，美国驻华公使康格及其夫人萨拉·康格（Sara Conger）率先打破外交僵局，由康格夫人邀请各王府的福晋和格格们到公使馆作客。礼尚往来，福晋和格格们回请康格夫人到府上做客。康格夫人于是成了各王府的朋友和常客。奉慈禧之命常率福晋和格格们参与中美外交活动的大公主，是恭亲王奕䜣的长女荣寿固伦公主。

关于该信的作者。搜索美国国家档案、维基百科、美国外交历史网站以及数个美国有关姓名、家谱的网站，均未发现有关

Belle U. Drake 的有效信息，所有可检索到的资源也未显示此人与康格夫妇有任何交集。根据美国 1900 联邦人口普查（Federal Population Census），也未能发现与 Belle U. Drake 完全契合的名字，但可以找到 Belle Drake。其中有 Belle Drake 的配偶名字为 William Drake。在爱荷华州国家历史协会研究中心（State Historical Society of Iowa）的手稿汇编（Manuscript Collection）目录中，确实同时查到了康格公使（Edwin H. Conger）和 William Drake 两个名字。这至少证明他们来自同一个地方，可能存在交集。康格夫人《北京信札》和裕德龄《我在太后身边的两年》（*Two Years in the Forbidden City*, 1912. Moffat Yard & Co.）都提到了当时美国使馆的中文秘书叫做威廉，但未提及其全称。因此，存在 William Drake 就是当时使馆人员的可能性，而贝尔作为其妻子，自然可以算作是康格夫人的客人，受邀进宫觐见慈禧也顺理成章。

据康格夫人著作《北京信札》（*Letters from China*）所记，慈禧曾先后九次接见过她。第一次是 1898 年 12 月 13 日，此次仅限于公使夫人及子女。1902 年有三次，分别是：1902 年 2 月 1 日，皇上和太后接见外交使团女士及公使夫人。1902 年 2 月 27 日，萨拉·康格再次以公使团第一夫人名义觐见慈禧。1902 年 9 月，康格夫人一行到慈禧寝宫喝茶。1902 年 2 月 27 日觐见之后，康格夫人提出回请太后及宫中女眷。应邀前来的有太后的养女、大公主以及太后的侄女等 11 人，并带来了太后的御笔字幅；美方也有 11 人入席。皇室女眷回宫后，又请康格夫人一行进宫做客，宴会结束后“每位中国女士都学会了说 Goodbye”。①

据信中所述，作者本人未参加第一次觐见，而该信写于

① 康格夫人著《北京信札》第 186—193 页，“致女儿劳拉，1902 年 3 月 16 日、3 月 25 日”。

1902年4月14日，因此推测她参加觐见太后活动，最可能是1902年2月27日的入宫觐见。而且贝尔信中所记细节，与康格夫人《北京信札》的记载完全契合，可以肯定贝尔见到慈禧太后的时间就是1902年2月27日。康格夫人谈到回请太后时说明，她为此请了美国公使馆和军队里的所有女士帮忙，还从每个美国教堂里邀请了一位女士做翻译或协助其他事情。作者在信中谈及自己是以康格夫人的客人名义参加觐见太后活动，因此她可能是公使馆工作人员或是工作人员的夫人，或是军队或教堂人士，但尚须进一步考证。

参考文献：

1. 裕德龄著，郝金茹译：《我在太后身边的两年》，哈尔滨出版社2013年版。
2. 萨拉·康格（Sarah Pike Conger）著，沈春蕾等译：《北京信札》（*Letters from Beijing*），南京出版社2006年版。
3. Sarah Pike Conger. *Seven Years in China*. By Susan E. Schopp, May 21, 2013.
4. Grant Hayter-Menzies. *Domestic Diplomacy: Empress Dowager Cixi, Sarah Pike Conger, and the Chinese Butler Who Brought Them Together*. Asia Pacific Perspectives · Fall/Winter 2013 – 14, pp. 109 – 120.
5. Melissa Workman. *Empress Dowager Cixi & Western Women*. University of Washington Tocoma, 2016. 6. 10.
6. Dong Lihui. *The Way to be Modern: Empress Dowager Cixi's Portraits of the Late Qing Dynasty*. University of Pittsburgh, 2017.

中国海关《十年报告》（1902—1911）选译
——行政、省咨议局

郭大松 译

说明： 本篇所译资料，出自中国海关《十年报告》（1902—1911）中的第9项“行政、省咨议局”。为各口岸海关报告其所在省、府及口岸本身十年间行政机构的变迁和立宪政治变革的大致内容及成效，包括各种自治团体和商会组织及其活动的情况。由于各口岸报告完成时间不同，或截止于1911年底，或延至1912年上半年，因此报告中有些口岸涉及大量辛亥革命后的行政和社会状况，有些则毫无记录。

纵观各口岸报告，似可得出以下结论：一、清末推行宪政改革和地方自治，是实实在在的社会变革运动，成效显著，是中国社会由传统向现代转型过程中一个十分重要的节点。二、似乎北方特别是东北地区行政机构变革早，力度大，宪政改革平稳，官方与自治团体合作关系相对融洽；南方包括长江流域各口，行政机构变革推行起步晚，除了上海和湖北之外，不少省份官方缺乏积极性，但作为立宪政治变革基础组织的各种自治团体更为活跃。三、各口岸报告的作者，对于行政和宪政改革的看法有明显的区别。总体上说，

译者： 郭大松，济南大学泉城学院教授。

北方各口的税务司们对行政和宪政改革基本上持肯定态度，对革命抱中性立场，不置可否；南方和长江流域各口岸的税务司，总体虽然不满意他们所在地区和省份的改革不如北方迅速积极，但似乎对行政和宪政改革抱持更为肯定的态度，因而不少人以惋惜的口吻表示革命中断了改革。另外，从报告中还可以看到，清末宪政改革中涌现的民间风云人物、地方自治的各种组织形式，并没有因为政权更迭而风流云散，而是大多成了新政权的骨干和社会治理基础，值得治清末民初社会史者进一步深究。

各口岸的排列顺序与原文一致，但均略去小标题“行政、省议会”，并于括弧内加注在原英文报告中的卷数和页码。如：珲春（Vol. 1，pp. 62 – 63），即表示原文位于1901—1911年海关《十年报告》第1卷第62—63页。资料中罕见生僻、古今异名的地名，按古地名翻译，以页下注形式注明今地名；一些行政机构名称，原英文资料以中文标注当时流行的习惯称谓，与正规称谓不一致的（如“提学司”，正规称谓应是“提学使司”），也按原中文标注行文，以页下注方式注明。个别难以把握的机构或官职称谓，则在其后以（ ）标注原英文。

北方及长江流域各口

哈尔滨（Vol. 1，pp. 1 – 17）

无分项报告。

吉林（Vol. 1，pp. 27 – 28）

为了适应日益增长的平民人口的需要，吉林军府（Military

Government)在吉林将军的主持下，已经根据拟定计划采取了一些措施。1907年之前，除了将军之外，已经增设了一些民政官员，组建了各种局、司、道，协助将军管理政府事务。这些局、司、道等主要有：分巡道（负责警察事务）、财政局、交涉局、官贴局、荒务局。1907年，巡抚取代将军，与全国一样改为行省制，这些局、司、道等的职能，即分别交由民政司、度支司、交涉司、官银钱号、劝业道、提学司、提法司[①]等新置行政官员部门掌管，这些部门组成以巡抚为首的省政府。一个军事机构，称督练公所，负责军事训练，组建之后，有一名参议官主管，也对巡抚负责。吉林是省城，前述各衙门自然都设在这里。

与1908年8月27日上谕发布的立宪规划相一致，翌年11月吉林开始实行地方自治，成立了咨议局筹办处，由民政使主其事。1909年10月14日，选举产生了30名成员构成的省咨议局，召开第一届会议，选出了一名议长，两名副议长和常设委员会。宪政编查馆拟定了咨议局章程，清晰地规定了咨议局宗旨、职能、权限以及选举办法。详述咨议局章程具体内容，不是本报告的任务，这里只要给出1908年7月23日上谕宣示的咨议局章程的一般原则就足够了。这些原则是：

1. 省咨议局为地方自治与中央集权的枢纽；
2. 有商讨权，无行政权；
3. 具有议会职能，国家议会从各省咨议局成员中选举产生。

吉林省咨议局自设立以来，有规律地每四十天开一次会，讨论、通过巡抚认可的改革举措和税收等，选出了两名国家临时议会——资政院成员。总体上说，履行了交付给它的职责。1910年12月、1911年1月、1911年12月，分别相继成立了城议事会，27名成员；城董事会，8名成员；府议事会，41名成员。组建这

---

① 这七个机构名称中五个“司”的称谓，系原文标注中文如此，下同。

些议事会，也是前面提到的立宪规划的一部分。1909 年 1 月 18 日上谕，发布了宪政编查馆精心制定的指导这些议事会运作的规则章程，适用于整个中国。这些议事会的总的职责范围，在最初拟定的章程中有明确规定，即办理“所有官方不能即办的事务”，具体有教育、卫生、道路、慈善事业等，这些事务都是官方随后要办的。为了议事会能办成这些事，议事会章程授予城董事会有征缴某些税收的权利。1911 年的瘟疫，和随后摧毁半座城的大火，使吉林城贫困交加，人们普遍认为城董事会再征税是不可能的事了。因此，不再允许城董事会开会议事，大部分应行市政管理事务，诸如警察、道路维护、卫生等等，现在都由民政司负责了。

珲春（Vol. 1，pp. 62－63）

本市行政最早可追溯到康熙五十三年（1714），那一年在这里设立了边防哨卡，后来逐渐发展成了今天的珲春。自然，这里原本实行的是军事行政，这一地区的男子均被视为军人，称为“披甲”，遵从他们的指挥官——一位协领的指挥。这位协领既是披甲们的保护人，也是他们正义的主持者，负责这一地区的司法。最初设立的边防哨卡共 150 人，后又从宁古塔抽调士兵，增加了 40 人。咸丰九年（1861），又征召了一些士兵，指挥官由协领改为协都统。同治九年（1869），协都统晋升为副都统。光绪七年（1881），珲春成为独立军事行政区，建了城墙和东西两个要塞。光绪二十六年（1900），珲春闹义和拳，俄军强势出兵占领了珲春，直到 1906 年时完全撤出。东西两个要塞被毁，城墙断垣残壁，东城部分，包括武器弹药库、档案室及档案均被毁，城中官员和百姓逃到了白草沟、敦化、吉林和其他一些地方。不过，俄军虽然占领了珲春，但他们似乎并未太多干涉这里的行政。在珲春陷落第二年，珲春行政基本上由一位叫讷其新的地方士绅掌控。有了信心之后，逃难者陆续返回，社会秩序逐渐恢复。朝廷任命了一名副都统到珲春处理善后，安排返回的民众，组建军队，随后在光绪二十九年（1904）组建了吉宁军。稍后，在俄军于1906年全部撤退之后，设了电报局和警察局，不久吉林第90步兵标（团）派到这里来，在这里设了司令部和军需库。

上述吉宁军，改编成了一支宪兵和一个人们所熟知的巡防营。在吉宁军改编的同年①，设立了统税局，分别在东沟和黑顶子设卡收税；成立了地方商会。

副都统掌管珲春事务，宣统元年（1909），延吉、汪清、和龙峪等地改由东南路道道台管辖，与满洲人有关的事务则更多地是专由承办旗务处办理，承办旗务处由一名县令负责。

道台驻延吉，这里更直接和急切要办的事务，由珲春厅办理。珲春厅设于1910年。与此同时，设立了审判厅和检察厅，主管本地司法。

1909年，设立了官运局，由一名委员负责，管理从山东运至海参崴的食盐，中国盐务委员在那里将食盐分发到这里。

1909年12月，海关职员来到这里。1910年1月14日，设立海关，开始征税。

1911年11月，根据省相关局批准的建议，成立了议事会和董事会。议事会有20名成员，由珲春居民选举产生，审议和咨询与地方有关的事务。董事会实际上是一个执行机关，促成议事会的决议落实，六名成员，其中两名是指定的，四名是从当地有名望、受人尊敬的人士中选出的。如果董事会与官方对有些事务意见不一致，提交吉林咨议局解决。

龙井村（Vol. 1，pp. 80 -81）

延吉的主要行政权掌握在道台（东南路兵备道）手中，司

① 原文没有说明吉宁军是哪一年改编的。

法权延伸至吉林东南部地区，道台本人驻地延吉府。东南路兵备道辖一府、四县、两个厅，即下辖七个行政区。除了行政权外，东南路兵备道名义上统帅辖区内所有武装力量，包括新军即陆军和旧警卫军即巡防营。此外，他还是海关监督。

与中国其他地方几个县组成一个府，所有这些县都隶属于府不同，这里的知府虽然官阶高一些，但其行政权和司法权同各县一样，也就是一个县的范围，即众所周知的延吉府。延吉府与一般的县所辖区域和重要性是一样的。

县和厅都是行政单位，其主要职责是征收赋税、维持治安、监督贸易和教育。名义上县和厅隶属于道台，但实际上都直接对巡抚负责。1909 年，任命法官主管司法及与司法有关事务，以前知县（同知、知州）的职责大大减少了。

在四个开放市场中，称为商埠局的市政机构主管所有贸易事务，主管官员是类似于市长的商埠局长，执掌整个商业区内行政权，直接向道台负责。

安东与大东沟（Vol. 1，pp. 99－100）

兴凤道是个大道，面积 45500 平方英里，道台驻地在安东，他现在的头衔是“奉天兴凤等处兵备道监督安东海关兼巡防营务处”。

兴凤道有两个府（厅）：兴京府和凤凰厅，凤凰厅是独立的副府级行政单位。兴京府下辖四个县：临江县、通化县、怀仁县和辑安县；凤凰厅下辖两个县：宽甸县和安东县。除了这些辖区外，还有两个附属厅（州）行政单位，即庄河厅和岫岩州。到目前为止，兴凤道的行政与十年前相比没多大变化，或许有一个例外，即司法从道的行政权力中独立出来。这种变化削减了道台、知府、知州等以前旧时代所拥有的权力。

1910 年 7 月 19 日，安东城乡自治会或者说是地方议会开会，道台和知县都出席了会议。安东城乡自治会有一名议长，一名副议长，十五名议员。除此之外，还有执行机关，由一名总董、一名董事和四名名誉董事组成。这些人更恰当的头衔，我们可以称之为市长、副市长和市政委员。这些人由安东知县监督，城乡自治会通过的法案，首先要提交给总董，然后提交给安东知县审核才能生效。从受过良好教育的中国人那里获得的印象是，城乡自治会不明白代议政府是怎么回事，认为自己是独立的衙门，有权独断专行，过于看重自己的重要性，想忽视知县，不理睬大街上任何人。得到知县的同意，城乡自治会重新制定了地方土地税标准，禁止了无照中医行医（有几名无知的民众，包括一名海关仆人，1910 年曾因中药中毒死亡），建立了一家慈善机构，禁止了驴骡肉买卖，为所有街道修了下水道，禁止在新年和其他节日燃放鞭炮。

大连（Vol. 1，pp. 124 – 125）

中国行政区地方政府设在金州。1898 年 3 月，俄国人占领了租借地之后，经商定确立了租借地边界。同年 11 月，在边界线上竖起了 39 座石头界标。1899 年阿列克塞夫（Alexeiff）海军上将来到之后，除金州外，俄国人接管了整个租借地行政。翌年 6 月，金州纳入了俄国人管辖范围（俄中共管）。阿列克塞夫总督纪念碑表明，俄国人在这里设立了四个部门：陆军、海军、民政、财务。租借地划分五个行政区：貔子窝、亮家店、金州、旅顺、大连及邻近岛屿。俄国财务部长和选举产生的市议会管理大连市，市长有两名助手和几名医生。海军陆战队、警察、消防队也都由这位俄国人管理。旅顺港由俄国总督在陆军、海军、财务部、中东铁路公司、城市医生中指定的人选，与当地居民中选出的三到六人共同组成的市议会管理。旅顺港陷落不久，成立了日本军事管理委员会，将旅顺置于辽东守备司令治下，一些著名和有影响的中国人是这个委员会的顾问。1905 年，首次设立日本民政机构，但隶属于日本满洲军司令部。民政机构设在大连，称关东民政署，在旅顺和金州设立分署。1906 年 9 月，设立关东总督府，下辖大连、旅顺、金州民政署。1908 年 11 月，金州民政署成为大连民政署分署，同时新设普兰店、貔子窝两个分署。日本关东政府分民政和军政两个部门。民政部下设总务、警务、财务、工程四科。外交事务归秘书处。关东总督从现役上将或中将中任命。根据 1908 年 1 月日本帝国法令，设立南满日本领事。南满日本领事除了一般外交职责，还是关东政府官员。1910 年，日本内阁设立殖民局。是年 8 月，确定关东政府通过殖民局对日本首相负责。

牛庄（Vol. 1，pp. 138－139）

下面这段说明，摘自文学硕士英雅各（J. W. Inglis）牧师发表在《教务杂志》上的文章：

> 1906 年，东北管理体制改为同内地一致，任命一名总督统管满洲，东北三省各设一名巡抚。政府机构同时也与北京一致起来，与首都类似，改组了五部（即户、礼、兵、刑、工），设立民政使司、交涉使司、提学使司、提法使司、度支使司。民政使司管理全省的县、府和其他民政官员，听取他们的报告，向总督提出任免名单。民政使司下设巡警（城市警察），有一个总局和七个分局。民政使司还设有公共工程科和土地测量科。奉天府是民政使司下属机构，府的下一级行政机构是县。府管辖乡村巡警局，主持城议事会（Civic Assembly）。提法使司是所属市内三个级别审判厅以及全省类似审判厅的上诉法院。似乎民事案和刑事案都一样要私人自诉立案，法律学堂的毕业生还没有被大量任用。

与内地相比，满洲比较特殊的是设立旗务处，在满洲所有公共事务都通过与内地一样的普通渠道解决以后，主要负责八旗旗人登记注册。还有一个蒙务局机构，以及一名现在的主要职责是维护皇陵的副都统。

立宪政府成为未来国家政策以后，省城组建了省咨议局，各府、州、县设立地方议会，称之为“城议事会”，各市镇和村庄设“议事会”，讨论地方事务。这些地方议会即“城议事会”和“议事会”的所有决议，是否有效，均需省咨议局审核。

秦王岛（Vol. 1，pp. 161 – 162）

行政。本府辖六县一州，六县是卢龙、迁安、抚宁、昌黎、乐亭、临榆县，一州是滦州直隶州。各县知县和直隶州知州均由知府统辖，知府驻地永平府，在卢龙县辖区。滦州直隶州除了知州外，还有一名学正（Director of Studies），一名典狱（Gaol Warden），一名通判（Sub-district Deputy Magistrate），一名盐运司知事。卢龙县有一名教谕，一名训导，一名典狱。其他各县都是一名训导，一名典狱。此外，迁安县由于是个大县，有四名县丞。府所在地官员，除了卢龙县的官员外，还有两名学正，一名主簿（Keeper Recorder），主簿兼司典狱，一名满族社区的民事委员（Civil Commissary），一名负责满洲要塞供应的同知，驻山海关。石门寨驻守一名县丞，隶属临榆县。本府为通永道辖区，道台驻地通州。前面提到的学正，现在已不再主管教育事务，目前仅仅负责看管孔庙。现代学堂归一个称为“劝学所”的部门管辖，各县尚未成立劝学所。

一名称为“归化场大使”的省盐税官员，驻扎盐务。盐务是这附近的一个村庄，村里居民被称作“盐灶户”，他们的祖先获官府授予经营盐业的权利。现在食盐工业已经不再是这些盐灶户经营了，但归化场大使还在这里。现在本府有一个独立的部门负责食盐生产，这个部门是义和拳乱之后出任直隶总督的袁世凯阁下建议设立的。本府各县开设了一些食盐商店，主管和运输部门设在滦州。本县食盐管理部门设在山海关，始于 1903 年，1905 年在秦王岛设立了分部。这里消费的食盐从大清河用骡车运来，每年售卖 140000 斤。本县有九个食盐商店。有一些运盐船从这里经海参崴运送食盐到满洲，1905 年运送 51540 担，1907 年 128850 担。经大清河运送食盐在秦王岛缴纳关税。食盐生产是直隶省政府的一项重要收入来源，每年偿还六年前省政府的贷款 150000 海关两。

本港 1906 年设立了商埠局。商埠局官员常驻天津，偶尔到访本港，主要职责是保证土地不出售给外国人，只可卖给滦州煤矿公司。

山海关设有常关，由驻扎牛庄的山海关海关监督负责。常关之外，山海关还有一些税收机构，如：厘捐局、土药税局、筹款局（烟酒税局）、木植税局、渔业公司（渔业税局）。

山海关至天津沿岸各口都设有米豆捐局，征收舢板船运送的货物税。每担谷物或每包一般货物征收 0. 015 海关两。据说数年前组织满洲舢板船运送贡米到天津皇家马场。舢板船运送贡米是没有运费的。这些船主请求不要让他们运送贡米，随即允许他们以纳捐替代运送贡米任务。

省咨议局。本府各县和市镇均成立了议事会（Council），这些议事会选出代表组成在天津的省咨议局，本县人谷芝瑞是省咨议局成员，一度出任副议长。

天津（Vol. 1，p. 212）

1907 年 10 月 19 日上谕，命各省总督、巡抚在所在省省城设立咨议局。1909 年 10 月 14 日，直隶总督端方主持省咨议局开办庆典。由此，中国历史上首次有民众代表参与地方议会。

烟台（Vol. 1，p. 228）

无所评述。

胶州（Vol. 1，p. 247）

过去十年间，山东省政府有下列巡抚主政：张人骏，1902年2月至1902年8月；周馥，1902年8月至1904年11月；胡廷幹，1904年11月至1905年3月；杨士骧，1905年3月至1907年9月；吴廷斌，1907年9月至1908年8月；袁树勋，1908年8月至1909年7月；孙宝琦，1909年7月至1911年12月；胡廷枢，1911年12月21日。

1909年10月14日，孙宝琦主持山东省第一届咨议局开幕，他在开幕式上发表了极其精彩的致辞。省咨议局的主要工作是调查省内各县财政收支以及省总体财政收支情况，这一工作做得非常细致彻底。

重庆（Vol. 1，pp. 266－267）

像起他省份一样，四川实施了重组政府的总体规划。1908年，成立了一个特殊机构"经征局"，负责征收土地房屋税、注册登记费，征收牲畜、猪屠宰税以及酒、油等税，这些税费以前都是由知县征收的。为了弥补这一各地设立的新机构所需费用，它们提留所征税费的十分之一，剩下十分之九归公共财政。与此同时，省内官员增加实物工资，各地增加幅度，视财政承受能力而定。

1909年，有个计划建议合并四川西部和云南西北部设立一个新省，但这一计划后来搁置了。

同年夏天，选举首届省咨议局。农历九月初一，召开咨议局会议。第一项议案是确定咨议局章程，其他议案大多是关于开发该省资源的，像一项关于改善和保护现存森林，制定新的造林计划；一项关于矿山的议案，建议成立中心机构，引导中国资本开发本省矿产资源的兴趣；一项改造河道议案，目前一些最艰难的激流河段正在施工；一项铁路议案，要严格监控四川铁路资金的管理；一项银行议案，拟设立实业银行，推动实业发展。

其他一些议案是关于政府财政的。例如，1908 年设立的经征局，所收税费除提留十分之一自用外，其余全部提交省财政，结果造成各县行政经费困难。于是通过了一项议案，规定经征局收取的税费要拨出一部分归各县使用。

1910 年，行政当局首次提交给省咨议局翌年省财政预算案。该预算显示财政亏空 1000 多万两，引发激烈讨论。最后议定开发新财源，中央和地方税收分离。同时，决定原来由地方绅士管理的谷仓、土地和资金，改由咨议局管理。

还通过了一些开发新产业的议案，尤其是为了最大限度减少禁烟之后的财政损失，决定开发养蚕业。这些议案表明，过去的咨议局采取了一些应对时局的强有力措施。1911 年四川铁路风潮导致咨议局议长、副议长被捕，随即爆发起义，咨议局未能再开会。

1911 年 11 月 22 日，重庆推翻了旧政权，建立了蜀军军政府。随后，泸州和成都也推翻了旧政权，各自建立了省政府，都声称自己是四川省政府。两地均有都督和七个局及其他高级官员。泸州军政府很快消失，辖区归于成都。直到 1911 年底，依然是重庆和成都两个政府对峙。不过，各县市的权力归属大有疑问，重庆军政府的行政权很大程度上仅限于重庆本地。

宜昌（Vol. 1，pp. 277－278）

行政。宜昌府有六个县，即东湖、归州、兴山、长阳、长乐、巴东，每县都有一位知县[①]，均由知府统辖。直到最近发生革命之前，知府在同知、通判两名助手协助下，一直在履行职责。除了例行职责外，也注意实施了一些新举措，诸如实行地方自治、举办现代意义的教育、警察、实业等。在法院建立之前，宜昌府还是对各县判决案件不服者的上诉法院。革命爆发的早期阶段，宜昌处在军政时期，一切由司令部管辖。该司令部现在仅主管军事事务了。革命带来了一些民政方面的变化，知府现在改称知事，出于经济上的考虑，取消了同知、通判两名副职和东湖县知县一职，他们的职责现在统归知事一人承担。

省咨议局，无所评述。

沙市（Vol. 1，p. 291）

过去十年，发生了太多具有进步趋势的事情。1906 年初皇帝发布诏令，宣称有必要进行立宪制改革，承认实行某种宪政和设立各省咨议局的紧迫性。然而，中央政府对诏令阐述的理论漫不经心，拖延太久未能付诸实践。本十年度末最后几个月，旧秩序发生了惊人巨变。虽然国家正在面临转向革命，实际性的行政改革要听从命运安排了，但未来总是有希望的。本报告不能详述湖北咨议局的产生过程和实际运作情形，但有兴趣报告一下 1908 年的选举情况。举凡 5000 海关两以上身家之人、秀才学历以上身份之人、七品以上文官、五品以上武官，均可参与选举，本府共选出 11 名代表，派送至武昌。

长沙（Vol. 1，pp. 310 –312）

革命爆发前，除选举产生了省咨议局、谭延闿为议长外（现在任新政府都督），湖南行政没有什么新举措。咨议局议长

① 原文如此。实际上归州应是与县同级的散州，设知州一名。

曾与巡抚发生冲突，至少被解职一次。咨议局开会的具体情况既无任何公告，也没有邀请外国人参加旁听。

革命之后（本市10月22日爆发革命），省行政体制发生了很大变化，焦达峰、陈作新出任军政府都督、副都督，两人都是浏阳人。10月31日，很可能是怀疑正、副都督公款肥己，士兵把他们杀了，军政府参议院议长谭延闿被迫出任军政府都督。短时间内，组建了省政府，两个部七个司（bureau）。不久，又将两个部缩编为司，并采取措施缩编一些司，最著名的是将交通司、外交司缩编为相当于省政府内的两个科室（department）。

除了上述机构，还设立了特别省议会，成员100多名，一半是都督任命的，一半是本省各县知事推荐的。这种组成议会的方法不符合立宪法则，引发了省议会与其他部门严重不和，导致议会解体。省议会存在期间，有相当影响，给都督带来相当压力。省议会解体后，未再选出任何形式的议事会代替省议会。

革命后湖南真正的政府一直是都督—参议院体制，参议院由议长、副议长、各司和从其他部门成员中选出的六名顾问组成，都督是当然的议长。参议院是湖南最高权力机关，所有法规、财政、外交事务、高级官员的任命，政府各部门裁决的重大事务，最终均由参议院定夺。

湖南省政府各部门及其职能如下：

1. 军务部。

2. 参谋部。

指导军队和所有军事行动。

3. 民政司，负责除法院、税收、教育之外的所有民事，包括任命各县知事，管控警察。

4. 财政司，掌管所有税收和捐赠资金，包括鸦片收入，负责军需。

5. 教育司，掌管所有与教育有关的事务。

6. 交通司，掌管所有与铁路、公路、电报有关事务，邮政局长由交通司长兼任，邮政局为交通司下设的一个科。

7. 外交司，负责所有与外国有关的事务，司长和副司长兼任海关监督。

8. 实业司，负责所有与商业、农务、劳工有关的事务，也掌管矿业。

9. 司法司，掌管法院和制定法律有关事务，司长任命法官。

一个显著的事实是较多地用地方议事会来控制某些税收、学校，商讨地方事务等，例如，地方预算、税收、公共工程、地方改良、公共财产管理等。虽然府、州、县的名称继续保留，但府、县等一体对待，地位一样了。取消了诸如直隶厅等其他一些政体称号。所有县知事均直接对长沙省政府负责。

岳州（Vol. 1，pp. 334 –335）

在最近的革命爆发之前，岳州由道台治理，管辖常德和醴州，同时担任海关监督。1906 年，与建议中的常德开放对外贸易有关，道台从岳州迁到了常德。1909 年，由于常德仍然是未开放口岸，道台又迁回了岳州。然而，最近地方政府有了变化，似乎取消了岳州道台衙门，改由长沙海关监督或者说是外交司为岳州海关监督。岳州和常德知府以及醴州知州，直接听命于省政府当局。

下列本港贸易和航运管理条例，是 1909 年开港时颁布的，现在仍旧施行，其中有些很有意思：

登记货船免厘区域：城陵矶北端起至岳州城南门外街河口，但不包括上溯至宝塔山两岸陆地地区；

泊锚地范围：城陵矶北端至宝塔山北面；

卸货地区范围：城陵矶北端至月蟾洲（Yuehchan Island）南端。

从以上条例可见，尽管海关设在城陵，位于岳州城下游约五英里，但免厘区域扩展到了岳州城，消除了距离上的不利因素。有两个征厘关卡，一个在岳州城里，检查和征收来自湖南贸易货物的厘金；另一个设在城陵，检查去往湖南贸易货物并征收厘金。

省政府征收海关辖区内船只装载、卸载、转运货物全部关税十五分之一的码头费，用于补偿码头和道路修建及维护费，以及城陵一小队警察的经费，这支警察队伍由海关直接管理。海关税务司和海关监督代表城陵租借地类似外国的市政机关。

租借地内所有可利用的土地，外国人和中国人均可租用。下面是1899年颁布的租借地土地管理条例，现在依然有效：

租借地内出租地块地租，上等地块每亩每年100元[①]，中等地块每亩每年80元，下等地块每亩每年50元；

所有地块土地税每亩每年3元，此外无其他税收；

租期30年，到期再租30年，不收取其他费用，但土地税要提高。60年以后，或30年期满不再租赁，如果租金和土地税没有如期全年缴纳，租约取消，土地归还中国所有。

自1899年12月以来，这里一块十二亩多的地块一直由三家轮船公司租用，但令人遗憾的是，这三家公司到目前为止，没有一家在本港建立与它们的办公设施和仓库栈房相匹配的业务，所有航运业务均由中国代理管理。

汉口（Vol. 1，pp. 352 – 353）

本省由一位总督和常设官员管理。

省咨议局开设于1909年10月14日，由83名代表、一位议长和两名副议长组成。咨议局讨论所有有关本省利益的问题，争

① 原文所用货币符号为$，应指当时通用的银元。

议问题十分正规有序。久而久之，咨议局开始维护自己的利益，声称有权商讨关于财政和事涉全省的重大问题，结果招致了高级官员们的不满。

省咨议局的代表，每100名秀才选5名。

一个县投票选出的代表，再由特别任命的府会议投票选举，所有具下列条件的25岁以上男性均有选举权：

1. 参加过科举考试获有身份或有三年公益事务经历著有成绩者；
2. 本国或外国中学堂毕业，或同等资格学校毕业者；
3. 举贡生员出身者；
4. 曾任文官七品、武官五品以上未被参革者；
5. 在本省拥有5000元营业资本，或同等价值不动产者。

九江（Vol. 1，P. 371）

本省暂时处于军管状态。1911年10月23日夜间，革命党人占领九江，本地官员就在这一天安全逃离了。省会南昌1911年11月1日陷落，巡抚冯汝骙来到九江，在这里他被当作人质扣押起来，随后自杀了。省咨议局由选举产生的104名成员组成，巡抚派来四名代表，1909年在南昌召开了第一次会议。这个咨议局农历每月初十开会一次，由省当局高级官员主持。军政府诞生之后，咨议局随之停止了工作。南昌由都督直接管辖，他现在已经恢复了南昌秩序。

芜湖（Vol. 1，p. 384）

在革命党扫荡了所有现存管理机构之前，这里实际上很多年间没什么变化。现在推测新政权带来的最终优势，还为时太早。到目前为止，所能提及的就是一切都在按部就班地进行。

省咨议局，中国走向议会道路的第一步，1909年10月14

日在安庆设立。芜湖有一名代表。本省各县的报告表明，关于这一新起点，无论哪里都没表现出有什么兴趣。代表经常是指定而不是选举出来的。虽然省咨议局一次又一次地开会，但很少听到其讨论了什么问题，直到今日，只能说仍然没见到有什么成果。

附：大通（p. 392）[①]

……

行政管理。1911 年 9 月，本地设立了自治会，而早在 1910 年 9 月 6 日，这里就设立了商会。

南京（Vol. 1，pp. 400 –401）

回顾本十年度初期实施的管理体制，南京是管理江苏、江西、安徽三省的总督驻地，管辖区域在中华帝国是最大的。省和总督辖区行政一定程度上是执行南京发出的指令，江宁府依通常惯例管理。

但随后情况发生了巨大变化。首先，要建立立宪制政府，几乎要重组行政，1907—1908 年一系列上谕命设新机构，削减省级许多部门官员模棱两可的职责和头衔。这些改革诏令在南京适时落到了实处。有必要对这些改革予以简要说明。

江苏省咨议局。江苏省咨议局设在南京，在组织构成上，完全与 1908 年 7 月 22 日上谕认可和批准的请愿书中规定的计划一致。它的组织不同于其他一些两院制的议会组织，仅仅是依据上面提到的请愿书规定的成员选举规则选出了咨议局成员，即成员包括两名八旗驻防代表，额外增加了少量汉人代表，任何其他省

① 大通并非通商口岸，但因其盐厘用作外国贷款抵押，故海关总税务司派员在此征收盐厘。海关报告以附录报告了大通各方面的情况。此处选译其中有关行政变化的部分。

份都没有像江苏这样公平地制定出代表数额在人口规模方面的计算方法。简单说来，这样就根据规定的方式，由江苏八个府、三个直隶州（厅）的有投票权的人选举产生了省咨议局，包括一名议长和两名副议长在内，共计 125 名成员。第一届会议根据上谕确定的日期，准时于 1909 年 10 月 14 日召开，1909—1910 年间共召开过两届例行会议和两届临时会议。1911 年 10 月 22 日召开第三届例行会议，由于没几天就爆发了革命，会议尚未结束就被迫解散。下面是从咨议局成立以来大量议案中精选出来的一些议题：限制铜元案；接筑南京至芜湖铁路；淮扬水利案；实行禁烟案；外国人土地税问题；发放宝山区外国人业权契据；永远停止彩票案；商讨贷款赈济上海金融市场；省预算；调查饥荒原因；开垦淮海苇荡营荒地案。通过了上述以及其他许多重要问题的议案。公众责任意识增强了，无论是谁推卸或提出推卸公众责任，必要时都会遭到无所畏惧的反对；关乎本省财政问题以及牵涉各选区利益的所有工程事项，均忠诚地予以考虑、评议并做出了相关决议。

地方自治。1908 年，在充满活力的前总督端方授权不久，这里即成立了地方自治会，为本府谋划了大量公共福利。

总督衙门。1909 年，总督衙门重组，除了一些较小的机构外，划分为下列部门：洋务、内政、司法、邮政交通、宪政、财政、农工商、巡警、军务、盐政。

官员职位，经过 1910 年重新调整后，南京城里有下列高级官员办公机构：总督、江宁将军、布政使、交涉使、提学使、江安粮道、江宁盐巡（海关）道、劝业道。

1911 年最后几个月，上述重组的新机构几乎尚未能发挥其职能作用，革命就爆发了，开始筹建民国，再次形成全新的行政管理体制。11 月，14 个明确赞成共和省份（即山东、湖北、湖南、安徽、江西、江苏、浙江、山西、陕西、福建、广东、广西、云南、贵州）的督军应邀派代表赴上海组建国民大会（National Assembly），结果在南京设立了由各省代表组成的共和议会（Republican Parliament），12 月 29 日，选举孙逸仙博士任中华民国临时大总统。其他重要任命人选不时变更，其中有一些一直没有固定人选，故不赘述。

镇江（Vol. 1，pp. 417 – 418）

革命爆发前，本地行政机构除设立了新式法院之外，没什么重要变化。革命党占领这座城市之后，废除了道台、知府、知县衙门。主要权力掌握在一位都督手中，他手下有一位财务主管（Treasurer），一位税务局长，一位交涉使，一位商务监督，一位司法局长。革命爆发以来，数月时间发生了很多变化，但行政机构依然未能最终确定下来。军政府已经取消了，主要负责官员是众所周知的民政长。他的权力很宽泛，人们认为他扮演着道台、知府、知县以及其他官员的角色。现在的地方政府结构，很可能将会进一步改变。

1909 年夏，全省八府三个直隶州（厅）选出了 125 名代表组成省咨议局。1909 年 10 月 14 日在南京召开省咨议局第一届会议，张謇任议长，总督、巡抚和其他高级官员以及领事团成员出席了会议。第一届例会 12 月 2 日结束。1910 年 4 月 10—29 日召开了临时会议。这两次会议的主要议题是省财政、控制货币、维护淮河、限制吸食鸦片、修筑海州至清江浦铁路。1910 年 10 月 3 日至 11 月 3 日召开了第二届例会，1911 年 3 月 1 日至 20 日召开了临时会议。这两次会议最主要的议题是省当局提交的省预算案，结果削减了原预算 50 多万两。总督宣称削减预算 50 多万两将无法维持政府运转，并将关于预算方案争议提交北京资政院，说他来年在资政院裁决之前，一定要按最初提出的预算案筹划政府支出；而省咨议局全体成员，除了五名以外，其他均签名提交辞呈，以表示对总督违反宪法的抗议，并表达对总督的不信任。议长应召去了北京，总督也将有关情况上报了北京，但直到革命爆发，也没有接到北京的调解折衷方案。由于我在南京的同事会更详细地报告有关情况，这里只要说一下镇江府1000名投票人选出了32名成员组成的自治公所就可以了。这32名自治公所成员又选出了2名代表，参加设在南京的省咨议局。自治公所就像是民众与官方的调解人，可以提出税收和解决其它问题的建议，但没有行政权，它的建议，政府可以采纳，也可以拒绝。

南方及边疆各口

上海（Vol. 2，pp. 14－15）

1. 行政。1905年，上海成立了中国第一个市政机构。[①] 最初是几个中国领袖商人反复向上海道台提及地方自治一事，言明仿照外国租界模式实行有限的地方自治有很多好处，随后道台批准了这一建议。市政机构成员33人，任期两年，每年退休一半。这些成员投票选举产生，选举和被选举人限于上海永久居民，年满25岁，拥有一定财产资质者。每年一次选举人会议，类似于公共租界的纳税人会议，市政机构向这个选举人会议提交来年所办事项的预估价。市政机构的工作分三个部门组织实施，即警政科、户政科、工政科。警政科负责巡警处、卫生处、消防处事务。警察最初由700名受过训练之人组成，分布城厢内外各个地区。户政科下设户籍处、收捐处、地产登记处。工政科下设测绘处、工程处、路灯处。

市政机构的收入主要来源于店铺税、房产税、公共交通工具

① Municipal Council，时称“上海城厢内外总工程局”。

税以及码头捐。

革命爆发以后，对上述市政机构的章程做了多方面修订。

2. 省咨议局。江苏省咨议局设在南京，上海像江苏其他城镇一样，只有一个地方议事会（District Council），省咨议局就是联合各地的地方议事会成员选出的代表组成的。

与此相关的是，1909 年 12 月，各省咨议局 50 多名代表聚集上海，经过六次会议讨论后，向北京皇帝递交了召开国会的请愿书。1910 年 1 月 20 日，北京拒绝了这次请愿。

1911 年 11 月 3 日，上海公开宣称革命，也在中华民国的名义下成立了军政府，地方首脑即上海市政机构总董，冠以“沪军都督府民政总长”名号。稍后，任命了另一名官员，冠以“中华民国沪军都督府都督”名号。

苏州（Vol. 2，pp. 32 – 33）

下面是过去十年间驻地在这座城市的本省巡抚：端方，后转任湖南巡抚；恩寿，调任山西；陆元鼎，退休；陈夔龙，升任两湖总督；陈启泰，死于任所；瑞澂，升任湖广总督；宝棻，转任河南；程德全，11 月 5 日赞同革命党，苏州陷入革命党手中，1911 年底成为新政权下的江苏军政府都督。从这十年间的巡抚身份可见，其中四位汉人，四位满洲人。1910 年，4883 位投票人选举产生了 60 人组成的自治局。选举制度规定，60 名成员由自有资产纳税人中选出 30 名，其中 16 名组成董事会处理省咨议局议定的有关事务。尽管自治局是一个咨询机构，但它利用自己的影响促进了改革。自治局讨论了许多像修路、环境卫生、街道照明、供水等改善公共环境的问题，但迄今只有少部分建议得到实施。自治局的调研工作也导致了社会慈善、街道清扫、惩治诱拐犯等方面的行政改革。1910 年，与这些地方性改革有关，筹集款项 213733 元。

杭州(Vol. 2, pp. 46 -47)

1907(光绪三十三)年以前,行政方面没什么重要变化,是年,根据皇帝颁发的谕令,准备开始大规模推行行政改革,特别是准备开设省咨议局。制定了代表选举章程以及选举人和候选人资格标准。1909 年(宣统元年)举行了选举,选出了 117 名代表,其中有两名满洲人。市中心修建了一座很壮观的建筑。1909 年 10 月 14 日,巡抚庄严宣布省咨议局会议开幕,所有高级官员都出席了会议。第一届会议一直开到 12 月 3 日,会议决定以后省咨议局每年一次例会,自农历九月一日开始,会期 40 天。咨议局代表大部分是从本省籍绅士中选出的。尽管省咨议局的属性主要是一个咨询机构,但它的议案巡抚都很重视,很少有不照做的情况。然而,在铁路问题上,咨议局与政府开始发生冲突。1910 年例会因为政府解除汤寿潜铁路公司总理职务而延期一个月,汤寿潜后来成为浙江第一届军政府都督,宣布浙江脱离北京政府独立。咨议局正式通过而为巡抚接受的议案有:《关于咨议局决议权内之本省命令施行法》所有章程条列;公布衙门诉讼费标准;废止劳役;从外国人手里赎回莫干山;农田灌溉条列;拓展养蚕业;森林条列;全省普设初等小学堂和师范学堂;禁止彩票业等等。1911 年 11 月革命之后,咨议局结束了,但其中许多成员在共和政府中担任重要职务。

清帝国最近几年的其他改革有:制定预算;记录和公布官方账目;组建自治会即市政委员会等。1909 年,重组警察队伍,设置了主管全省警务的巡警道。与此同时,任命了一位劝业道,主管贸易与工业。1911 年,裁撤了十五名知县,将他们的职责归并给了知府。

1911 年 11 月革命引发的行政变化尚未完成。革命以前的官员和他们的职位都被废止了。本省现在由军政府都督为首脑的军政府治理,军政府都督有一位总司令、一位民政长、一位财长、一位巡警长、一位交涉长、一位交通长辅佐治理有关事务。① 本省划分与以前府、县一致的区域进行管理，每府设民事长一名，民事长相当于以前的知府。

宁波（Vol. 2，p. 62）

浙江省行政中心在省城杭州，省咨议局也在那里。关于行政和咨议局的详细情况，杭州海关税务司无疑将会报告。一些细节问题将在本报告下一项中叙及。

温州（Vol. 2，p. 75）

过去十年间的唯一变化是废止了各府城中知县的职位，知县的权力在 1911 年由知府接管。

1911 年冬，由于长江流域的革命引起普遍不安情绪，设立了自治会，随后成立了军政府掌管内政，对上听命于浙江都督。满洲人任命的官员都投降了，海关监督的职位由暂时任命的统领（Tung-ling）接管了。

选举了五名官员和士绅代表参加设在杭州的省咨议局，但咨议局几乎没有考虑任何地方利益。

三都澳（Vol. 2，p. 85）

一直没注意到三都澳及毗邻各县行政有什么变化。1907 年，多年来由福州将军担任的海关和常关监督，上谕改由巡抚担任。

福州（Vol. 2，p. 94）

本十年度末期，组建了一套新的省行政机构：

① 此为浙江都督府最初组成的情形，管理机构和长官名称不久后均有较大变化。

1. 闽浙总督；

2. 提学司，1907 年 6 月设立；

3. 提法司，掌管全省司法行政，设于 1910 年 9 月，替代原来的按察司；

4. 交涉司，主管对外商务，设于 1910 年 11 月，替代原来的洋务局；

5. 巡警道，主管全省警察事务，设于 1910 年 5 月；

6. 劝业道，设于 1910 年 5 月；

7. 清理财政局，负责重组省财政的机构，审计省级各机构的账目和收支情况，设于 1909 年 8 月；

8. 度支公所，省财政机构，设于 1911 年 7 月。

1909 年 9 月，省咨议局成立，咨议局大会在位于福州城南门附近的一座新建筑里举行。咨议局成员有一名议长，一名副议长，72 名议员。根据议长推荐，巡抚任命了四名书记专做文字工作。

一名合格议员候选人需具备以下资格：

1. 必须是福建人，或居住福建至少十年，做过公益、资助教育等慈善事业，或有类似经历者；

2. 具有至少相当于中学毕业文化者；

3. 祖籍外省者，需能提供拥有至少价值 10000 海关两不动产证明；

4. 文官七品以上、武官五品以上自动退职者。

不过，有下列情况之一者，丧失选举人或候选人资格：名声不好或服过刑者；没有确定生活来源或诉讼缠身尚未有结论者；吸食鸦片者或文盲；现任官员；祭司、牧师、神父等神职人员；学堂监督；学生。

厦门（Vol. 2，pp. 106 –107）

1. 厦门地区的政府行政机构由一位道台（管辖三府，即兴化府、泉州府、永春[1])、海防厅和一位知县组成。道台驻地在厦门，更多地是处理他辖区的对外关系，而不是内部管理，内部管理主要由海防厅负责，海防厅担负所有行政和司法职责。1911年审判厅设立之后，海防厅（现在称为“华洋分府”）不再承担司法职责，几乎专门处理与外国人有关的事务了。知县驻地在同安，主要是负责诸如征收土地、财产税等财政事务。

与本地官方合作的一个机构自治局，是本地区非常重要的管理机构，其职责是讨论和慎重做出有关改进地方管理的计划，然后提交道台批准。同样重要的机构还有本地商会和各种行会，各种商业问题都要由这些团体来决定。

2. 省咨议局，无所记述。

汕头（Vol. 2，pp. 121 - 122）

过去十年间，见证了这个国家政府启动了某些重要改革。社会上流行实行立宪政府的要求，催生了1906—1907年几次著名的上谕，简单翻译过来，就是允诺在政治、教育达到足以实行宪政的时候，即实现人们的愿望。

袁世凯在1907年9月3日呈递皇帝的奏折中，列举了德国和日本的例子，指出世界上实行立宪的各列强，无有例外都有地方管理团体，建议作为最终实行宪政的预备措施，引进地方管理团体办法。在这位能干的官员引导下，依照他在天津设立的模式，直隶各地纷纷设立自治团体。直隶的这些自治团体，又成了整个帝国设立自治团体的样板。但是，在某些地区，尤其是北方，地方自治发展异常迅速，而其他地方还几乎刚刚开始，本县就属于后一种情况。

从外国返乡的侨民，大概完全意识到了地方自治的利益，他

---

① 原文如此，实际“永春”为直隶州。

们在本府居民中占有很大比例。[①] 因此，直到 1911 年才在汕头成立了管理地方事务的团体，开始实行地方自治，很不正常。该团体有 20 名成员，两名议长，称为参议会。这仅仅是一个咨询性机构，成员没有薪水，他们提出的方案必须提交另一个称为董事会的团体予以实施。董事会成员有薪水，从地方税中支取 10000 元分发给每个成员。然而，这两个机构仅仅成立了几个月时间，革命就爆发了，都没有取得多大成效。他们讨论过一些方案，其中最重要的是建造汕头至澄海的铁路，澄海是汕头所在县的县城；设立一所自治学校；建一所医院。据报本十年度最后一年本府其他地方设立了同样一些团体，但是即使要证明这些团体是否存在的简单事实也很难确定，最可靠的说法是它们尚处在幼稚阶段，但突然发生了最近的政治事件，前途未卜。

广州（Vol. 2，pp. 143 – 144）

最后一任总督张鸣岐 1911 年 11 月 9 日早晨离开广州。翌日上午，胡汉民抵达广州就任都督。后来，当孙逸仙博士 12 月 21 日抵达香港后，接见了他，他随即以秘书身份随孙去了上海。省咨议局选出汪精卫继任都督，但他没有接受这一职务，而是由副都督陈炯明继任，广东政府一度掌控在他手中。这实际上是一个军事政府，行政部门暂时为下列机构：

陆军司	司　长	邓　铿
民政司	司　长	黎国廉
外交司	司　长	陈少白
参谋部	参谋长	魏邦平
财政司	司　长	李煜堂
司法司	司　长	罗文幹

① 指汕头所在的潮州府。

教育司	司　长	饶芙裳
海军司	司　长	胡毅生
实业司	司　长	王宠佑
交通司	司　长	李纪堂
卫生司	司　长	李树芬
工务司	司　长	程天斗
警察厅	厅　长	陈景华

不过，必须指出的是，上述职位和人选经常变动。很多从美国留学回来的学生担任了一些部门首脑，其中有些是优秀毕业生。

省咨议局当时有 161 名成员，一名议长，两名副议长。这是一个临时性机构，根据省咨议局组织法将于农历一月十五日即 1911 年 2 月 13 日解散。[①] 不过，咨议局章程中有一项条款规定会议可以延期。咨议局成员通过下述方式选举产生：当选者必须是受过教育的广东人或在广东居住五年以上者。全省 16 府 77 县选出 93 名代表[②]，广州以外的各府、县绅士和商人为选举人。广州与河南选出 20 名代表，72 商行、自治研究社、九大善堂和小商业行会组成的 83 人选举团为选举人。高中或技术专科学堂受过完全三年教育的毕业生以及在这些学校有三年教龄的教师选出代表 6 名，军团协会与同盟会代表 70 名，这两个社团任命的一个 40 人组成的委员会为选举人。居住在香港的广州人选出代表 3 名，居住在美国、欧洲、澳大利亚、非洲、新加坡、安南、暹罗、日本、菲律宾的广州人选出代表 9 名。妇女代表 10 人。咨议局由投票选举产生，被否决的名额与差额相等，选出了法定

① 这一说法不确，不应该是临时性机构，而是议会制政府成立前的代议机构，每年会期有一定期限，到期咨议局不是解散，而是休会。

② 原文如此。这里说的府，应该包括直隶州。

人数的咨议局。咨议局章程规定，除了极为重大原因，当选议员不准不到任，任何一个议员退出咨议局，必须依序由下一名得票多者递补。咨议局可自主讨论所有问题，财政和行政人选问题除外。咨议局的所有决议，均须提交给巡抚，如果巡抚否决，则提交给一个仲裁委员会。这个委员会一半人选是巡抚任命的，另一半人选是咨议局议员。仲裁委员会的裁决为最终决定。巡抚交咨议局讨论的问题，如果咨议局反对，不得再交咨议局本届会议讨论。巡抚有权任命一名代理人参加咨议局会议，但这位代理人不享有议员权力。咨议局会议法定人数应超过半数。所有问题都由多数投票通过，议长掌握决定性的一票。咨议局议员享有言论自由权，任期内享有不被拘捕特权。任何人均不得缺席咨议局会议五天以上。由此可见，省咨议局议员几乎代表社会所有阶层、社团，并享有极大的表达意见的自由。

九龙（Vol. 2，p. 161）

未来十年可以见证本地政府从南头（Namtow）迁移至迅速崛起的市镇深圳（Shumchün）。南头在衰落，由于台山（Taishan）对面宽阔的浅海湾，很难有船只进来，而深圳刚好在广九铁路线上，有一个货物市场与深圳车站相连。问为什么车站不靠近市镇这个问题比较容易，但却很难回答。最近本地各种商业行会组成中心商会，隶属于广州总商会。商会成员和有影响力的士绅，选出了两名代表参加省咨议局。迄今没感觉到省咨议局在本县开展什么工作，但商会影响日益增强，我欢迎商会成为未来贸易发展的强有力因素。一系列事件导致 1908 年 4 月 27 日划时代上谕的颁布，这一上谕宣布要实行立宪，设立议院。1911 年 10 月叛乱的最终情况，最好由我在广州和其他省城的同事来报告。

拱北（Vol. 2，p. 173）

依照朝廷谕令，1904 年 12 月 10 日，广东巡抚暂代两广总督接管粤海关税务，专职海关监督废止了。1911 年 11 月 7 日，本县升起了革命的旗帜。与此同时，广州建立了新的军政府。

江门（Vol. 2，p. 185）

无所评述。

三水（Vol. 2，p. 198）

回顾过去十年间，大约在四年前，设立了自治会河口（Hokow）分会，自治会分会成员拟定了章程，召开了例会，会议上有各种各样的演讲。然而，在改进本港市政事务和促进贸易方面却缺乏活力。肇庆（Shiuhing）、西南（Sainam）以及三水城里都设立了同样的分会。1911 年 11 月广东省宣布独立后，县城的分会改名为临时县会。临时县会 16 名成员，是人们从不同地区选举产生的，他们轮流驻会三个月，给县知事即现在的民政长以有价值的帮助，引进各项改革。1909 年，广州总商会三水商务分会在西南成立，大部分成员都是三水领袖商人。

梧州（Vol. 2，p. 207）

无所评述。

南宁（Vol. 2，pp. 226 –228）

关于民政，南宁直到最近还是左江兵备道、南宁府和宣化县的治所。左江兵备道辖区包括至红水河西岸的乡村，分别向南、西、北扩展至广东、云南和贵州，西南面与龙州道接壤。道台直接对桂林的巡抚负责，辖区三府两个直隶州。南宁为左江兵备道治所，始于清朝康熙年间（1662），1911 年 12 月日废止。明洪武年间(1368),南宁升格为府,南宁知府辖区内的八个州厅,其中三个即果化、归德、忠州,至今由世袭土司管理。宣化县自公元590年起辖南宁城和方圆95华里内市镇和乡村。1912年4月1日起,裁宣化知县,职责归并于南宁知府。南宁市政事务由一个自治会与知县、后来与知府磋商处理。自治会与知县、知府之间的权力界限界定不是很清楚,不过,知县、知府执掌所有执行权。南宁不征收市政税。共和政府对行政机构做了一些调整。南宁设立了南宁军政副府,军政府设在桂林。1911年12月1日,南宁军政副府开始掌控辖区内一切军事和民政事务,辖区内府、县均为下属机构。1912年3月1日,废止副军府。同一天,裁撤了辖区内除知府、知县以外的所有文职官员,一府之内只保留一位最高文官职位,即知府,知府不仅要掌管全府民政事务,还要处理厅、州、县的事务。这些命令是桂林军政司发出的,这样一来,正如前面已经指出的,南宁知府便执掌了辖区内知府和知县的权力。知府和直隶州厅长官直接向桂林的军政司负责。3月1日,还做了下列一些影响地方官员地位方面的调整:以前的州改为县,百色辖区内的一些直隶厅州升格为府,思恩府与武缘县合并为武鸣府;省政府由桂林迁南宁,这是一个老问题了,自共和制建立以来反复讨论了多次。

1912年4月25日,在桂林召开省议会(部分议员)预备会议,所有15个选区除桂林外,都派出代表参加了会议。这次会议决定省政府和省议会永久性迁移至南宁。1912年6月12日,北京参议院通过一项议案,赞成南宁作为广西临时省会(关于军事和民政官员的详细情况,参见本报告第20项下内容)。

琼州(Vol. 2, pp. 244-245)

道台一直是琼州首脑官员。以前,道台辖区为琼州府和雷州府,但1905年清廷发布上谕,大意谓琼州道台不再管辖雷州府,雷琼兵备道改称琼崖兵备道。1907年，琼州知县[①]下令关闭所有鸦片烟馆。所有鸦片吸食者都要登记领取执照。鸦片烟店允许登记后零售原有鸦片。1909年，道台设立了禁烟局，检查其下属官员是否已经戒食了鸦片烟，如果发现还在吸食鸦片，即行革职。

1907年，设立了一家商会，会长和成员每年从商人社区中选举产生。1910年，这里组建了自治会分会，会长由一名人民选出的士绅担任。组建自治会的目的是要改善本地条件，开发本地资源。

北海（Vol. 2，pp. 255－256）

1889年之前，钦州归廉州管辖。是年，钦州成为直隶州，其所在的高廉道，改为高廉钦道。钦州与法属安南和租借地有漫长边界线，一直是盗匪出没之地，因此有必要提高钦州官员的官阶，使之独立于知府而自行决断。这样钦州就归在高州的道台直接统辖了。1889—1906年，下四府即高州、廉州、雷州、琼州，或者说是海南，就划分为两个道，分别称之为高廉钦道、雷琼道。然而，这种行政区划令人不满，所以1906年又有新的组合，廉州和钦州结合为一道，道台治所设钦州；高州、雷州、阳江州合为一道，道台治所设高州；海南岛分为一府一州即琼州府和崖州，合为一道，道台治所在海南岛。这样划分行政区域，有一位道台驻地紧邻法属越南和租借地边界，即靠近东京和广州湾[②]，遇有麻烦，解决起来更容易一些。1911年的革命自然是带来了更大的变化，所有旧官员都消失了，这个国家政府现在由军队指

① 琼州知县（Kiungchow Magistrate），疑记述有误，应该是琼州知府或琼山县知县，琼山县为琼州府治所。

② 广州湾，即今湛江市。

挥官掌控，社会秩序也由他们维护。无疑，将会重建政府，开启一个新时代。

关于省咨议局，1908 年已采取措施准备成立。1909 年 5 月，各府、州、厅、县选出的议员准备在 11 月集中省城开会，咨议局开始进入角色了。省咨议局做的第一件事情是禁止近些年来流行的公共赌博。[①] 开了多次会议，讨论了很多问题，但我们没有得到详细会议记录。从目前情况看，省咨议局似乎是在幕后运作，但当新政府一切就绪之后，它肯定将是一个令人瞩目的所在，而官员和人民都热切期望他们的生活各方面都有进步和改善，省咨议局将会发现，采取任何有益于社区的措施，都将易于推行。

1909 年，发布了自治会章程。任何值得尊敬的为公共目的捐献 2 元者，或每年缴纳土地税 2 元者，或有资产 1000 海关两者，均有资格成为自治会员。自治会像省咨议局一样，成员通过投票选举产生。各府、厅、州、县城，各市镇和乡村，都要成立自己的自治会。北海自治会在 1911 年中选举产生，但几乎没开展什么工作革命就爆发了。像省咨议局一样，尽管它现时看来也是个幕后角色，但一旦新时代真正开启，很可能会是一个有用的行政分支机构。

龙州（Vol. 2，pp. 268－269）

关于桂林设立的省咨议局，仅是个咨询性的机构，没有得到详细可靠的情报。1910 年在官方支持下，本地建立了一个讨论与立宪政府有关的事物和问题的会社——自治会，所有官员和士绅都是自治会会员。自治会每个星期都在道台衙门举行会议，道台就是事实上的会长，有权禁止讨论任何自治会规程指南以外的

① public gambling，应指当时流行的彩票业。

任何问题。作为启蒙龙州知识阶层的一种手段，自治会在即将到来的立宪政治变革中引导官员接近民众，维持省咨议局（自治会自认为是咨议局的分支机构）倾听地方舆情等方面，将会发挥作用。1910 年 10 月，在策划庆祝朝廷允诺缩短国会预备期的大型群众集会中，它就扮演了重要角色。

当然，1911 年 11 月广西宣布独立，自治会也起了极为重要的作用。这一重大事变，应归功于所有相关人员，几乎没有任何干扰就通过了。省行政变成了以都督为首的军政府管理，军政府在龙州、南宁、雷州和梧州下设四个军政副府，各军政副府设一名总长代替以前的首脑道台。然而，因为随着宣布独立而发生的行政变化，都是最近的事情，很可能瞬息万变，我们不掌握这些变化情况的细节。

蒙自（Vol. 2，p. 279）

无详情报告。

思茅（Vol. 2，pp. 294－295）

直到共和前夜，本省一直是以总督为首的行政体制。总督管辖云南和贵州两省，称云贵总督。总督驻扎省城云南府，有通常的省级和地方官员协助处理政务。不过，云南抚台衙门早在十年前就裁撤了，总督在贵州抚台的帮助下，自己执掌云南抚台职责。全省划分为四大行政区，称为道，即云武道①、临开广道②、普洱道③、腾越道④，各设一名道台治理。思茅厅归驻扎普洱的

① 即粮储道兼云武道，称云武粮储道。

② 即临安开广道。

③ 即迤东道。

④ 即迤西道，或因 1902 年道台移驻腾越厅，报告作者称腾越道。

道台管辖。思茅厅同知是本地职位最高官员，管理本地地方事务、民政和司法以及一般政治事务；照管本地开发和审判本地居民的所有诉讼案件。只有驱逐、流放案件的判决必须上报，案件细节要通过迤南道道台上报在云南府的提法使审批。思茅厅还设有一名副职，协助掌管一般事务，常外出履行差事或执行专门职责，不过这位副职的主要职责是主管城乡警察事务、监狱、拘捕盗匪等。还有一名知县或县丞级别的官员负责征收厘金，他的职责是征收本地所有货物的通过税。一名思茅本地人，被自治会选举为设在云南府的省咨议局议员。

腾越（Vol. 2，pp. 306 – 307）

云南划分为三个道，其中迤西道地域第二大，重要性也处于第二位置。道台驻地在腾越，辖四个府，即大理府、永昌府、丽江府、楚雄府。

直到 1911 年底，腾越没有分管贸易的机构，然而，有两名地方商人代表，称为“丝花管事”。丝和棉花分别是这里出口和进口的重要商品，丝花管事自古以来就是与地方贸易有关的不定期官方发言人。他们每月每人领取 10 海关两薪水。地方商人赶着驮货物的骡子进入腾越，每头骡子征收 0.1 海关两，这个数目是基数，多捐自愿。这笔钱足够丝花管事的薪水，不用格外开销。为设立地方贸易机构，最近废除了丝花管事制度。

最近两年，地方市政事务一直由自治局负责。自治局有一名议长，30 名议员，他们是这一地区的代表。自治局主管教育、警察等事务。房屋、店铺税虽然也是自治局征收，但要上缴腾越厅同知。

奉天（Vol. 3，pp. 17 – 19）

满洲行政最初是在满洲军事体制下组建的。然而，奉天省政府在军事体制方面不如吉林、黑龙江严格。这种差异是因为奉天省地方最初是辽州卫，或者说是辽东半岛和辽西各县汉族移民居住的地方，在被努尔哈赤占领的时候，是汉族王朝明朝的政权辖区。满洲人占领了原来的辽州卫地区之后，天聪任命了一位驻防大臣（后称为镇守辽东等处将军）管理奉天；1631 年，仿照北京体制，在奉天设立六部。因此，在满洲征服中国之前直到最近，这六部除了吏部在满洲君主迁移北京后废除之外，一直带有满洲体制特征，因为满洲政府想把任命特权保留在自己手中。剩下的五部，每部设有一名侍郎，主持各该部的特殊部务。这五部侍郎都是奉天省首脑驻防将军的同僚。1657 年，设立奉天府衙。同年，任命奉天府尹为民政首脑。1667 年，设立承德知县衙门。1902 年，承德县东半部析出兴仁县，1908 年改名为抚顺县。1876 年，为了使奉天管理体制与中国本部更协调一致，盛京五部归驻防将军一手管辖，并名誉晋升其为盛京将军。东三省各设驻防将军，他原来的同僚奉天府尹同时授予中国本部职衔，以府尹行巡抚事。简言之，中国本部民政体制正在取代满洲军事管理体制，因为驻防将军有五部代替臣僚辅佐他，他的衙署实际上已经与中国本部的总督衙门没什么两样了。1905 年，徐世昌阁下受命东三省总督兼将军事务。盛京五部取消，代之以六司，即民政司、度支司、提学司、提法司、交涉司、旗务司（后改为旗务处）。[①] 东三省总督直接掌控这些机构。任命了一名道台主管新设立的劝业道，另一名道台主管与内地稍后设置一样的巡警道。组建设立了大量县级行政单位，现在全省已不少于 33 个各种类型的县级行政。一名副都统率满洲一个旗守卫皇陵，奉天府府尹保留。1909 年，设立了由总督统辖的东三省督练公所。1911 年，废除了奉天巡抚职位，巡抚职责由总督一并掌管。

① 六司的名称，原文标注中文如此。

东三省总督在一份奏折中禀报说，为了组建立宪制政府，设立了自治局，提学使奉命负责自治局事务，他有两名当地杰出助手协助，一名汉人，一名满洲人。自治局奉令选派省级学堂毕业生到奉天府所辖各县宣讲有关自治问题，启蒙民众，并编撰了一本关于自治的书，在辖区内各处散发。1909 年 10 月 14 日，根据原奏折禀报的方案开始实行地方自治。这一方案在 1908 年 8 月收到了朝廷批复谕准。奉天咨议局有 50 名成员，包括一名议长，两名副议长。北京的宪政编查馆拟定的咨议局章程，对咨议局组织、权力、职能等作了规定。关于设立咨议局的一般原则是 1908 年上谕宣布的。首先，省咨议局要成为连结地方行政与中央政府的纽带；其次，咨议局应该是最适当向行政机构传达民众意见的通道；再次，咨议局要成为一所训练学校，可以从中选拔人才进入国会。设立咨议局，除了要达到这些目的之外，咨议局有权批评行政官员得失，但无权惩治官员。省咨议局按部就班地履行自己的职能，提交了许多关于奉天省发展和总督认可的税收议案。根据 1909 年 1 月发布的上谕，成立了下列一些地方议会性质的组织：城议事会，八名成员，称议董；城董事会，两名成员，称董事；府议事会，60 名成员，其中 20 名议员，40 名参事员。这些地方议会性组织讨论的问题都明确指向地方性事务，像修路、公共卫生等。他们讨论的问题，如果得不到知县批准，不可能产生什么效果。

汪荣宝致陆征祥手札

喻　乐 整理

说明：汪荣宝（1878—1933），字衮甫，号太玄，江苏吴县人。早年留学日本，后任资政院议员。民初任临时参议院议员、众议院议员。1914 年后历任驻比利时、瑞士、日本公使等职。陆征祥，字子欣、子兴，上海人。北京同文馆毕业。清末民初著名外交家，先后出使多国。1922 年 6 月出任驻瑞士公使。此组函件系 1922 年 5 月至 9 月间，汪荣宝即将卸任驻瑞士公使之际致接任者陆征祥手札。时正值第一次直奉战争之后，总统徐世昌被迫辞职，黎元洪代之，颜惠庆代阁揆兼外交总长。信函内容涉及当时北京政情、公使馆交接事宜、民国外交界的人事关系，以及两家的私谊，为民国外交提供了官方档案以外的另一个视角。

函件共 17 通，其中 15 件为汪荣宝致陆征祥的私人信函，两件为外交部致陆征祥电，因同装订于一册，故一并录出。原册封面有陆征祥手书“汪公使 衮甫　1922”字样。原件排列次序稍有颠倒，整理时均按时间顺序重新排列，未识之字及英文均用“□”表示。页下注释均为整理者所注。原件藏于比利时圣安德鲁修道院。

整理者：喻乐，广西柳州市第二中学教师。

（一）

（1922 年 5 月 29 日）

子兴先生阁下：

久未修书，至深结念，比维起居多福为颂。

前接部电，悉政府将屈公俯就此间使席，属为询取联邦政府同意。今日已与当局接洽，极表欢迎，惟尚须经过政务会议手续，约三五日可有答复。叨在知交，先行奉闻，俟明令发表后再当驰贺。弟离国日久，极思东还，惟小儿孝熙病卧 Saanen 医院，虽有向愈之机，尚无起坐之力，断不能挈之同行，用是耿耿。将来托庇宇下，尚须多求照拂。附上福勒君①所赠从前考察政治大臣端、戴②二公与台从合照之片一纸，即以移赠。桑海几经，鸿泥犹昔，知公展览之余必有感叹不置者。余俟续布。即颂台安。顺颂嫂夫人坤福、令嫒聪吉。

弟　荣顿首

五月廿九日

（二）

（1922 年 6 月 5 日）

兴老阁下：

顷奉手书，敬悉一切。

荣因近日在山，见闻甚少。东海③辞职事亦仅于报纸上见之，馆中并无电话及此，想必未接官电。尊事于初二日得瑞士政

---

① 无法确认所指，或似指傅乐猷（Fleuriau），法国人，1921 年至 1924 年任驻华公使。

② 清末出洋考察政治大臣端方、戴鸿慈。

③ 徐世昌，字卜五，号菊人，又号弢斋、东海。1918 出任总统，1922 年 6 月被迫辞职。

务部复函，由馆中电话通知，当即拟一电文，由电话知照叶秘书，即日电部："廿七日电悉。遵即将请前总长继任一节面达瑞政府。顷准函复，极表欢迎。特闻。"计日内必有明令。荣此次离欧，别无系恋，所不能不黯然者，则以病儿不能同行。又全家远去，无人照料，最为难过。现拟将绩之[①]兄调回，此间遗有主事一缺，拟切恳台端为小儿延熙[②]设法，俾得托庇仁宇，就近照料伊弟，差可放心。延熙曾在巴黎政治专门学校毕业（与绩之同学），人尚端正，务恳推爱玉成，稍减荣夫妇凄念病儿之意，将来必当有以报称也。

荣在此拟再勾留三五日，即回熊城。[③] 台端如有复函，请径寄 Saanen Hotel Saanerhof 为荷。

专此奉托，伫盼复音。余再布。敬颂绥安不一。

弟 荣顿首

六月初五日

（三）

（1922 年 6 月 8 日）

子兴先生阁下：

前日在萨能寄奉一缄，计当达览。

昨日悉东海辞职消息已属确实，现暂由国务院摄行大总统事务。昨晚回馆检阅各处文电，兹将英馆来电两件钞寄，即乞察入。

尊事尚未发表，或俟大局粗定再布明令，未知尊处已有消息否？余续布。敬颂台安。

---

① 耿嘉基，字绩之，江苏松江（今上海）人。时任驻瑞士使馆主事。

② 汪延熙，字子长，外文名 Raynand，汪荣宝长子。曾留学法国，毕业后从事外交工作，夫人为外交家陈箓长女陈媛琼。

③ 熊城，指伯尔尼。

弟　荣顿首
六月八日在熊城

（四）

（1922年6月14日）

子兴先生阁下：

前蒙惠复寄萨能旅馆，当由内人转寄来熊。敬悉奉商一节已承鼎诺，至深感荷，容俟晤教时面伸谢悃。顷又接六月十三日手书，藉悉一一。

黄陂[①]于十一日就任，此间已得官电，尊事不日必可发表。惟洋报前载，旧国会已在天津开会，此事果确，则驻使任命须经两院同意。荣调东事虽见明令，然使此令如发于国会开会以后，理应请求追认；台从使瑞，亦须提付院议，如此则尚须时日矣。荣本拟定八月初船东渡，未知赶得上否？

谕写楹联，必当遵办，惟拙书恐不称雅命耳。公何日赴山避暑，乞示日期。专此。敬请俪安。

弟　荣顿首
六月十四日

（五）

（1922年6月15日）

子兴先生阁下：

顷得部电，大总统已正式就任，属通告所驻国政府。新政府组织如左：

署总兼外：颜惠庆　内：谭延闿　财：董康　陆：吴佩孚　海：李鼎新　法：王宠惠　农：张国淦　教：黄炎培　交：高恩洪

---

① 黎元洪，字宋卿，湖北黄陂人。徐世昌去职后，黎再任大总统。

上列诸人，惟高君素未闻名，未知台从曾识其人否？余再布。即颂台安。

弟　荣顿首

十五日

（六）抄外交部电

（1922年6月16日发，1922年6月17日到）

大总统令：任命陆征祥为驻瑞士国特命全权大使。希转陆使。外交部。十六日。

荣任欢贺，广平锡昌。

（七）

（1922年6月18日）

子兴先生阁下：

昨奉函电，敬悉一切。

尊事已有明令发表，昨经专电奉贺。另将原电备函抄寄，计邀青览。此间公务清闲，极宜静摄，午后休息更属普通习惯，断无窒碍。荣摒挡一切，计月余可了。刻已探询八月初日本邮船，倘能定得舱位，拟即不候国书寄到，先行离任。如八月初舱位无着，须候至十月方有较大之邮船，不得不多留两月。惟荣意无论如何，国书递到，拟请台从即行来京接替。荣虽须候船，亦可赴各地乘暇游览，较为自由。今晨复得十六日手书，备蒙厚爱。以四个月为期，俾荣从容料理，极感盛意。惟旌从近在咫尺，到任极便，国书一到，自以早日履新为宜，万勿稍存客气，是为至幸。

贺黄陂及骏人[①]电已发出。昨得电示后，另为公拟电拍

① 颜惠庆，字骏人，上海人。民国外交家。黎元洪再次担任大总统后，任为国务总理。

发。“颜总理鉴：恭贺荣简，并请代呈大总统，谨陈贺悃。十七日。”

馆中同仁得公为长，无不欣忭异常。昨已将尊意转达，同深感谢。方宝均[①]事，必面嘱砚裔[②]，切实设法。惟劼孚[③]曾拟为其侄世兄缵祖[④]求觅一席，似亦须为留意。故此间主事更调一节，尊处如有为难，尚可从容商酌，或另商腾挪之法，统求卓裁，荣无不遵办也。专此奉复。敬请台安。

弟　荣顿首

六月十八日

再，北京寄件业已转递，计可达到。刻又得京电一件，附上，即乞察入为荷。

（八）

（1922 年 6 月 21 日）

兴老阁下：

叠奉手教，敬悉一切。

尊意馆员不可多事更动，极是。顷已照台属拟电二通，抄呈台览。如无更改，请即寄回，以便照发。黎总统复阁下贺电一件附上。该电无上款，然敝处已于前日接到黄陂复电，此电必系致公，即乞察入。南北统一，大局粗定，可贺。此上。即请韶安。官员名号清单附上。

弟　荣顿首

---

① 方宝均，浙江嘉兴人，先后任驻多国使馆秘书。

② 沈瑞麟，字砚裔，浙江吴兴人。颜惠庆组阁后，任外交次长。

③ 王广圻，字劼孚，江苏南汇（今上海）人。时任驻荷兰公使。

④ 王缵祖，王广圻侄，从事外交工作，后曾在汪伪政权内任秘书官。

二十一日

此间房屋于上年年底接租，展期五年，减价一千佛，每年一万三千佛（上年系一万四千佛），已于本年五月付过半年租金六千五百佛，至十月底止，十一月须再付半年。又及。

（九）

（1922年7月2日）

兴老阁下：

旬日未寄书，正深歉疚，顷奉六月三十日手翰，敬悉一切。比维起居多胜为颂。

小儿派署主事，荷蒙鼎力立邀部准，复电如下："部令：耿嘉基回部办事，遗缺派汪延熙署。外交部。二十七日。"小儿粗谙法文，尚未办过公牍，此后随侍左右，得资历练，岂胜荣幸。渠本当于今年回华完姻，而其聘室吴采芝（松江人）女士（曾在比京留学），不幸于三月间夭逝，此事作罢，故留伊在欧稍习馆务，兼令就近照料伊弟，实为两得。吾公奖掖后进无微不至，务乞随时督责教诲，感戴何极。次儿养病山中，近据其来信，自谓日有起色，一二月间可望起坐。此子性质甚佳，法文胜于乃兄，倘令废疾不治，实为可惜，今能渐愈，曷胜欣慰。川装尚未电请，此事部有定章，详细如何，荣亦未悉，俟明日探询衡若诸君，再行奉复。（希马①病，亮功②请假避暑，馆员止衡若、绩之二君。）公使薪俸每月一千八百元，瑞士使馆公费每月一千五百

① 瞿宣治，字希马，湖南善化人，瞿鸿禨三子。曾留学法国，时任驻瑞士使馆随员。

② 萧继荣，字亮功，广西富川人。北京译学馆毕业，后赴德留学。时任驻瑞士使馆二等秘书。

元整。曾经函部，声明支绌，请其设法，迄未得复。台从七月杪可来熊城一叙，企盼无似。承属书撰之件无不照办。荣现已于九月廿四日自马赛出发之箱崎丸定得舱位，约九月十五后赴法，届时国书亦必寄到矣。汇寄瑞金二百佛郎，已照收无误。实则此间拍发京电，均开另款。尊电同系公事，无须分算也。南北统一事，至今并无官电通知，恐尚多周折。此间馆屋展租五年，家具及电灯、地毯、帘幙等等虽均齐备，然时阅三年，已须添补。此外，陈饰之品及挂屏等件，均属荣私人所有，馆中毫未设备，台从到任时，宜酌带为佳。一切俟驾临面商。内眷蓄猫两头，颇加爱护，探悉舟车携带极为费事，只得留之此间，未知夫人及女公子有同好否？万一性不喜此，拟登报招领。便中乞一询尊阃。琐事附及，当不嫌其可笑也。拉杂奉复。敬请轺安。顺颂夫人坤安、小姐聪吉。

弟　荣顿首

七月二日

（十）外交部发驻瑞士陆公使、奥黄公使电

（1922 年 7 月 6 日）

国际联合会第三届大会已定于本年九月四日召集，顾代表①现奉令派充全国财政讨论会委员长，王代表②奉令署理司法总长，均未能如期赴欧参与。经本部呈奉大总统六月三十日指令：“呈悉。派陆征祥、黄荣良为国际联合会本届大会代表。此令。”等因。除已电唐代表正式通知国际联合会外，希即遵照，届时会

① 顾维钧，字少川，江苏嘉定（今上海）人。1922 年至 1927 年先后任外交总长、财政总长、代理国务总理等职。

② 王宠惠，字亮畴，广东东莞人。历任外交总长、司法总长、署理国务总理等职。

同唐代表前赴日来佛与会。外交部。

（十一）

（1922年7月15日）

兴老阁下：

前承托转电报，当已照发。旋得复电，亦经寄奉，想蒙察入。

夫人惠赐内子鲜花，色香并美，祇领之余，感萦怀抱。曾寄片伸谢，未知已达青览否？顷得惠片，借悉山行中止，准于月杪来熊，曷胜欣盼。劼孚现在柏林，植之[1]亦适在彼。顷注东有电来邀，弟性惮跋涉，殊不欲往也。此间亦阴雨连日，大似深秋，毫无迁地避暑之要。使费又汇出一月（上年十月分），聊胜于无。川装已去电请发，尚未得复。专此。敬请台安。顺颂夫人坤祉。

弟　荣顿首

七月十五日

（十二）

（1922年7月16日）

昨寄一缄，计达。旋接尊电稿，当即代为译发。顷又得朱盥薇[2]来电，特为译出寄奉，即乞察入。余俟面谈。即请兴老轺安。

弟　荣顿首

十六日

---

① 施肇基，字植之。时任驻美公使。

② 朱诵韩，字贯微、盥薇，上海崇明人。1920年任挪威使馆二等秘书代办使事，1922年2月离任。

（十三）

（1922 年 7 月 27 日）

兴老阁下：

顷接廿五日手教并剪报一纸，读悉种种，当遵命译汉，俟台从过熊城时面致。适瞿希马有书致公，弟见封面 Son Excellence 字样，不及细观，以为致弟之件，折阅后，始知有误，仍即粘封拆口，谨以奉寄。粗率之愆，尚祈原谅。良晤在迩，欣幸何如。专复。敬颂俪安。

弟　荣顿首

七月廿七日

（十四）

（1922 年 7 月 30 日）

子兴先生阁下：

昨得惠片，欣慰。

尊属译汉之件，已经小儿译出，由弟亲加改定，兹令小儿清缮一通，即以寄奉台览。如无更动，请即函示，再由弟书写送赠作者可也。余面谈。即颂俪安。

弟　荣顿首

三十日

（十五）

（1922 年 9 月 5 日）

兴老阁下：

昨希马兄回京，询悉起居多祜，至慰颂私。

呈递国书一节，已与政务部员接洽，无论何时均可。此间联邦总统并无赴日内佛之说，摩达往充代表，部务另有人代理，于接受外宾一节毫无窒碍。弟已托其择日接见，以便递辞任国书。（大约须在十六日以后，二十日以前。）明日弟请总统、副总统午餐后，必可得确实复信。鄙意公能于同日递书最为妥当。此与日内佛会议全属两事，无庸顾虑也。连日收拾行李，加以应酬，碌碌鲜暇。任先留此三日，昨日回法，劼孚亦有来熊之说，已电约其十六七日到此。弟于请客事毕后，须赴 Saanen 一视小儿黄龙，勾留五六日，约十五六日可回。拟即于呈递辞任国书之日交卸，想至迟不过本月二十日也。承约小儿暂住使馆，感荷隆情，曷有既极。惜前日已于附近觅得一极佳之旅舍，宿膳每月三百三十佛，比较他处为廉，当已与房东切实约定，于本月二十五六日迁入，并已先将箱笼等物运往。小儿拟送弟夫妇至马赛上船，绕道巴黎一行，约二十五六日回京。未便中止，有负厚爱，惭悚无已。熊城天气虽阴多晴少，然冬令较之北京尚为和煦，且馆中中央暖具设备甚周，度冬亦无不便。公到任后，似以早日接宝眷同住为宜，铁道往来转多辛苦也。

夫人宠锡内子珍品收领拜谢，请代达欣感之意，恕不另函。将来小儿辈敬求推爱照拂之处尚多，内子深以未得前赴罗村一与夫人话别兼面致种种谢忱为歉，务乞公将此意切实转致至幸幸。北京政局似仍不稳，吴子玉①反对唐少川②组阁，尤不愿卢信③（少川最亲密之人）长农商，卢氏未敢就职。高财政总长④亦不能到任。王亮畴避居医院，决意辞职。惟顾少川竭力维持

① 吴佩孚，字子玉，山东蓬莱人。1922 年直奉战争之后，任两湖巡阅使、直鲁豫巡阅使等职。

② 唐绍仪，字少川，广东香山人。1922 年 8 月被任命为内阁总理，一直未到任，一个月后辞职。

③ 卢信，字信公，顺德人。1922 年 8 月被任命为农商总长，未就职。

④ 高凌霨，字泽畬，直隶天津人。1921 年起历任北京政府财政总长、内务总长、农商总长等职。1923 年出任代国务总理。

现状，未知日内有无变迁也。拉杂书此。敬请勋安。顺颂夫人坤福。

弟　荣顿首

九月五日

（十六）

子兴先生阁下：

日前台从枉临，诸多简慢，猥蒙手书齿及，益增惭悚，敬谂起居佳胜，至为快慰。承示赠书通稿妥善可用，敬行奉缴，即祈察入写件，谨当遵办。惟蘅若兄现在旅行中，已属希马缮写，俟事毕即行奉上。弟甫自德归，因与陈任兄有约，今午赴 Grindelwald，匆匆倚装作此，不尽万一，余俟续布。敬请双安。

汪荣宝顿首

（十七）

代拟赠书通稿，敬候钧酌改正。

阁下：

忆别光仪，倏更寒暑，暮云春树，时动遐思，比维禔躬集祜，即事多欣为颂。

敬启者：步君翼鸥近辑《养正诗歌》四卷，搜五千年之天籁萃于兹编，传三百篇之遗音公诸斯世，匪特莘莘学子可奉为兴观群怨之资，即名流硕彦，于公□［务］余暇，把卷流连，亦可作为淑身淑世之助。爰购多部，以益友朋，兹检一部敬赠。台端为善，最乐知继美于东平；赏文尤欣，定同情于彭泽。

肃此布悃。敬颂勋绥。

陆 敬启

此稿酌定后，拟铅印多张，随书附送，未识可否，请钧酌示知，以便遵办。

升罗悖语

魏建功 辑存　曾景忠 编注

说明：《升罗悖语》是有关晚清和伪满洲国的两组史料，一为升允所著《津门疏稿》，一为罗振玉所著《辽海焚余稿》。

《津门疏稿》是清朝遗老升允呈送清废帝溥仪的奏疏文集。升允，蒙古镶黄旗人，曾任陕甘总督、陕西巡抚等职。辛亥革命后流亡日本，与罗振玉相结识。民国五年回国后，先居青岛，后住天津。他始终效忠清室，反对民国，一再疏陈，劝谏溥仪静心修养，阅览经史，伺机复辟。这些奏疏，有些是升允本人撰写，有些是请罗振玉代作；有些是升允个人具奏，有些是与罗振玉联名上奏。升允去世后，罗振玉将其保存的这些奏疏底稿汇集，并加上升允在陕甘总督任内反对实施新政立宪的一篇奏疏，以及由升允举荐而任南书房行走的王国维的一篇奏稿，合编为一卷，并为之序。因升允的奏稿主要是晚年居住天津时所陈，故题名为《津门疏稿》。

《辽海焚余稿》为罗振玉所撰。罗振玉早年从事农学编译和教育活动，曾任清学部参事官、京师大学堂农科监督。清亡后，寄居日本，致力于中国古文字和古文物研究。1919年回国后，居天津。1924年夏，应溥仪召，入值南书房，检点宫内文物。溥仪被驱逐出宫后，为溥仪移居日本使馆后

整理者：曾景忠，中国社会科学院近代史研究所编审。

转入天津积极效劳。1928年后，移居旅顺，与日本关东军人物联络，谋求助溥仪复辟。九一八事变后，罗参与策划溥仪从天津转移东北、建立伪满洲国，曾担任伪满监察院院长。罗在伪满任职期间，屡有奏陈，并试拟过伪满政治纲领，代拟过谕旨，溥仪出宫前和移居天津后，亦时有陈奏。1938年，罗振玉将诸奏疏和书函杂文等文稿，统编为一卷，自序谓其“均当焚弃而未焚弃者”，“颜之曰《辽海焚余》”。1938年，罗振玉将《津门疏稿》和《辽海焚余稿》交给日本人诚士纯之父（罗振玉称之研究满洲的“史家”，其名不详）。1939年，诚士纯抄录成此二书稿本。

日本投降后，此二书抄本流入商人手中。1948年，著名语言学家、教育家魏建功先生在北京见此二书稿，识其史料价值，乃“爰罄口粮，购而得之”。魏先生“阅两人书，重感思想乖谬之足悲惧”，故将二书稿合成一书，定名为《升罗悖语》，书题：“升罗悖语。亡清伪满史料。大中华民国卅七年秋斥赀印布。天山行鬼。”并作一序，寄望将来“庶有董狐，振直笔焉！”

《升罗悖语》无论对于清室后史、伪满洲国史，还是对于升允、罗振玉乃至王国维等人物的政治活动和思想的研究，都补充了许多重要史料。由此亦可见魏建功先生学术眼光之远大，令人敬佩。

魏建功先生公子魏至先生保藏了《升罗悖语》稿本，并做成电子件，曾由鲁国尧教授推荐给虞万里教授，寻求出版途径。虞教授作了努力，对其中部分内容初步进行标点，但出版困难，未果。现《升罗悖语》终能在《近代史资料》刊布，亦可告慰于先师魏建功先生，纪念他抗日爱国的赤忱感情和对历史资料的爱惜珍重。

此处所录完全保持抄录稿本原样。编者进行分段、标点。抄录本中有极少数字空缺，或辨认不清，乃以“□”符号注出。为了阅读方便，编者加了若干注释。

日人诚士纯父子阅读此二书稿时，曾在《辽海焚余稿》抄录本上加有眉批。魏建功先生序中指出：“罗文闲有眉批，则倭人立场语，当为士纯或士纯父手笔。”为存全貌，均照原样录于文中。

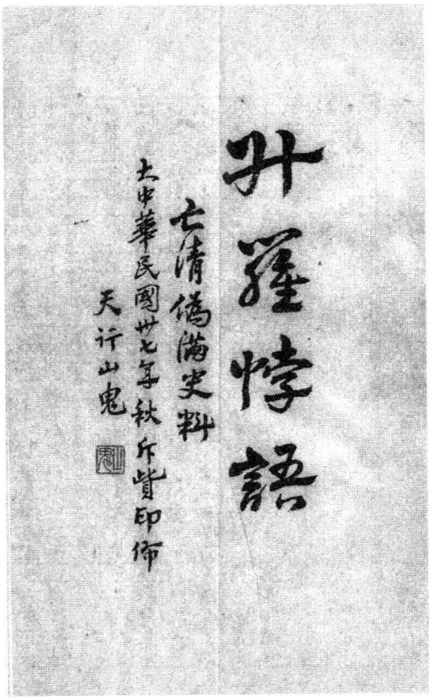

魏建功题签书影

魏建功序

三十七年夏，余归自台湾，贾人持此倭人诚士纯钞本来。观其题识，知为士纯之父据罗振玉原本晒蓝存副，而士纯从而手录。罗文间有眉批，则倭人立场语，当为士纯或士纯父手笔。

今也何时？罗家原本其后人必自灭迹，绝不敢如商龟、周鼎、汉简、唐韵诸品传播之力。仅诚氏父子两本流传世间，今得见其子钞本，苟遭秘闭，虑不得昭炯戒，发憬悟。爰罄口粮，购而得之，谋印二百部，合名《升罗悖语》，以布天下，庶有董狐，振直笔焉！

中华人民建国垂四十年，心吕伏患，初不在党。推原往迹，实政体思想诸多牵就，因循相仍，坐致沉痼。即以亡清小朝廷问题而论，小不忍，乱大谋，驯致东北开国，为国际傀儡，祸端无尽日矣！

今披两书，如温旧景。升允、罗振玉与溥仪所议论，其事皆吾辈亲历身闻，念兹丧乱，不禁眦裂。抑余侧闻清室宗族不乏明达，深晓共和大义。十三年前后，以迄倭关东军猖狂扶植"满洲国"，在在为溥仪及其族人忧。而升、罗悖谬，慷人之慨，呶呶咻咻于"君臣大义"，乃为其一偏之私，不惜远引暴邻，类吴三桂之请兵。智愚贤不肖之别，何若斯之甚也！

明是非，辨清浊，人之所以贵乎有识，似又未可必得于绩学之徒，于升、罗何责焉？此余阅两人书，重感思想乖谬之足悲惧，惜逝忧来，阁笔太息，而不能已也！

三十七年八月八日。如皋魏建功题记于北平朝阳门大街独后来堂，十一年前倭军入城之日也。

津门疏稿

罗振玉序

光宣之间，予备官京师。于时革命之说大昌，朝议筹备立宪，改官制，各省设咨议局，以谋补救，而世论乃更猖獗。中外大吏，钳口结舌，无敢出一言匡救之者。独陕甘总督升公，以阻挠新政罢官，心至异之，然无由识其人也。

及辛亥国变，予避地海东。① 逾三年，乙卯，公亦侨寓东京。一日，邮所为诗文遗书，愿订交。余益惊异，乃至东京，谒公于所居深田氏中野别墅。一见如旧交，始悉公当事变时，奉旨署陕抚，督办军务，连克长武、永寿、邠州、醴泉、咸阳诸州县。顾当时边报不通往，在京师不能详也。壬子三月罢兵，复走万里绝域，所谋辄阻，而志气弥厉。畅谈凡三日夕而别。濒行，公执手曰："异邦邂逅，吾道不孤。公年方逾壮，仆尚未甚衰。一息尚存，移山填海，此志不渝。与公共勉之矣。"公寻复访予于京都。由是，有所谋辄相见。

岁丙辰，公返国，寓青岛者八年。己未，予亦返国，寓津沽，每岁数往还。逮壬戌，公移居天津，住予家者七年。由是，得与公朝夕相见。当大婚礼成②后，公与予以入贺，蒙召见慰勉，并令得言事。公乃益感圣知。

津沽固密迩京师，因之得闻宫禁事。内纷外侮，日益迫切，公忧之甚，每有所闻，辄密书陈奏，以图补益。故五年中，书凡十二上。或公自起草，或遣予代作；或一人具疏，或联名以闻。当道为之侧目，致以公与予为朋党，公弗顾也。

今公之殁已七年矣。偶检巾笥，旧稿俱存，因写为一卷，颜之曰《津门疏稿》。以公先是任甘督③时《论新政疏》附焉。

亡友王忠悫公④受知于公，为公门人。其任南斋⑤时二疏并附卷末，一以志公睠睠君国，一以志当日之声应气求，如公所谓吾道不孤者，俾传之方来，不至泯灭，此则予之责也。编校既

① 指日本。

② 大婚，指1922年12月1日，溥仪与婉容行结婚礼，仍按帝王成婚礼仪举行仪式，故称大婚。

③ 甘督，升允曾任陕甘总督。

④ 王忠悫公，即王国维。

⑤ 南斋，指清宫南书房。王国维曾任南书房行走。

完，漫书简首，追怀畴昔，感慨系之矣。

戊寅首夏，上虞罗振玉书

昭十三年①

一　敬陈管见疏　壬戌闰五月　附片二

奏为敬陈管见事：

窃维圣功以养正为先，而远佞较亲贤尤急。六经，正之正也。子史百家，尚当分别观之。至于近时所译外洋小说，怪诞离奇，惑人心目。又新闻报纸，传说异词，毁誉任意，其文笔恶劣，尤可厌弃。凡此之类，宜痛加屏斥，勿得擅达御览。此臣所谓养正者也。

辛壬以来，所遗朝士至属寥寥，贤佞易可辨识。大臣侍讲筵者不过四五人；王公奉朝请者数十人；内府官员以及宿卫之士，或不满数百人。希得进见者无论已。其有日近天颜，晨夕执事，凡知耻知惧，遇事敢言，不为阿谀者，贤臣也。若夫密结左右，多方求进，窥视逢迎，安危利蓄，此则邪佞之尤者也。即在宗亲近支，犹且可疑，而况新进疏远，不知谁何之人哉！如已显擢之，宜徐徐疏远之，勿使怨望，致生他变。然后明加斥逐，不令入值。此臣所谓远佞者也。

臣又闻乘舆将有出洋游历之举，不胜骇异。远而风涛之险，近而肘腋之变，及一切防不胜防之事，姑不具论。将以为一游一豫而驰域外之观乎，甚非谓也。臣窃料天亶聪明，决不出此。抑将求援于彼数大国，冀其为重耳之定周襄、秦穆之纳晋文乎？臣愚以为，此必无之事，非可望于东西各邻国也。

去岁，日本太子游历英国，英君主优加礼遇，日人以为美

---

① 指昭和十三年，公元1938年。此四字很小，书于篇末，为抄录者日人诚士纯所书。

谈。倘值翠华临幸，彼将以逊国之天子待之耶？中外古今恐无此例。将以退位之总统待之耶？其说可通，其意寖薄。万一竟如曹卫之不礼焉，陛下将何以为情？以天子出，以庶人返，不知随从诸臣及首先建议之人，何面目以见同列？臣辄为陛下寒心也。

又闻民国近日已有移宫之议、裁撤优待费之说。夫以袁世凯之元恶大憝，尚不敢居尧之宫。即优待费，亦载在盟府，誓无改易。何物竖子忽发狂言，毋亦闻有出洋一说始萌此念乎？彼将谓我自弃其宗庙社稷，彼乃从而取之耳。未举足而祸已至，此夫又安可行乎？

难者曰：移宫撤费与出洋无涉。即不出洋，彼欲恃强移之撤之，又将奈何？应之曰：彼虽恃强，未尝不自知非礼。我据理以争之，峻词以拒之，誓此以守之。彼方以文明自诩，耻居野蛮，未尝不可以服其心而夺其气。以视授人以柄，无可置词者，为何如也？天下闻知我皇上英断如此，其孰不乐为致死？天祚大清，庶有反正之一日也。昔少康缵禹绩，光武绍汉统，并在一二十年以后。今民国虐用其民，亿兆皆思清室。衣冠不改，汉腊犹存，是其明证。又何必亟亟于借外援乎？

孟子曰："效死勿去。"晏婴曰："若为己死，而为己亡，非其私昵，谁敢任之？"臣辄吐不讳之言，伏望圣明采择。谨奏。

附片一

再，国书翻译，自我朝入关以来，以至道光年间，凡属旗籍，类能通晓。咸同以降，旧俗渐漓，不甚重视。臣幼时仅识清字，而清话清文多未谙习。臣尝愧焉。

伏查康熙间御纂《资治通鉴纲目》、《性理精义》、《古文渊鉴》诸书，皆不用合璧之体①，而以清文为单行本，颁赐各部落

① 合璧之体，指满文与汉文对照。

蒙古王公，俾读其书而明其大旨。当时理学名臣及文章大家，往往有心知其意，而辨析未及毫芒者，则以国书浅显之言，明往圣深微之理，如匡鼎之说诗解颐焉。乾隆中，清书翰林翁方刚最为精敏，袁枚则以不善国书见黜，盖欲声教之普及也。

臣以为，我皇上宜妙选精通翻译者数人，逐日进讲前项各书，以裨圣学。夫重译者，舌人之职，非至尊之事，而国书则祖训也。以法祖之心，得通经之益，较之西洋语文，当有乔木幽谷之不同矣。谨奏。

附片二

臣以宣统元年疏陈新政之害，又因病乞骸骨，奉旨准其开缺。九月来京，叩谒孝钦显皇后梓宫，时德宗景皇帝已暂安梁格庄，不及驰赴。

辛亥九月，西安变起。臣适寄居满城，逃至平凉，电陈贼势，奉命督办陕西军务。虽前后克复九城，而道梗未经奏报。旋奉孝定景皇后懿旨解兵。壬子，袁世凯索臣急，乃出奔库伦，乞师不应。癸丑又奔日本，丙辰回国。丁巳，张勋举义，臣又未能即时入都。臣之罪大矣。前师傅臣梁鼎芬曾以臣之照片进呈，臣亦仅得识圣容于画像。十余载患难君臣相隔如此，亦可伤已。

前岁庚申，臣忽患风疾，目眩头昏，腰强脚弱，动履须人扶掖，今二年余矣。常恐先犬马填沟壑，不克申其素志，愿得以片言悟主，虽死无恨。覼缕以闻，伏乞圣鉴。谨奏。

二　遵旨陈言疏　壬戌十一月

奏为遵旨陈言事：

窃臣于十月十二日恭请圣安，仰蒙召见，赐座赐茶，并赐朝马。凡此异数，非臣所堪。又蒙温谕褒嘉，许以随时奏事，敢不竭尽愚虑，以冀仰答万一。

臣闻天子以天下为家，未有不先修齐而能平治者也。方今恭睹大婚礼成，中外相庆，人心所向，天意可知。虽当时局殷忧，尚属国家闲暇。臣以为，我皇上所以上承天意慰人心者，惟在典学一事。朱子注《关雎》首章，引匡衡之言曰：“情欲之感，无介于音容；燕安之私，不形于动静。”盖诗之意旨，即礼之精神。古圣王非徒自苦也，昭示左右，垂训来兹，以绝揣摩窥伺之萌者，道不外乎此矣。且又亲贤士大夫之时多，而近宦官宫妾之时少，故见闻不囿凡近，而阿谀者皆在所鄙夷。果能此道，则圣德安得不日隆，圣学安得不日进哉！

臣又谓：经史之外，掌故宜先，于列祖列宗圣训实录，尤望我皇上勤加省览。深维既往，默运将来，以陛下大有为之天资，应日后不可失之时会，舍学无以为功。臣又闻，国朝未设弘德殿以前，虽皇帝亦在上书房读书。是以，上书房有汉师傅，次则有满洲谙达、蒙古语谙达、弓箭谙达各数员。惟汉师傅专用翰林出身。今拟略仿其意，选品行端方、学术正大、精一艺或兼通数艺者数员。无论天算、地舆、文学、武备，以及律吕、书画等类，不拘出身，并准在上书房行走，统名曰谙达，循旧例也。仍宜令师傅保荐，以昭郑重。陛下随时临御，择善而从。《记》曰：“藏焉，修焉，息焉，游焉。”《论语》云：“游于艺。”斯则陶淑性灵，无苦拘束，事便而可行，岂不胜于声色狗马之好哉！或云，经费无出，未易措办。夫此数人者，非图利禄而来，得陪供奉，荣幸多矣。月奉二三百元，周年不过万余元之谱，较之无益之费，孰为得失？

臣不揣冒昧，敢献刍荛，不胜惶恐待罪之至。谨奏。

三　谣言繁兴请静以制动书　癸亥六月

奏为谣言繁兴，人情惶惑，请陛下静以制动，勿为所摇，以定民心而固邦本，恭折仰祈圣鉴事：

窃见近日报纸纷传三事：一曰自撤帝号，一曰辞优待费，一曰出洋游历。离奇荒怪，令人发指。

夫出洋之不可，去岁臣曾上书备言之矣。辛亥之变，孝定景皇后懿旨逊国，不过交卸政柄而已，帝号自若也。袁世凯元恶大憝，尚不敢议及于撤帝号，历任总统亦皆因之。然则，帝号者非彼所能撤也，彼不能撤而欲令我自撤之。优待费载在约章，不能如数，民国应负其责。在彼责无可卸，而欲令我自辞之，可谓忠于为民国谋者矣。

臣知此等邪说断不能误我明主，但恐左右或不免有为所动者，朝夕而浸润之，不无可虑耳。今天下享民国之福利十有余年，亦即餍足矣，追思旧德乃益恍然。夫天下尚有故主之思者，实系于我皇上一人之身，若不持之以敬慎，则天下何所仰望？且万姓尚不忍弃陛下，而陛下又何忍舍万姓乎？

方今总统遁矣，阁员散矣，则民国之亡翘足可待。此真反正之一大机会，徐以图之，静以俟之，万不可仓卒张皇以扰乱之。以陛下大有为之资，倘或因小不忍之故，而为前所述三者之误，是不知民国之将亡而反以身先之。言念及此，甚于贾谊之痛哭矣。

臣观前史，臣之谏君无过唐之魏征，君之纳谏亦无过于唐太宗。然臣独谓魏征之敢谏为真，而唐太宗之纳谏，犹或不免于伪。何则？征死未久，至并手书御制之碑文，不惜仆之碎之，盖其容忍既久，蓄怒甚深故也。臣以魏征无能为役，而所望于我皇上者，则愿远迈唐太宗，而上追三代中兴之令主，将来垂之史册，虽驽劣如臣，与有荣焉。

然臣亦非为希荣计也。当此时局，不如是则将有更不忍言者，是以喋喋不能自已。昨见南书房行走臣王国维有条陈时事一折，与臣所怀大致相类，因劝之上达天听。王国维为臣所荐举，臣诚不知远嫌。然宋儒程颐有言，避嫌者内不足也。臣辄引以为解。不胜冒昧待罪之至。谨奏。

四　密献刍言疏　癸亥七月

奏为密献刍言，仰祈圣鉴事：

窃臣两蒙召对，皆谕以近支无人。臣以为，近支未尝无人，特在左右者非其人耳。溯自辛亥以前，秉钧者为庆亲王奕劻，昏庸误国，无足追论。其时或判度支，或领海军，或典军咨府，率皆惟新是务，轻易旧章，上侵主权，下窘疆吏，遂致天下骚动革命，因而弃之。推其致此之由，臣实不能曲为之讳。以宗亲言之，陛下但宜优加恩礼，不宜假以事权，俾令知悔前非，不敢妄萌他念，则亦保全之道也。

臣又闻，毓庆宫伴读有儇，薄寡行者，非特无裨圣学，或恐有妨圣德。臣以为宜罢退之，非奉圣旨不得辄入内廷。其他外戚无执事者，并照此例，以肃宫禁，而绝嫌疑。别选近支有学行者，入值上书房或南书房，与供奉侍从诸儒臣讨论有用之学。[①] 皇上或时一临幸，以鼓舞而振兴之，则所以备他日之用者无穷矣。

臣不揣冒昧，窃怪举朝初未有言及此者，则率以疏不间亲为解。臣愚以为：臣不爱君，惟知君父而已，他非所恤也。然《易》有云："君不密则失臣，臣不密则失身，机事不密则害成。"愿我皇上密之，无使臣独被以疏间亲之名而为举朝所笑。臣不胜感激恐惶之至。谨奏。

五　请保护储藏疏　癸亥七月

奏为请保护天府储藏，以杜奸谋而充度支，谨陈管见，仰祈圣鉴事：

臣窃惟辛亥国变，民国虽有优待之条，而岁费积欠至多，近

---

① 旁注：毓庆宫在京师紫禁城日精门内，清德宗典学于此。

年几十不一二，致我皇上取给于私产，去年遂有派员清理之谕。今且逾岁矣，在我尚未着手，而外侮则日益进逼。窃维皇室财产，民国已将地产侵占什九，所仅存者大内储藏已耳。而彼阁员、议员犹眈眈不已，热河、奉天离宫之陈设，民国既已借陈于三殿，势将久假不归，仍妄觊宫中之藏。每昌言天府所储乃历代传宝，非皇室所能私有，包藏祸心，已非一日。即春间谋改三殿为议院，着着进逼宫廷，亦莫非觊觎宝物所致。近且闻宵人梁启超、林长民辈，将立文化会，竟明目张胆，且用设立图书馆、博物馆之名，以隐谋我天府储藏，并于外报著为论说，以肆簧鼓，谋售其奸，而我尚未闻所以御之者。臣窃以为疏矣。

臣筹思再三，私谓莫如即以皇室自创图书馆、博物馆为名，亟设筹备处，移庋宝物。但京师饥军四布，变乱堪虞，莫如于使馆界内择地，庶得外人保护之力。惟据条约，我国不能于使馆界内购地建筑。臣闻德使馆顾问尉［卫］礼贤言，欧战以后，奥国尚未派遣使臣，馆地空旷，屋宇甚多，颇合筹备处之用，现由荷兰使馆管理。事关文化，与商租借，必可允从。移徙以后，甄别优劣。甚优者永为球图之守，余则售以充度支。如是则可杜彼狡谋，使不得逞。频年民国私争，近且不国。外府之寄不过岁余，仍归禁御，可以预卜。

至商借奥使馆，遣员亦须斟酌。因欧战之时德荷邦交至笃，英以荷亲德故，相嫉甚深，且英人性至忮刻。臣意即遣尉［卫］礼贤商借，事无不谐。若遣英人，转致阻碍。故事前不宜与英人庄士敦商酌。

管见所及，合并密陈。事机已亟，伏乞圣断批示遵行。谨奏。

六　事机危迫疏　癸亥八月

奏为事机危迫，谨陈管见，仰祈圣鉴事：

窃臣等前日闻圣驾巡幸颐和园，即日回跸。寻常游豫，本是细故，然臣等有不胜忧虑者，臣等素闻新进内务大臣中，有主张皇上游历外洋之说者，继之又闻主张皇上先以渐移驻颐和园。臣等思，该大臣受不次之擢，必为我皇上计安全，万无卤莽至此之理。

盖民国虽觊觎皇室宝物，尚未敢侵入禁御也。若圣驾遽行前往，则民国求之十余年不可得，虽以袁世凯之穷凶极恶，尚未敢公然启请者，今乃于无意得之。翠华①一发，彼必据约为辞，禁中不可复回，宝物自归彼有。不知该大臣之为此谋，为陛下计耶，抑或为民国计耶？且颐和园僻在西郊，又为民国兵队驻守，其安危视宫中何如？恐三尺童子亦能知之。而该大臣乃竟欲以陛下为孤注。万一如臣等所虑，则该大臣误国误主之罪，天下之人虽百喙，无能为之解也。

以前内府执事诸臣中，有因循苟且迹涉营私者，陛下毅然添派敢于任事之人，臣等方叹诵圣明，并以为新进大臣必能感激主知，力图报效。乃数月以来，未闻尺寸之展布，且引起反对者多方为难，上贻君父之忧。今且卤莽决裂至于此极，以视从前执事诸臣之瞻狥苟且者，其贻误大局且不啻倍蓰，不但孤负皇上付畀之隆，亦非臣等始虑所及。我皇上圣明天纵，必能虑及，此后车驾一出国门，则万事全非，当不至为所蒙惑，无待臣等之言。徒以安危之机，间不容发，且受恩深重，心所谓危，不敢不竭区区之愚，故敢具折密陈，伏乞圣鉴。

七　再陈管见疏　甲子

奏为再陈管见，仰祈圣鉴事：

窃臣旬月以来，闻皇上愤于肺腑近臣跋扈难制，遂有为皇上

---

① 翠华，指皇帝。

谋请缴屣荣名以图解决者，并闻节后即将实行。臣等闻之，莫不惶骇，但惟恐所闻未确，故先后以请止巡幸为辞，上渎天听。然再四筹思，有不敢不再渎陈者。

孔子有言，必也正名。名者实之宾，名存则实不亡，故饩羊之废，宣尼惜之。自辛亥之变，皇上逊政，订立优待条件，尚有以外国君主礼相待之条，宫中位号如故。此在民国之革命为不彻底，而在我则为基础未动摇。频年以来，彼之统一无期，而我之人心不失。故复辟之谣时作，实彼之恐惧日深，天下臣民喁喁望，莫不谓剥复[①]之期必不数稔。若由皇上自削尊号，在我言之，则尊严既失，保卫不存，宫中不复可居，宗庙不复享祀，且民生永沦于水火，白昼将化为九幽；而在民国，则以前优待条件各国之所公认，万牛之力不能移动者，今乃意外得根本解决。此不但臣民等为陛下计，万不宜出此，即陛下为臣民计，当亦万不忍出此者也。

夫肺腑近臣之为患，何代蔑有？譬如短褐之生虮虱，肢体之有创疡，沃以沸汤，施以药石，患立已矣。若不忍其痒痛，烧衣被，折床箦，以求绝虮虱，此已过矣。若饮毒药以求止苦痛，则世莫不谥为至愚。今之为皇上谋者，何以异是！臣诚知皇上聪明睿智，断不至为此所动。而犹以上渎者，因辛亥革命之变，不过鼠窃狗偷，而一二权奸，构辞欺罔，致成揖让之局，致我皇上蒙十余年之艰贞，苍生受无涯之涂炭。当日已误，今日岂容再误！

臣等甘蹈论事不实之愆，不敢贻国家异日无穷之悔，惶恐上陈，伏乞圣鉴。谨奏。

八　谣言沸腾请加考察疏　甲子

奏为谣言沸腾，请加考察，以息浮议而安人心，恭折仰祈圣

① 剥复，比喻盛衰消长之意。

鉴事：

窃臣等前因外间有皇上将移跸颐和园及出洋游历之谣，曾具折上陈。嗣由柯绍忞传谕：“朕并无出洋之事，嗣后亦不至近郊。”具见前项谣言尽属虚诬，臣等不胜忭慰。

乃日来谣言更甚，有谓曾于某西饭店见皇上与英文教习庄士敦者；有谓庖人于膳馐下毒，致庖人全行斥退，无人为炊者；有谓皇上欲罢斥肺腑近臣之朋比为奸者，而恐有阻挠，将出居英国使馆，以决成事者。

此项谣言，虽臣等至愚，亦知为虚诬难信。夫以民国政治不行，都会之地往往杀人，皇上焉有不懔垂堂之戒而至微行之理？庖人被斥，殆有其事，或因他项事故，未必便敢下毒。至近臣朋比，皇上可从容以渐斥退，别求可代之人，亦无出居英馆，乃可决行之理。以皇上之圣明，臣等何容更虑。惟细考此等谣言发生之故，殆一由于新进内务府大臣急于图报，近日奏陈裁节案，致宫中府中执事诸人咸为惴惴不安；一由于庄士敦近日于禁中设起居之所，致外间颇传其时时进言。往岁奉直之战，外间即传庄士敦为皇上于使馆界内赁屋，为临时避兵之所。在外国人但知重身家性命，而不知皇上必不能舍宗庙所在，而自托于外国国旗之下。此事在彼为效忠，而于中国大义则为不合。至于斥退近臣，更无出居英馆之理。若果有此事，将致我皇上威望体统于何地？在庄士敦虽有此谋，臣决皇上必无往理。

臣等闻，此次郑孝胥经皇上不次之擢，清产既不得端倪，意在以节费自效，而办事不得要领，急遽张皇，致滋纷扰。庄士敦教习英文，乃其专职，颇闻其于进退大臣等事亦往往干与，其意莫非感恩图报。而外人不知中国情形，所言尤多隔阂。臣等与庄士敦向不相识，有友人与彼至稔。庄尝与言：皇上与其拥虚名而无实权，莫若并此去之，出居欧美，考求西学西政，此为去危就安之法。彼固不知名者实之宾，名存则实不亡。辛亥揖让之局既成，天下人心尚得维系至今者，以皇上尊号犹在故也。民国优待条件有此一条，在民国，为革命一事未尝完成，而在我则为基础具在。万国承认之条件，如邱山之不可摇撼。频年民国时有复辟之谣者，即足见其忧惶之隐。

庄士敦尝谓，彼与英国政府凡有可以助皇上者，必加帮助。其实英国内政日非，自谋不暇，何能助我？若从其削号之谋，居夷之策，则中兴之基铲削殆尽。故臣等于庄士敦，知其必不能为我助，望其不害我事足矣。臣等下愚且能知此，矧在我皇上圣明天纵，必无轻信之虞。徒以在朝在野大臣中尚有比附庄说者，恐朋谋上陈以误大事，故臣等深愿皇上加以考察，并究谣言所由兴，有以静镇之。臣等幸甚！国家幸甚！

至此折所陈，关系重要，除臣等密商并令臣王国维缮写代呈外，未敢以语他人，求皇上勿宣示左右。合并附陈。

九 请养圣心疏 甲子七月

奏为时艰孔亟，请养圣心而维根本，恭折仰祈圣鉴事：

窃维近年以来时局日亟，内政之整顿无方，外侮之侵凌日甚。无论何人，处皇上之地，苦痛盖不待言，况以皇上之聪明处此乎。圣心由是不能无烦躁，烦躁之余，用人行政或不能尽合事理，于是一切计划遂不能行。圣心乃由烦躁而至于失望，有失望而邻于放纵。臣近日所闻，如车驾游幸稍频，赏赐稍滥。外间颇以为圣德之累，然臣有以知圣心之非乐于此也。

皇上以内府经费支绌，至于损衣减食，俭德为古所未有。至于畿辅告灾，乃不惜贷巨款以赈之。下至一夫一妇，有不获其所者，苟达圣听，必加赈恤，此皇上之仁也。近者，闻有外随侍刘某，本市井无赖，皇上稍加指使，以太傅陈宝琛之言而斥逐之，嗣闻复行召入。臣此次入都，本欲陈及此事，而闻皇上已再次斥逐，此皇上之明也。以皇上之聪明仁俭而卒不能无累于圣德者，窃恐养心之道未尽得也。

臣近闻圣躬日健，神力日增，不胜忻悦。此自得练习之力。臣更愿皇上练习圣心如练习圣躬，则事无不可为者矣。皇上有聪明之资，有仁俭之德。苟能扩充此心，持之以恒，则虽有外侮内讧，不足以为患。虽府藏空乏，至于不能自赡，而天心未去，民望所归，四海之富犹不难复也。若不善持其心，则虽有全盛之国家，亦不能自保。臣愿皇上毋烦躁，毋失望，先治其心，而后他事乃可治也。

夫昔人治心养性之说，皇上或以为迂阔而不欲闻。臣请言其粗者。皇上一日之中，除召见师傅及臣工外，其闲暇盖多矣。操练身体不过一二小时已足，此外十二时中七八小时，皇上果用之于何处乎？闻皇上于阅书不能耐久，即游艺等事亦不能有持久之兴味，然则欲增进圣德难矣。夫修身齐家治国平天下之道，皆载于经，而古来成败得失之迹皆在［载］于史，二者苟得其门户，决非苦事也。

皇上阅经史，试思古圣贤之言不验于今者几何？治乱存亡之所以然安在？用人行政之得失何若？则知经史二者决非淡泊无味。有所不达，则与儒臣共讨论之，务使每日之中必有数小时伏案，则圣心定矣。心定而后能静，静而后能虑，虑而后能得。此不独典学之法，即行政处事亦何独不然！未有心不能定而能审一事之是非利害，及其缓急轻重者也。

读书时间以外，亦宜力求高尚之嗜好，以颐养天和。内府收藏至富，皇上典学之暇，可出书画古器，与群臣共相观赏；或督率儒臣，令其编纂目录，考定源流。如此心有所寄，又有所养，则圣德日进，自不致有他累矣。否则，皇上既无万机之务，又无遣日之方，则无益之事兴；无益之事兴，则小人进矣。皇上今日斥逐一刘某，而方来之刘某且日进而未有已也。且无益之事兴，则费用广矣。皇上损衣减膳之所节省，不足以偿游幸一度之费，弄臣一掷之赏，则主计中之舞弊者得以为口实，而守法者有怨辞矣。今日情形，盖已渐有此兆。臣则以为，圣心之烦躁与失望有以致此也。皇上欲养圣心，必自切实读书始。皇上每日坐定数小时，初虽勉强，后成习惯则行所无事矣。

皇上骤闻臣语，或以为难。然臣知皇上之圣明，决不以难自馁也。孟子曰："责难于君，谓之恭；陈善闭邪，谓之敬；吾君不能，谓之贼。"臣不敢不以贼其君自待，故甚愿圣躬之力行此也。皇上诚能勉强学问，勉强行道，则圣心日有所养，圣德日有所进，治国平天下之道与用人行政之术日以练习，又加以皇上之聪明仁俭，天下孰不归心？民国失政，天怒人怨。他日天下不归于皇上将谁归乎？皇上苟不能养其心，以致声闻日坠，失天下士大夫之望与小民之心，则虽欲为平民亦不可得，唯在乎皇上自处而已。

臣伏处天津，去天甚远，所闻未必尽实，而所言又未免过危。然臣今年六十有七，加以衰病，不知进言于皇上之机会再有几次，故不揣冒昧，竭其狂愚，伏乞圣鉴。谨奏。

十　请安圣虑以俟天心疏　甲子八月　附片一

奏为请安圣虑，以俟天心，恭折仰祈圣鉴事：

窃臣于七月杪曾上封事，深以圣心烦躁及失望为虑，仰蒙皇上温谕，从谏如流，臣不胜钦伏感激。然观近日圣心似仍有烦躁不安之处，如迩者郑孝胥洛阳之行，及召见吴佩孚部将杨某是也。

夫民国诸将，今日尚无悔祸之心，此皇上之所知也。其势力盛衰无常，亦皇上之所知也。我之对彼，但以不生恶感而止；若与甲厚，则将见嫉于乙；待下隆，则无以处其上，徒亏损皇室之尊严，以启慢易之心，非计之得也。以我皇上之智，岂尚见不及此，盖有动于左右急功欲速之说而不及自制，亦圣心烦躁之所致也。夫以我列祖列宗之功德，皇上之仁明如此，民国政治之浊乱，人民之涂炭如彼。时势所趍，将来必有熏穴求君之一日。

天下之重，舍我皇上，孰能任之？然时未至，则虽竭人力，而或适得其反。时之既至，则虽欲辞让而有所不能。臣愿皇上先尽其在己者，而无求其在人者可耳。设令者民国当道悔往事之非，询谋佥同，奉还大政，臣恐我皇上宵旰之忧，有更甚于蒙难之时者。何者？皇上于治平之学、用人行政之方，尚未有完全之豫备，举措一失，补救为难。然则，今日天心之未悔，人事之未集，正与我皇上以预备之机会，而欲以巩我圣清无疆之祚也。

臣伏愿我皇上讲求经史，亲近师儒，深求治国平天下之道，详究用人行政之方，屏去见小欲速之心，放远行险侥幸之说，使民国将帅在迩者不敢轻慢，在远者不至怨嫉，以纾目前之害。中兴之基即在于此。

臣将有远行，所蕲者，惟皇上圣学之日新；所虑者，惟皇上忧劳之过当，而轻躁行险之说乘此而进，致误国是。前皇上命臣尽言，敢不竭其愚忱，谨具密折上陈。伏乞皇上圣鉴。

附片

再，臣尚有二事，不能已于言者：亲君子，远小人，固万世不易之理。然孔子曰："人而不仁，疾之已甚，乱也。"古语云："国君含垢。"方今懿亲之中，诚有孤负先朝、孤负皇上者。臣僚之中，亦有营私瞻徇不能振作者。皇上虽心知其非，仍宜外加礼貌，以安其心，勿使怨望，以致铤而走险，多生枝节。此一事也。

又，知人则哲，尧舜犹难。如郑孝胥，臣于宣统丙辰以后曾与共事，两主其家，交谊甚厚，初见其豪气雄辩，臣自愧不如，然徐知其自信太深，视事太易。其所规划，冒险任性，多不合事理。近日以近臣地位结交民国诸将，尤失策之甚者。愿皇上毋轻信其言，则宗庙之幸矣。臣十余年来奔走国事，为人所误多矣。即于郑孝胥，初亦以为豪隽杰出之才，历试乃知其轻躁偾事。然臣之误止于无功，而害止于一身，若皇上过信，则且害及宗庙矣。

此二事关系匪细，并乞圣明垂察。谨附片密陈，伏乞圣鉴。

十一　请养圣功疏　乙丑十一月　附片一

奏为急难虽已暂纾，请益加警惕，以养圣功，恭折仰祈圣鉴事：

臣维自去冬遭遇奇变，赖九庙之灵与我皇上圣断，竟得晏然出险。海内臣民莫不额手称庆。诚以圣上既脱危险，此后便可屏除外障，得专力于圣德圣学，以待时机。故虽宫禁二百余年之储蓄，近畿及陪都之资产损失殆尽，而不遑顾惜，盖所损者有尽，而所望者无穷也。

乃今者，乘舆莅津既数月矣，宜如何亟谋养成圣德，砥砺圣心，左右诸臣似尚未闻有进一言者。优游玩忽，日复一日。臣每至行在，见执事诸臣从容出入，或有自得之色，偶坐燕语，无异承平，寒暄之外，语不及公，一若忧危已去，后顾无虞者。臣窃隐痛于中，私以为此不祥之甚者也。古人居安尚且思危，今履虎尾而以为衽席，不但有伤陛下知人之明，即其平日高谈忠义，厚自期许者，亦不知安在。臣窃为诸臣耻之。伏愿我皇上躬为表率，尝胆自励，勿忘既往之艰危，亟谋将来之进取。每日宜自定课程，以若干时读书，若干时休养。仍有暇晷，可招臣僚之从政多年、谙练事故者，咨询辛亥以前时政之得失，以为异日措施之鉴诫。一旦天心向顺，乃可从容坐理，以副天下喁喁之望。否则时机虽至，将何以应之？时乎时乎不再来。诗有之曰：“毋然泄泄。”又曰：“自求多福。”臣望陛下一日三复此言也。

臣迩日以来，见臣僚泄沓情形，忧心如痗，以受恩深重，不敢缄默，自忘愚戆，迫切密陈，伏乞圣鉴。

附片

再，半年以来，臣或连日或间日一赴张园，见在津大小臣工，一切优游如昔，已不可解。又闻洋文教习庄士敦更有导皇上微服出游之事，尤所骇诧。中国名分尊严，人主之面，岂宜轻使众庶望见？庄士敦不知此义，虽不足怪，然不可使在左右，免致别生枝节。望宸衷毅然辞使退出，更择大臣中有器识学问者，轮日分班，进讲经史诸书，以为复辟后行政用人之准备，则天下无不颂陛下之明矣。

臣知识浅陋，罔所忌讳，不胜恐惧。谨附片上陈。

十二　闻开设讲筵谨陈管见疏　丙寅三月

奏为敬闻行在开设讲筵，下情欢忭，谨陈管见，恭求圣鉴事：

臣前者不揣愚陋，曾上封章，请皇上每日以若干时读书，若干时休息，余暇则招臣工中从政多年者，讨论近二三十年行政之得失，以为异日之备。仰荷天诏褒嘉，并谕以嗣后有所敷陈，可随时具奏。正深佩我皇上虚衷纳谏之圣心，乃甫逾一月，即闻躬御讲筵，选派讲臣，并由诸讲臣选定讲本，轮日进讲《通鉴纪事本末》、《千秋金鉴录》、《贞观政要》等书。臣逖听之余，无任欢跃。惟典学事大，尚有须加讨论者。谨书一得之愚，为我皇上陈之。

（【眉批】《帝范》、《通典》、《稽古录》）

一曰进讲之科目与用书宜详审也。帝王之学与儒生异，今约其门目，厥有三端：曰道，曰政，曰史。其进讲所宜，语道莫如四子书；语政莫如唐太宗《帝范》、杜佑《通典》；历史则宜讲司马光《稽古录》，并宜注重于本朝史事。

今分疏言之。道为政本，言治者必探源于道。宋臣真德秀尝撰进《大学衍义》，其书依《大学》纲领，先旁引诸经，以明义理；次采取史事，以资佐证，体例至善。今宜取熊赐履等奉敕编撰之《日讲四书讲义》为讲本，并宜略师真氏，或比附诸经，或证以事实，务须引申明畅。此为圣学之根本至重者。

至古之明君令辟，未闻有论政之书。有之，自唐太宗始。太宗手创帝业，躬历艰难，所著《帝范》十二篇，不及万言而悉得肯要，足与经典并行。杜佑《通典》，其书虽甚浩博，而总序一篇、小序九篇，隐括全书，与古今典制源流、政治得失，明如烛照，洞中肯綮。取以进讲，于典章沿革已得要领。其全书则用备乙夜之览，无烦讲说。史书浩如渊海，而司马光《通鉴》洵为资治准绳，但卷帙太繁，袁枢编为《纪事本末》，取便观览，无裨治要。惟《稽古录》仅二十卷，实能钩元提要。《朱子语录》称其可备讲筵。钦定《四库全书》总目谓，于历代兴衰治乱之故，反复开陈，靡不洞中得失，洵有国有家之炯鉴，有裨于治道者甚深，今宜取为讲本。至本朝历史，宜分为二期进讲：以开国至乾隆为前期，以考郅治之由。嘉庆至光绪为后期，以考陵夷之渐。而光绪戊戌变法，实为致乱之阶，尤宜编为政要，令讲臣直陈得失，以为异日之殷鉴。若《贞观政要》等，不过为参考之书。至《千秋金鉴录》，其书久已不传，今本出自伪托。《四库存目》记是书凡二本，皆荒谬不经，断无取以进讲之理。谨录馆臣所撰提要，用备睿览。此应讨论者一也。

二曰讲官宜慎选也。本朝以翰苑为学术渊薮，得人最盛，儒林文苑，多出其中。然至晚近，亦衰替矣。至改科举为学堂，正学益微。今选讲臣，宜广其途，以遴选宿学为先，不必限于一隅。即以臣言，固未尝学问，亦忝列乙科。从政太早，学殖益荒，故自知不学，从未敢以不知为知，欺罔当世。此次开讲《千秋金鉴录》，臣以未见其书，敬检《四库书目》，始知出于伪托。臣不知讲臣之请讲此书者为何人。要其荒疏不学，殆与臣同，而其不能敬慎将事，则臣愚之所未敢。是否可任讲官，应请加以圣断。惟臣愚以为，兴学一事宜分进讲与咨询为二。此次钦派讲臣中，温肃曾与修《德宗皇帝实录》，可令编讲《光绪政要》。其他诸科，以何人为宜，务须集思广益，令左右诸臣公同保荐学识兼优，品行诚悫，足可胜任者。然后由皇上审察任命，以昭慎重。

至讲筵余暇，别宜遴选内外官有政治经验者，与讨论从前行政得失。京津诸臣，若陈宝琛、朱益藩，从政有年，多闻故事；铁良曾长兵、户两部，袁大化曾任疆臣，亦宜轮日召见，以备咨询。即臣之愚钝，亦曾备官西陲，军民诸政，略有所知，若荷咨询，不敢以衰庸自诿。此于圣学当有所裨，是宜讨论者二也。

三曰为学贵有恒也。我皇上道德之勇，为臣所夙知。然学问之事，涵养以渐，非可顿进。始勤者，宜防终怠；进锐者，尤虞退速。每读圣祖、高祖御集，勤政逾于古人，励学同于寒士，亘六十年如一日。愿皇上效法祖宗，上承两圣。况方今民生倒悬，世乱已极，一旦天心悔祸，皇上若不即此时机早储政学识，临时何所措手？此尤宜警惕者三也。

抑臣更有进者：凡为广厦，先聚众材，矧于治理，须材尤众。尧以不得舜为己忧，舜以不得禹、皋陶为己忧。又《书》称，一个臣，不在有技，而在能容。历观前史，大臣能推贤与能，国必治；媢嫉专己，国必危。故人君之用人，宜任器识宏道之士，而舍偏私自用之臣。此为知人之关键，兴衰之根源。应请皇上持此以衡用事诸臣，以为举措之方，必能使天下臣民奋发自励，以图报称。

臣窃见今日士气日颓，人心日涣，至为可忧，意必有致此之由，故敢以为言。管窥之见，未知当否。本欲露章，请召集群臣公同酌议，惟夙仰我皇上宽仁慈厚，不欲显揭人过，故仍密封上呈，伏乞圣鉴。谨奏。

附 十三 论新政疏

为敬抒管见，仰祈圣鉴事：

窃奴才前于叩谒梓宫折内，附片略陈新政得失，仰荷圣明曲宥狂愚，不加谴责。嗣准军机处电奉监国摄政王谕，准将所见具折直陈等因。

伏念奴才赋性迂拘，素以不喜新政见讥于时。然待罪西陲，已经四载，如提倡农业，振兴商务，讲求开矿，敦劝考工，以及法政学堂等项，凡于大体无伤者，未尝不人云亦云，应有尽有。独于立宪一事，心焉疑之。嗣见中外无甚异议，故亦未敢固执己见，致涉阻挠。爰即派员赴江、鄂、奉、直等省考查办法。一面遵设咨议局筹办处，依限预备，以免迟误，历经奏咨有案。乃数月以来，细加体验，确知其有害而无利。倘再缄默不言，坐视大局决裂，不可收拾，不惟无以对我皇上，亦且有负先朝特达之知，而奴才之得罪天下后世犹其末焉者也。谨将管见所及，缕晰为我皇上陈之。

夫谓立宪之迫于时势，不得不然，固已人人知之，且共谅之矣。奴才窃以为，其中纲要有宜徐审得失者一，召集国会是也。有宜详加斟酌者四：财政、学务、军政、刑律是也。

伏查庚辛以来，谕饬变法，原为发愤自强之计，顾其时未议及立宪也。乃未几而考查之使出，未几而宣布之诏下。然犹徘徊审慎，未遽见于实行。两圣郑重此事之心，屡见明诏，煌煌遗训，敢不钦承。自上年各省要求国会代表到京，而后九年之期限定。然年限尚宽，试行庶政，尚可徐觇其利弊而补救之。迩来立宪条款，馆文络绎，朝夕敦促，若有迫不及待之势。在馆臣但期办法之画一，而未计及各省人民程度之不齐。奴才则深恐一发而不可复收，不能不为万一之过虑。

盖国会不难于召集而难于解散。不于召集之先预为解散之地，未可谓操纵在我也。尝见州县地方有要求免税免捐，以及争水遏粜，与一切假公济私之事，动聚千百愚蠢之夫，塞署哄堂，不可理喻。至以兵力弹压，始如鸟兽散。今试思此多数之议员，不齐之品类，而又明明出于召集，一唱百和，并自谓有协赞权。其实，高出于愚蠢者几何？将操何术以拒之乎？又安保无革命排满诸乱党杂厕于其间乎？

乃议者曰：立宪之国，其君主有神圣不可侵犯之尊崇。宪法一颁，皇室可以永固，而附丽于皇室者，亦可长享其富贵。奴才有以知为奸人立说之巧，以耸动执政之听闻也。“民贵君轻”之说，孟子言之矣，盖专为暴君言之也。《易》曰：“阳，一君而二民，君子之道也。阴，二君而一民，小人之道也。”

乃议者曰：伸民权。夫民权无由伸矣。所伸者，刁绅劣监之权耳。误信其言，而以为从民所欲，恐草野初无此知识，而深宫枉费其调停也。

议者又曰：专制政体不能容于二十世纪。奴才有以知其为奸人胁制之词也，因得而断之曰：以立宪尊君权而君权愈替，以立宪靖民气而民气愈嚣。近更有纷纷上请愿书，冀早开国会者。窃以为：九年之期限不特不可缩短，即至九年后尚须体察情形，再饬施行。此奴才所谓宜徐审得失者也。

财政者，国家与闾阎公共之命脉也。我朝宫闱节省，超越前古。综计乾隆以前，部库岁入之款不及现在之半。其时普免钱粮，而府库充溢。近来出款数固增加，然先后比较，通盘筹画，讵无可节之流。议者乃谓：立宪以后，便可责国民以担任义务。然彼不又云乎：立宪之国，凡有所举，必经国会认可。假使国会起而抗之，则所谓国家税、地方税与国民一切应担之责任，能保其必行乎？江浙漕赋倍重于天下，使诸税尚未认可，而该省议员要求平均旧赋，更将何以处之？州县各官，廉俸微薄，优瘠互调，略可调剂。现议匀缺，若果一律从丰，安得有此巨款？倘使不足自给，势必取偿于民。纵日取一官而劾之，恐元气已朘削不少矣。

又，各省外销或因格于事例，或以留备缓急，非至不肖，孰肯侵挪？乃计臣不谅，今日调查，明日搜剔，派员设局，终日皇皇，利源不增，徒加冗费。即如近年考查铜元，调查土税，使车四处。在上既开支薪费甚多，在下亦供支应酬不暇，而于公款毫末无补。今者监理财政之使又请简派矣。岂督府［抚］司道不可信，而监理独可信乎？岂督抚司道互相蒙隐，监理不能蒙隐乎？设他日监理转升督抚司道之时，又将何如也？部臣原奏谓，无吹求之心，更无提取之意。然则，又何必多此一举耶？为今之计，惟有就各省土宜物产，振兴工艺实业，以开其源，裁并新政局所，删汰繁费，厘剔中饱，以节其流，庶几量入为出，官民无扰。奴才谓宜详加斟酌者此其一。

学务者，国家与风俗隆污之关键也。自停科举开学堂以来，合京师及各省算之，糜费以千万计，阅时以八九年，成效未睹。而学生嚣陵之习，挟制官长，干犯名义，时有所闻。东南风气最先，弊害最著。通西学者，不过能充翻译买办；精格致者，不过可为艺士之师。其邪僻而无所长者，乃至勾结匪徒，倡言无忌。平权革命，并出其徒 。此教育失序，重末轻本之所致也。四子五经，束之高阁，乃列外国语文为必修，虽外人亦讥我为丧其所宝也。孔子曰："惟孝友于兄弟，施于有政，是亦为政。"有子曰："其为人也孝悌，而好犯上者鲜矣。不好犯上而好作乱者，未之有也。"孟子曰："人人亲其亲，长其长，而天下平。"按孝友、亲亲、长长，是弟子分内事也。施于有政及天下平，是弟子分外事也。今之学生，多置孝友亲长于弗顾，乃亟亟焉以冀为政而平天下。坐此病者，十人而九不自知其已堕入犯上作乱地步也。艺通测算，归而薄其父兄。语解侏离，出则易其服色。后生如此，进境可知。学程不改，后患方大。奴才所谓宜详加斟酌者此其二。

军队者，国家与地方安危之左券也。改练新军，意在建威销萌。闻成效素著之江、鄂、奉、直等省，亦仅衣帽、步伐整齐可观，平居、卫生洁净自喜。此兵家之末事，非其要也。上年安徽兵变，隶属新军，其首恶且系武备毕业学生。江南征兵，亦有与巡警冲突情事。流弊至此，可为寒心。近闻陆军部采中央集权之说，意欲将各省自镇统以下、司务长以上，皆由部中选卒业之学生充之，以收统一之效。果尔，则头目不胜其重，而四肢痿痹无用矣。

夫中央，犹太极也。合言之，则以京师为中央；分言之，则各省以省会为中央。犹之物各具一太极也。譬诸一身，京师其头目，各省则四肢也。方今非有外重之弊，督抚所练之兵，无不听部臣调遣。部臣所派之卒，或将抗督抚之命令，其势然也。推之度支部之于财政，学部之于学堂，法部之于刑案，以及民政、邮传等部，类皆欲收统一之权。夫此时何时也，非彼所谓立宪时代乎？君尚让权于民，而部臣则欲集权而专制之，孤上之势，削旁之柄，此何理也？谅该部臣亦虑未及此。奴才所谓宜加斟酌者此其三。

刑律者，国家与人民修省之木铎也。近时修订法律大臣所拟民刑诉讼法及刑律总分草案，大致改重从轻，即俗吏与刑幕所称救生不救死之说，原不值识者一噱，业经先后分别签注咨复在案。独其自谓欲收回治外法权，则尤不得不办。中西种族不同，故刑法轻重互异。欧美各国交涉，视其足之所履，归其地方审判。我诚有以自强。外人之在中国者，不难就我范围。否则刑法虽轻，彼终不能视为平等，而徒破坏历代执行列圣鉴定之律例，为作奸犯科之辈曲尔恺悌，甚非谓也。

又，罚锾一事，虽见《尚书》，而不可行于今日。盖民穷财尽，反轻责而重罚；官吏贪酷，复因缘而为奸，益使富者得藉以横行，贫者终莫由自赎。所谓廷尉天下之平，固如是乎？而况奸宄接迹，盗贼充斥，既昧刑乱用重之义，终启水懦民玩之虞。奴才所谓宜详加斟酌者此其四。

总之，宪政果行，虽有暴主，不能虐民，此其利也。然有圣君，转致不能泽民。何则？无负担，无责任，拘挛于法，深宫高拱之中，莫由屈伸也。西人尝谓，中国之事坏在吏与例。所论当矣。顾宪法之与例，有何异同？而议员之结党，试较吏之盘踞把持者，其祸孰烈？不待智者而后知也。

夫宪政之不可行，固非奴才一人之私言也。往者，内阁学士文海曾言之矣，然犹曰“顽固未化”也。上年考查宪政大臣、侍郎于式枚亦言之矣，然犹曰“界乎新旧之间”也。日本法政大家，如寺尾亨、岛田俊雄、中村进午辈，其所论中国立宪问题，亦莫不以为危险。夫名医之治疾也，猛烈之剂或出寻常拟议之外，甚至有以毒攻毒而竟用砒霜者。用之适宜，未尝无效，然而孝子终逡巡却顾，而不敢进其亲者，何耶？夫岂不欲疾之速瘳乎？诚不忍以亲之死生供医者之试验也。奴才区区款诚，亦类是已。夫以近日浮薄少年之无知，与一班留学生之不更事，而遽以请愿之书主持朝局，谓不如此不足以救亡。岂非天下之大惑乎？伏愿我皇上乾纲独断，勿尝未達之药，而轻听浮薄不更事者之言。天下幸甚，臣民幸甚。

奴才诚忧之深，故不觉其词之复，非沽直言敢谏之名，窃附责难陈善之义。悚惧迫切，不知所云，谨缮折具奏，伏乞圣鉴。谨奏。

附　十四　王忠悫公敬陈管见疏[①]

① 本篇及下篇以《王国维先生遗折二章》发表于《文教资料》2001 年第 1 期，并收入《王国维全集》，浙江教育出版社、广东教育出版社 2010 年版，此处略去。

十五　又劾大臣不明事理疏

罗振玉附记

右二疏。前一疏，螺江大傅[①]谓，在内廷者遇事面陈，不必具折，阻勿上。后因升相[②]疏中及之，上索观，乃呈乙览。后一疏，乃公原稿，寄予商定者。予为删酌，别写寄之。嗣因郑以事机不利，南归，遂未上。予所删酌本，今无副稿。故兹仍录公原稿。振玉附记。

辽海焚余稿

自　序

粤若我圣清，奉若天道，抚有方夏。圣圣相承，勤政爱民，轻徭薄赋，致民数孳生至四万万，为中土历朝所未有。逮至我宣宗、文宗，至仁至俭，超越前古。顾以欧人迫互市，秉政诸臣昧于外情，和战无定，致启戎心。德宗御宇，当发、捻、回三逆荡平之后，元气未复。不幸而值法越与日韩之役，廷臣茫昧如昔，复以虚矫启衅。驯至国威日替，然民生安堵则如故也。

又不幸，甲午之后，在野士夫愤于积弱，邪说朋兴，横议蜂起，内外大僚，为所耸动，遂由变法而定立宪，改政体。用是海内骚然，群盗弄兵，而权奸应之，于是遂有辛亥之革命。

东三省地处艮维，为我王迹所肇基，国家定为陪都。地大物博，蕴宝至多，盖隐留为异日中兴之地。关内虽糜乱，此犹可为干净土。乃当日守土大吏，虽满洲世仆，而孤恩附逆，遂致白山

① 指陈宝琛，字伯潜，福建闽县螺洲人。

② 指升允。

黑水沦于藩将者垂二十年。嗣守者乳臭小儿，淫昏不道，甘受关内之煽惑，致启衅于邻邦，于是遂有辛未之兵事。

予自中日战役以后，私以为国有兴立，亲仁善邻，古有明训。甲午一役，兄弟阋墙，为大东之不幸。逮国变，避地海东。世变日亟，意谓必有明辅车唇齿之义者，乃久无所遇。

戊辰，寓旅顺。友邦关东军司令官畑大将，以禹域之乱不已，将危及大东，询予以已乱之策。予对以，当两国相提携，先罢共和复明辟不可，由满洲以复关内。畑韪之。方谋进行，而畑遽逝。嗣高山中将公通，过旅顺，询予如畑大将。予即以答畑者答之。高山君问措手之方。予对以当阴联三省当道有势力者，并荐熙君格民[1]。高山君怡然归，以语参谋本部。寻贵志中将来，密筹一切。

及柳条沟事发，板垣参谋遂邀予与熙君定约。于是，遂有壬申之“满洲建国”。予既与熙君定议，并如夙约，拟通电，过奉天以示板垣。板垣请开参谋会议以决之。议既决，乃奉迎我皇上于津沽。比上莅辽，而政体忽中变，予为震骇。而上亦谓，辛亥以共和误国，不忍更以害关内者害丰镐[2]遗民，坚谢之。而郑苏龛少府则谓，当委蛇以应机，不可固持前约。于是，乃定新国政体，先为执政，而徐改帝制。

先是予面奏圣上谓：臣频年奔走国事，所以体圣主救民之心，尽臣下应尽之责，非因以为利。事定，求许臣退隐，以酬素志。上俞之。故新国既建，授参议，予立辞。乃蜚语横生。逾年，上令勉就监察院长以辟之。荏苒三稔，卒无报称。屡请退，久乃得遂。

虽在职时偶有陈奏，而均格不行，即此编所载者是也。编中

① 熙洽，字格民。

② 丰镐，周朝旧都，借喻满族发祥地。

除长监察院诸疏外，其关筹议建国诸文字，虽言之无效，亦附卷内，以志予德薄能鲜，不克感孚于同列，为可愧也。编写既竣，颜之曰：《辽海焚余》。其在津门官南斋时五疏及杂文，亦附载卷末。此均当焚弃而未焚弃者，盖将以示我后人，俾知我平生所素蓄而已。

戊寅四月[1]

仇亭老民

一　辞参议府参议呈　壬申　昭和七　满大同元　民廿一年　（略）[2]

二　衰病乞解现职疏　甲戌　昭九　康元　民廿三　（略）

三　辞授勋一位疏　甲戌　（略）

四　请厘正法律行政之不当疏

为请厘正法律行政之不当，恭折仰祈圣鉴事：

窃臣维法律者行政之准绳，赏罚者国家之重典，而法律必根于政体。今我国政体既定为帝宪，采用内阁制，与友邦之日本正同，则法律取资于日本，固其宜也。然今所定法律，虽曰取资友邦，而有似是而实非者。即以赏勋之一端言之。

赏勋为皇帝特权之一，最为郑重。在日本，于内阁设赏勋局，以简任官为总裁，直隶于内阁总理；并设赏勋会议，选任议定官十五人，亦以简任官充之，以总裁为议长。今我国亦设恩赏处，则隶国务院总务厅；亦设恩赏会议，而由总理大臣为议长；亦选议定官八人，然皆特任官，而由议长委派。其制度已显然

---

[1] 旁注：昭和十三年。

[2] 原稿略，下同。

不同。

其在日本，赏勋局不过为行政机关，恩赏实裁之自上。其议定官虽不详载如何选派，然为简任官，其由内阁总理奏请殆可知也。

今我国议定官皆特任，计宫内府大臣一人，参议府议长一人，参议二人，监察院长一人，部臣三人。其在部臣与总理大臣，同为特任行政官，可否由总理大臣径派，已应讨论。若宫内府、参议府、监察院三机关，皆直隶我皇上，与国务院不相统属。以臣之愚，谓非由国务院奏请不可。今由总理大臣径派，此皆由恩赏会议规程根本错误所致，此恩赏会议规程第四条必应改正者一也。

授勋礼式，在日本二等以上皆在宫中赐授，勋一等由天皇亲临赐之，二等则由赏勋局总裁奉旨授与。其不在宫中赐授者，由赏勋局总裁传达所管，适宜设式授之。

今我国勋一、二等礼式立在宫中行之。一等为皇上亲授；二等由总理大臣奉授，而奉授礼节未定。致此次二等奉授式，系总理大臣居中正立，受受勋者敬礼。臣窃以为未妥，亦宜适宜设式。当上设御座，总理大臣侧立，受勋者就礼位。总理大臣趋授勋章，既毕，仍就侧位。然后受勋者向御座行敬礼。授勋证，礼如前。宜本此早定授与式例。此不合之亟应改正者二也。

授勋证书，在日本，则一等由天皇亲署，钤用国玺；内阁总理大臣奉旨令赏勋局总裁记年月，署名其下。三等以下则但钤用国玺。今我国勋证，虽有“奉旨”字样，而钤国务院印，署总理大臣名，恩赏处长随同副署，实有未妥。此勋证之亟应改正者三也。

日本恩赏凡四类：曰爵，曰位，曰勋，曰功。四者不相混淆。日本之位，犹中国之品。勋以等计，功以级计。今合勋、位二者而称勋一位、二位，实属混淆。此名称之应改正者四也。

考以上致误之由，皆因三月一日改变政体前，法制局长三宅福马仓卒具草，参议府亦因时日急迫，匆遽通过。今不应承伪袭谬。臣于礼制法律，知古而不知今，故悉援据日本成法为比。且礼制所以定尊卑，别嫌疑，明是非。虽古今制度不能无因革，而其精神则万世不能或二。臣谨据监察院法第十七条职权，谨具陈应改正之由。谨请我皇上下臣此奏于国务院、参议府，俾早日厘正。

所有日本赏勋各法令规程，节译写呈，上供御览，伏维圣鉴。谨奏。

此疏以六月十三日上奏。十九日由宫内府大臣钞送国务院、参议府。乃逾月不得院、府奏复，乃上第二疏。

五　纲纪不可稍弛疏

为纲纪不可稍弛，是非不容不明，谨再疏，仰祈圣鉴事：

窃臣自上月十三日，本监察院令第十七条职权，具陈法律行政上不合应行改正事，闻已分交国务院、参议府核议，乃至今尚未见议复。伏念臣才识谫陋，所陈或未合事理，亦未可知。惟臣职权所在，不敢不言。其言可采，即应改正施行。若所言未当，即应议驳。其所言不但未当，或尚有违法徇私情事，即应由皇上加以惩罚，以儆妄言。今既未见采用，亦未闻议驳，臣实中心惶惑，不自知是非之所在也。至前次奏陈，尚有言之未尽者，谨再详悉陈之。

此次勋证钤用国务院印，或谓系临时暂用，以后正式证书即钤用国宝，已见明令。然窃维国家名分大义，不容斯须假借。矧当日受勋之人首为元辅，而勋证前后均署元辅名，中间即用国务院印，是自授而自受之，岂不嫌于滑稽，国家大政等于儿戏！臣诚不能为之解也。

至行奉授式，或谓日本亦是正立受礼。臣窃以为，“满洲国”情与日本不能无异。缘中国二十余年来，纲常名教大防抉除已尽。今国体既改定为君主，首当正名定分。且考之中国数千年礼制，即摄位之尊，亦无敢受臣下拜礼，“嫌于二君者”。尝见汉人石刻负扆图画，成王中立，周、召旁立夹辅。且征之近事，宣统初年，醇亲王摄政，群臣皆向养心殿宝座行礼。摄政王但于东暖阁设案，西向听政，不敢南面，礼防固至严也。

至于勋等改为勋位，臣询之知民国近事者，谓袁世凯时，酬其僚佐之功，初拟用五等之爵。嗣以民国无君主，不合授爵，乃变通，创造勋一位至五位以代之，而寻常授勋仍以等计。今我国政体既改君主，何以沿用民国之制？此袭人之文而不解其义之所在也。

又，国家定立规程，断无自定之而自违之之理。恩赏处临时授勋规程既明定：受勋之人以大同建国至康德改元，服官一年以上、功勋显著者为限，而何以授二位者有吕荣寰？查吕荣寰任哈埠市长在去年七月，既未逾年，亦无特别功绩，实违背条例。张景惠曾加驳难，固其宜也。

抑又闻之：赏罚者，国家之大用；进退者，人臣之大节。建国以来务从宽典，赏逾于功，罚不及恶，凡褒典所加，每邻冒滥。而应黜罚者多自行辞职，不复完治。倘永久如是，纲纪将无由振矣。

臣幼诵先贤之书，至陈力就列，不能者止；血气既衰，戒之在得之训。又尝遍览前史，恒见臣工暮年，贪荣恋位，致破败决裂，祸定邦口口口[①]，随之者比比有之。每掩卷太息，为之凛慄。盖人年六七十，即体魄尚强，精气实已内竭。伊尹、吕尚，千古能有几人？故臣于建国之初，自顾衰庸，屡辞恩命。及去

① 手抄者注：书写真不良，三字不明。

年，奉命长监察院，又固辞不获。乃陈明：暂时承乏，数月后若毫无报称，求严旨罢斥，绝不敢避罪，自行辞职，致隳纲纪。

及受任以来，目击纲维日弛，爰就其乖违太甚者，请加厘正。仍复未敢自信，故请由参议府、国务院核议。今已兼旬，违失既未厘正，是非依然未明，不得不再求咨询参议府，从速核议。该府参议皆国家重臣，受朝廷倚畀之隆，纲纪是非关系至重，断不至顾忌缄默。若臣所言未合，咎实在臣，亦请皇上迅加黜责。雷霆之威，请施自臣始。

所有臣再疏渎请缘由，伏祈圣训施行，无任恐惧悚惶之至。谨奏。

此疏以七月初上奏。十八日，由国务总理大臣郑孝胥奏。“为恭请圣鉴事：窃臣准宫内府大臣沈瑞麟函开，罗监察院长奏请厘正法律行政之不当一折，业经呈览发下，相应抄送贵院查核办理等因。准此，查罗院长折中属于国务事项，臣拟慎重研究，妥筹办理。伏乞陛下假臣时日，再行奏复。不胜惶悚待命之至。谨奏。”

乃又四阅月，至十二月十日，始于宫内补行恩赏会议，议定官亲任式，以后续补之议定官，亦皆由亲任。嗣后宫中奉授式，亦改为总理大臣旁立恭授。所补救者仅此一二而已。

六　请罢黜不职自微臣始疏

为请罢黜不职自微臣始，以肃纪纲，以警有位，恭折仰祈圣鉴事：

窃维古者设官制禄，所以代耕，陈力就列，不能者止。人臣之取兴进退，关系于国家者甚大。我国肇基之始，制定官俸已至优极渥，为历代所未有。且俸给之外，又有退职金，在行政官又有交际津贴，有慰劳金。所酬愈厚，则报称愈难。且此项俸给，罔非取之于民。

试问：今之民生，果已措之衽席之安而后取之乎？抑尚在颠连无告流亡未复之时乎？又，士夫之仕，当谋国家人民之丰乐乎？抑为一人之身家丰乐乎？臣意：国家如此制禄，在贤者则损其志，不肖者且益其过。当军人时代，般游淫乐，厉民不已。今亦宜稍稍革除矣，而尚未减于昔者，禄太厚故也。此所谓不肖者益其过也。贤者立朝，当以勤俭刻苦，先己后人，表率庶僚。矧当军人淫虐之余，正国奢示俭之日。若坐享高禄，而所以宣力于国者，未必称是。驯至习而安之，此所谓贤者损其志也。

今我国大僚俸禄益厚而责任转轻，致已仕者遂恋禄而患失，未仕者遂非分以干进。国家纲纪，虽欲不废弛，其可得乎？今禄制既定，未能遽改，补救之方，亟宜议罢津贴、慰劳各项，以纾民力，并黜退不职，示高禄非可以幸邀，纲纪不可以久弛。

伏念臣备位监察院，今已逾年，整饬纲维为臣专责。然扪心自问，应饬之事几许？而能整饬者几何？质直言之，亦尸位素餐，虚糜高禄之一人已耳！孤恩溺职，内疚日深。故屡求斥退，皆未蒙俞允。今惟有仍恳我皇上，即日罢免，示天下以黜陟之至公，昭人臣进退之大义，以戒有位，则纲纪不期正而自正矣。昔郭隗请自隗始，以登进贤能。臣亦请自臣始，以黜退不职。

天下之大，何患无才？但坐尸位者，恋禄妨贤，使登进之途日隘耳。盖国家之用人，如披沙拣金，几经淘汰，而人才乃出。臣款款之愚，尚祈圣明俯如所请，国家幸甚。臣临颖不胜悚惶之至。谨奏。

予就职数月，访得国务总理及各部院大臣、次长，于明定正俸、津贴、秘密费外，别有劳金，分甲、乙、丙三等。甲，月七千元，乙，五千元，丙，三千元。此项开支，未尝提出国务会议，亦未明列岁出预算，而由第二支付金付之。闻之至为骇异，乃饬植田审计官密查属实。且知此项开支，每月由总务次长阪谷，将全数交总理秘书官郑垂，由总理具领受证。然后，分给各部院长及次长，亦未明示等差及额定数目，故各部院长所得，往往与实支不合。

当因此案关系甚大，乃入宫面陈。谓此案虽各部院均受此项劳金，而机括责任全在总理。秘密中又有秘密，案情重大，未敢冒昧揭参，但有请旨办理。奉谕嘉奖，谓办事精密，不负职守。并示以前暂置勿究，今后必须设法截止。

予乃径诣国务院，面诘郑总理，总理亦不能讳饰。因戒以从本月起，必截止此款。郑唯唯。复饬本院审计部长，函知国务院远藤总务厅长，从本月停发。乃不数月，仍由阪谷次长补发半年。

予自惭尸位，乃上此书乞退，奉旨勉留，然此后遂如仗马之不鸣矣。书以志愧。

七　大臣违法溺职疏

为大臣违法溺职，谨呈臣院监察部长所具意见书及事实，恭折仰祈圣鉴事：

窃臣顷据臣院监察部长品川主计面呈：弹劾立法院长赵欣伯意见书及事实，并声述该立法院长赵欣伯当建国之初，膺受重任，乃不能洁己奉公，整躬率属，竟将该院秘书厅为私权所在，紊乱国家定制，干犯至尊任官大权，干没职官奉给。种种违法不合，已由本部监察明白，证据确凿，已经全部议决，若不究治，无以肃纲纪而戒将来。请臣根据本院令第十七条职权，奏陈皇上。

臣谨案：大臣法，斯小臣廉，未有源浊而能流清者。整饬纪纲实应从大僚始。查该立法院长赵欣伯，当国家缔造之初，曾经宣劳。而渎职具有明征，亦复无从掩饰。应如何斟酌功罪，我皇上如天地之无私，必能权衡至当，非微臣所敢擅拟。谨具陈缘由，伏祈圣训施行。

至臣现在假期中，故此折由品川主计代呈，合行声明。谨奏。

八 恳恩休致疏 乙亥 （略）

九 再恳辞现职疏 附片一

为衰病日增，再恳天恩准辞现职，恭折吁请事：

窃臣前以衰病失职，恳恩乞骸，奉谕勉留。臣遂不敢屡渎圣听。惟两月以来，衰病缠绵，视昔加甚。受恩愈重，报称愈难。矧七十悬车，古有明训。微臣今年七十，已属致仕之年。年余以来，清夜扪心，实无一事能循分供职，仰副皇上委任之重。今国家即乏人才，亦讵容此衰病失职之人滥竽其间乎？所有衰病失职情形，再疏乞恩矜许，全臣晚节。无任惶悚待命之至。谨奏。

附片

再，近日国务院改组，政务刷新，臣谨为国家前途称庆。惟阅报纸载：前免职黑龙江省长韩云阶，有任滨江省长消息。此事未知确否？查韩云阶，前由臣院代理院长、监察部长品川主计弹劾，由国务院惩戒免职，由参议府核准。今若果由新任总理大臣张景惠提出呈请，臣有鳃鳃过虑者。今总理大臣，即当日之参议府议长。臣民不解，以前何以核准免职？今又以何故启用？群情未免疑讶。朝廷用人，须明示天下以是非之公。张景惠老成公正，臣所夙知，必无过举。此当是一时疏忽，幸及事之未遂而中止之，以免臣民之惑。

臣谨据管见所及，谨附片密陈，伏乞圣鉴。

此疏上后，上面示张国务总理。讨论再三，乃改任韩为新京①市长。不数岁，仍由市长晋秩部大臣矣。至此次辞职，复蒙慰留，直至丁丑始得请。素餐已逾三载。清夜扪心，愧恧无地。

十　拟通告内外电文

古者建国立君，所以为民也，故民为邦本，经有明训。自辛亥革命改君主为共和，定民为主体，宜若可得国利民福矣。乃二十年来，争夺相仍，内战不已，死亡枕藉，不可数计。复刮民脂民膏，悉充兵费。哀哉吾民，何以堪此。民既无以自存，国将何以为国？复提倡排外，横祸邻邦，势非将我黄农子孙殄无遗育而后已。

（【眉批】汉人君主制之观念，遂不过如此也。）

今我东北四省同僚，为兵事善后，遍征父老子弟意见，佥谓抚我则后，虐我则仇。今推求祸始，稽之古训，天生蒸民，有欲无主乃乱。自君位改为民主，人人皆有总统之望，于是，竞存不夺不餍之心。名份不存，人欲日肆。于是，总统制复变为委员制矣。委员制不能人人得权利，于是共产之邪说兴矣。乃知暴民专制之害，远过于君主独裁。

今欲挽此狂澜，仍非恢复帝政不可，但遍求全国，德望资格无堪膺大位者。我大清皇帝处龙潜之地，聪睿爱民，夙闻内外。且大清二百余年，贤圣之君六七作，德泽深入人心。在昔光宣之间，虽政治衰弱，然有苛税百出不恤民命如今者否？有征缮不已千里暴骨如今者否？有伦纪颓废人禽不别如今者否？有官吏黩货集资千万如今者否？有盗贼横行道路不通如今者否？凡是之类，三尺之童亦能知之。

东三省本为大清龙兴之地，蒙古为列帝绥抚之邦。用是原本

---

① 新京，伪满洲国首都长春。

民意，合满蒙官民，恭迓我大清皇帝临御旧都，匡复大业。一切政治制度一秉睿裁，以复我三千年赫奕之文化，以活我四百兆垂绝之民生。切望我全国军民同心翊赞，并谨告我友邦群辟，重敦信睦。我国民实利赖之。

此电照预约所拟，经友邦军部参谋会议通过。后政体改变，遂废不用。

十一　建国管见

政体第一。

治国之道，民为邦本。其在书曰：政在养民。又曰：天视自我民视，天听自我民听。孟子曰：民为贵，社稷次之。三千年来，有国家者，何尝不以民为主体？然天生蒸民，有欲无主乃乱。所以定一尊，杜非分，无非为奠安生民计也。为人君者，天下之安危以一身肩之。其在贤智之君，必敬天法祖，勤政爱民。即中材之主，亦莫不惴惴以保神器。其暴虐无道者，史册中亦仅见耳，初何尝有专制之说？

（【眉批】汉族观念遂如斯耳，外族则不然。二者之区别，须严之。罗氏现在汉族中主张帝制者之最也，然而其所怀如斯，其去郑孝胥一步而已。）

自西方学说传入中土，乃有“共和”之说。不逞之徒，借口以成辛亥之革命。行之廿二年，痛巨创深。民间悔之无及，惟野心家则变本加厉。

今满蒙光复，何可更蹈覆辙？或谓：近年革命乃用共和之名，而非其实。若真共和，则生民必蒙其利。又谓：潮流所趋，不可逆之。此言尤妄。须知：东方治国之道，一以推诚为主。而西方则以诈虞相接。宪政者，君民上下妨止诈虞，互相箝制之政体也。防专政之弊，乃立议院为议政机关以监制之。其在两院制，则民间犹疑君权偏重，又立政党以监制议政行政。国家以民间有政党，非国之福，又立国家政党以图抵制。彼此猜疑，弊害百出。世人虽已觉悟，而行之既久，已不能改易。宪政之弊且如此，矧共和，主权不定，数年一易，致引起全国非分之心，致成不夺不餍之局。共和之益安在？至各国受宪政之害，乃既成不可易，非不欲易也。其新由君政改民政者，皆由不逞之徒无知妄作所致。今当力挽狂澜，何可随波逐流？故此刻宜定国体为完全君主，以承三千年之旧。

（【眉批】此在汉族，则为完全君主，在我国则为不完全君主也。性善与性恶之差耳。）

典制第二。

我朝典制，行之二百余年，今宜一循其旧，不宜多所更张。若国都、国号、元号、正朔、国徽、衣冠，均宜仍旧。现宜定奉天为行朝，首都仍定北京。待他年恢复，以示不忘宗庙、陵寝、社稷及关内之民。

国号宜仍汉宋中兴之例；本朝每代一元，宜仍旧贯。或谓旧邦维新，宜别建元。臣意：或仿汉光武建武中元之例，称宣统中元。虽义有不同，而成例可援。

中国向用太阴历，建寅为岁首，亦宜一循其旧。日本久改阳历，今民间尚兼用阴历。盖阳历于农家不便，阴历不可替也。

至国徽、衣冠，亦宜仍旧。惟现在仓卒，衣冠未备，得暂时从权。其他礼制仍遵大清通礼。法律仍行《大清律例》，惟日后可将繁重难行者酌加修改，但不得违三千年礼俗之旧。

用人第三。

今满蒙初复，虽曰中兴，其实不殊开创，一切官制骤难复旧。即将来亦须将以前部院各机关可省并者并之，以节政费。私意：现在宜暂立政务处，权合议政行政为一，由皇上遴选诸臣，以原官令在政务处行走，于其下设立僚属。

皇上推诚以御下。其在臣下，务宜公忠体国，休休有容，旁求俊乂。以人事君，每日定时开御前会议，臣下所见有异同，不妨各纾所见，听候圣裁。同心同德，不可袭朋党门户之弊。俟数月以后，大局粗定，然后徐拟分设各行政机关。

安民第四。

今日言治理，以安民为第一要义。然欲安民，必先知其害民者安在。今之害民者二：曰官吏，曰盗贼。

方今官吏无不赃私狼藉，而武人尤甚，往往致资财数百万至数千万，削民脂民膏过于蟀贼。加以马贼横行，出没无常，官吏一不过问，故民生不安益甚。今当缔构之始，宜崇宽，对以前官吏，咸与维新，既往不咎。但非逆命者，一切保其生命财产。其有功者，加以崇阶，而不与以政柄，令不得复为民害。其在职一切官吏，亦暂令供职如常，以安反侧。而徐选良司牧以抚绥之，俾民生得以休养。

至保安弭盗之法，城厢用警察，四郊办保甲、乡团，令守望相助，以清盗源。并须问民疾苦，将苛敛尤苦民者即日蠲除，则民生遂而民志定矣。

正俗第五。

三省民俗，本至纯朴。自徐世昌任东督后，导以豪侈，赵尔巽继之。逮至民国，淫侈日甚，加以关内邪说输入，大学既立，党部复开，思想益庞，非圣无法，自由恋爱，廉耻犒亡，近于禽兽。今当新命之始，亟宜崇饰孔庙，俾经正民兴。禁止民间婚姻自由离合，以端人伦之始。严禁跳舞、电影等一切导民淫盗之事。妇女装束，衺邪亦应禁止，以端风俗。停止各大学，改为图书馆，以杜思想庞杂。焚毁党务及新文化各书，务令尽绝，并严令以后各书肆，不得售卖。俟国是粗定，遴选儒士，于朔望在孔庙宣讲孝经及圣谕广训。如是则风俗日纯，思想一致，民可得而理矣。

理财第六。

东三省财政紊乱已极，以前滥发纸币，民间受害至深。今宜首先整顿金融，先创设国家银行，借银五千万，鼓铸银元，即可出纸币五千万，惟不可滥增。如是则可得本金一万万元。但借款必须抵押，现凡可以抵押者，无不业已抵出。今宜仿日本烟酒专卖之制，每年约可得款六七百万。以比作抵十余年，本息可逐渐清偿。基础既立，徐图扩充，乃可设法收回以前滥发纸币。

其他若造路、垦荒、开矿、造林、畜牧各实业，乃可次第兴举。

至兴办一切实业，端资人才。以前各省官私学生在各国留学实业者不少，但归国以后用非所习，宜以渐召集，俾得效用。并可聘客卿学尤邃者，以统率之。如是则财政不匮，庶政可举矣。

练兵第七。

兵可百年不用，不可一日不备，非亟谋训练不可，但贵精不贵多，须一兵得一兵之用。以前东三省旧军衰劣，不可复用，当别行精选。

臣谓，除练民军外，宜兼练蒙兵。蒙人性质较朴，练成以后较民军为得力。法宜略师明代卫兵之意。民兵于各省城练之。蒙军则在各盟训练，练成以后半留本盟，他半与民军交替，若有兵事，听候调遣。以前旧有讲武堂，宜重加整顿，聘日本将校精于兵事者任教授，以养成干城之选。

以前兵工厂，亦宜遴选切实人员，大加整顿。任用外国工师，务令费不虚糜。并规复以前牧场，改良军马与刍秣，俾得应用不匮。至旧日军队，宜设法裁汰，令从事造路农牧，不为民害，且得瞻生。

育才第八。

作养人才，为国家急务。然当师古者四民分业之制，不可如往者废礼部，立学部。模仿欧美教育制度，不合国情。为筹教育经费，故苛敛百出，民不聊生，而文化反日形退步。天下无无礼之国，矧秩宗载于帝典，宗伯列在周官，何可一旦遽废？

往者，考试由礼部行之，今宜一仍旧贯。复家塾之制，令世家子弟于家塾受学。令十六岁以前，毕孝经、四子书、五经，并为策论文字。务屏近日白话鄙俗之辞。国家但设立高等专门各学及大学校，考选国学有根本者入之。因高等专门各学师资书器，非家塾之力所能备也。

至国家学校，约以三类：一曰国学：习经史、文学、政治；二曰艺学：习各国方言、理化、算术、工商、邮电、医学、航海诸术；三曰武学：习战阵。凡是三类，先入高等三年，然后再入大学，五年学成授官。凡考选生徒，务取学行兼茂，不得重学轻行。至武学诸生，务令有勇知方，不仅授以武术，俾不致蹈往者小站练兵，知有权臣，不知有朝廷之弊。而训练兵士亦须教以大义，不止技勇。

臣闻中兴名将多隆阿，在军中选儒生为兵士，讲演三国演义，以作其忠勇之气，俾人人知大义名分，故所向克捷。今日养士练兵，宜师其意。

绥蒙第九。

三千年来绥抚藩服，莫善于本朝之于蒙藏。隆爵赏以示尊荣，宗佛教以化犷悍，联婚姻以同休戚，故得效忠不二，边境人安。今三省甫复，宜联满蒙为一，仍用王公制，以佛教怀柔之，并为之开利源，去弊害，俾效忠不贰，一如往昔。外蒙现已独立，暂难措手。宜示以德化，生其回向之心，不可急切图功，致生弊害。

外交第十。

方今友邦林立，外交至重。矧在缔构之初，尤宜加慎，当以保境睦邻为要图。将来满蒙开放，对各国故不可畸轻畸重。但有应特别注意者，对日本务须保其特殊地位。对苏俄，防之固不得不严，而拒之又不可过竣。因旧邦新造，实力未丰，不可不慎也。

至外交之道，仍宜本东方道德之旧，推诚布公，不可联甲拒乙、联丙图丁。如往者亲俄亲日，政见不同，于邦交生出种种弊害，此尤宜加意者也。

以上十条，就臣管窥所及言之，未知有当万一与否。大纲虽仅十事，而条理万端，猝难悉举。兹写呈乙览，并请我皇上将此十纲遍询左右诸臣，以收集思广益之效。谨拟。

此文呈乙览后，交郑少府①讨论。郑不加可否，遂搁置不行。

十二 拟宣示满蒙军民官长王公世职谕旨

朕以不德，逢天殚怒，用降灾于我下民，遂有辛亥武昌之变。时朕尚在冲龄。先孝定景皇后，不忍列祖列宗所休养生聚之良民横罹兵革，乃于季冬，手诏逊政，不惜敝屣天下，以全民命。此我四百兆人民及欧美友邦所共闻共见者也。

顾共和建立，垂二十年。军人专制，暴民继之。斯民之痛苦颠连，死亡枕藉，为往昔国家所未有。是辛亥逊政，欲所以生民者，适以害民。此先孝定景皇后在天之灵所深恫。朕目击艰危，末由援拯，深自引咎，寝馈难安。

溯自国家之乱，倡于孙文，成于袁世凯，极于蒋中正。袁世凯袭祖父余荫，以小站练兵之资格，牢笼诸将，复伪造民意，利诱势迫，欲假共和以窃帝位，肇启不夺不餍之风。袁氏既伏天诛，诸将遂师其故智，不惜以全国之脂膏、亿兆之生命，以谋一身之权利。争夺相寻，此起彼仆，民已不堪命矣。孙文以蓬筚细

① 指郑孝胥。

民，初倡革命之邪说。欧战以后，复以苏俄为后盾，阴谋共产，而阳揭三民主义。蒋中正利用其势力，倡乱南服，全国骚然，如水益深，如火益热。

凡此军人暴民专制之罪，罄竹难书。而约其大要，厥有三端：

一曰不恤民生。中国三千年来有国家者，罔弗守政在养民之训，厚施薄敛，以节俭为天下先。今则连年内战，力役之征遍天下，农不得安畎亩。自共产说行，以劳工为神圣，工厂多罢业，而劳工亦陷于死亡。又，凡舟车所通之处，即为兵祸所至之区，货弃于地不得运输。商贾交困，实业既已摧残，仍复横征暴敛，诛求无已。军人政客罔不积资千万，少者亦数十百万，寄存外国银行。一夕赌博游宴之费，抵百家之产。此何非吾民之膏血？而犹饰民生主义以诳天下。此其大罪一也。

二曰摧残民命。频年内争不已，死于兵刃者什二。而因兵燹所及，及死于苛征失业者什九。其尤惨者，则以邪说陷民于死。自孙文倡容共，蒋中正继之，命苏俄将领为之练兵，藉其力以收长江诸省，寻以共产之名，为世界各国所厌恶，乃复为铲共之说。是导民入于罪，复从而刑之。视民命不如草菅，致共党拥兵反抗。两湖、赣、豫，根蒂已深。其淫威所及，几无遗类，为生民以来所未有。此其大罪二也。

三曰斲丧民德。惟天生民有欲，无主乃乱，故立之君以司牧之。自政体改变，君臣之义已亡，乃专以利欲倡导天下。恶礼防之害己也，先黜先圣孔子之祀，以去三千年之纲常伦纪。父子，天属之亲也，于法律，夷父子如路人，伸子权以抑父，致推及亲长，骨肉相残者相踵不绝。定子女受产权，以启骨肉之争。倡公墓、废私墓，以绝人类根本追远之思。夫妇，人伦之始也，倡恋爱自由邪说，无识青年盲从者众，致家室仳离，男女以失志自戕者，岁不可以数计。驯将沦人道于禽兽。此其大罪三也。

朕自逊政出宫，虽诸艰试，然犹冀民国首领翻然悔祸，奠定邦家。虽极而至于祖宗山陵，经军队盗伐，为天理所不容，神人所共愤，亦于私室椎心，仰天泣血，不以一人一家之故，为报仇雪怨之图。乃观民国，至今佳兵①不已，终无悔祸之时。黄农子孙殄灭，将无遗类。

用是忍无可忍，奋然投袂，即日卜宅陪都，重整祖宗遗业，以苏孑遗之民，以慰先孝定景皇后在天之恫。满洲为本朝肇基之地，内外蒙古为本朝亲藩。凡军民长官，王公世职，皆先世所留遗，夙明大义。其各体上天好生之德，与朕救民之心，即日前来，共商国是。

现大河以南，屈服于暴力之下。朕原本人情，不责以所难。而河北诸行省有愿赴义来归者，当令供职如旧。东三省历年来亦为中原战祸所波及，近岁又创于暴俄。外蒙诸部间有为暴俄侵蚀者，朕将救死扶伤，劳来安辑，蠲除苛政，与民更始。一俟部署粗定，即将揽辔中原，龚行吊伐，以拯遗黎。在昔窦融之守河西，钱缪之保吴越，并垂裕后昆，流芳简册。尔军民长官、王公世职，其勉图则效，嗣美前贤。爰布朕志，俾军民父老咸使闻之。特谕。

政治大纲十二条　附列于左

一、国号、年号、正朔、冠服，一切如旧。

一、官制，一切如旧，惟将各部院酌量省并，实行减政，以轻吾民之担负。

一、以陪都旧宫为行朝，不复另建，以节民力。

一、现供职文武职官、蒙古各王公世职，供职如故。

一、登进贤能，共襄治理。凡其曾仕民国者，才德有闻，亦

---

① 佳兵，好用兵之意。

一律录用。

一、现在所有军民人等原有资产，悉由国家切实保护。

一、凡政务，无论新旧，凡有与养民有妨者，一切罢之。

一、苛税害民者，酌量轻重，次第减免，以苏民困。

一、振兴实业，以辟利源，招集流亡，令归畎亩。关内之民有出关谋生者，妥筹安插，无令失所。

一、正学术，明纲常，禁淫靡，以整风俗。

一、严禁邪说赤化，以除莠安良。

一、和辑友邦，各国侨民生命财产，妥实保护，以安远人。

十三 拟颁政纲十二则

一、恤民生。民力至今凋敝已极，即拟废止恶税，减省征缮，以恤民艰，俾得苏息。

二、正风俗。东方三千年文化，首在伦纪。今人道扫地，纲维垂绝，亟宜挽回，以正风俗。有反道败德、斁乱人纪者，必加重惩。下至跳舞、赌博、衣服奇衺之类，有伤风化者，亦一应禁止。

三、清吏治。牧民之官，与民生关系至切。以后地方官吏，宜勤加劝励，随时纠察，罢黜贪渎不职，登进贤能，以肃吏治。

四、作人才。近世用人，瞻徇情面，致良才反不得登用。将多方考察，拔擢沉沦，务令举措得宜，人才奋兴。

五、理财用。东三省财政紊乱，滥发纸币，祸民至烈。将先收回以前恶币，统一币制，以除民害。至理财之法，以家给人足藏富于民为主，一矫以前损下益上之失。

六、开利源。满蒙利源大半尚未开发，农林、矿产次第整理开发，以厚民生。

七、尚节俭。三省近年崇尚奢华，穷侈极欲，不恤民生，以后务当提倡节俭，为人上者躬为表率，以资倡导。

八、兴文化。近世人心欣慕物质文明，将东方三千年精神文化视同草苴，宜切实倡导古圣贤修齐平治之道，俾经正民兴。

九、熄邪说。近二十年间，邪说横行，人心陷溺。凡关于邪说书籍及有害人心世道之团体结合，当摧烧解散，以弭人祸。

十、弭盗贼。满蒙近岁盗贼满地，此皆吾赤子，赡生不得，迫而出此。宜加意抚导，俾得复为良民，不以斩杀为功。务开利源以资其生，行保甲以齐其末。

（【眉批】尤下策也。）

十一、整武备。东三省武备废弛，养兵甚多，而不得一兵之用。当大加减损，慎选精练，俾有勇知方，以为戡乱之备。

十二、睦邦交。国有兴立，凡我友邦宜敦睦谊，遵守以前与各国所订条约。至债务，属新国领土者，继续承认。各国外侨均视同胞舆，泯绝猜嫌，不得提倡排外以肇祸端。

以上二篇，前篇因政体改易[1]未用，遂改为后篇，乃郑少府谓，为政不在多言，遂亦废置不用。

十四 教育管见

治国之道，不外教养，国家本之以行政，社会因之以成俗。是教与养，国家之命脉，不可一日忽者也。

养民之道在制其田里，教之树畜，薄赋敛，戒兼并，重农抑末，藏富于民，务使家给人足，此养民之大纲也。

至于教化，则历代之沿革不同，而有周之制为尽善尽美。其大要，全国国民类为君子、野人二者，教以施于君子，化以施于野人。盖无君子莫治野人，无野人莫养君子。二者之中，又析为

① 罗振玉草拟政治大纲，系为伪满洲国建国行帝制所用。伪满洲国初成立时以溥仪为“执政”，故称“政体改易”。

士农工商，俾此四民各世其业。士以修德行道艺，农以生百谷，工以成器，商以通货。国家之组织于是乎大备。

其教育之制，约王畿为四区：曰国，曰乡，曰郊，曰遂。于国与乡，兼施政教。于遂，则施政而不施教。郊者交也，又与野之交也。于国中则有师氏、保氏，掌门关之学，以教国子。于六乡，则制五家为比，五比为闾，四闾为族，五族为党，五党为州，五州为乡。闾有塾，党有庠，州有序。一乡之中，党有塾二十庠五，州有序五。合六乡计之，则为塾百二十，庠与序各三十，以养士于此。三年而大比，考其德行道艺，而兴贤者能者。论秀而递升之国学，以大其成。成学以后，始登之仕。俾贤者在位，能者在职，天下已无不治。于斯时也，在上则政教同源，在下则思想统一，此姬周之盛所以传世八百也。

逮春秋以降，诸侯力政，不统于王。百家之说竞起，世益滋乱。天生孔子，乃删诗书，定礼乐，修《春秋》，教授洙泗，儒术兴起，至是，政教始分。秦并天下，焚书坑儒，专尚法令。炎汉代兴，至于武帝，始黜百家，尊儒术，复成两汉四百年之治。其造士之法，大学之外，并行选举。若孝悌、力田、孝廉、方正等科，尚不失德行道艺并重遗意。魏晋以降，迄于五季，选士多以文艺。两宋之世，濂洛大儒次第兴起，洙泗之教于是再昌。虽国家选士不免陷魏晋以来之旧，而天下思想仍厘然复统于一。自是而元而明，国家虽有国学，其实则悬功令以示天下，养士于家塾。国家考试，选拔登用而已。有清仍沿明制，然访遗书，开文馆，钦定诸经义疏，汉宋诸儒学说兼采并重，文化之隆，驾乎汉宋。逮嘉道以降，偏重训诂考证，不能无失。及光宣之间，西学东渐，于是国民思想乃歧为二，三千年固有之文化几乎息绝。此二十年变乱所由来也。必明乎三千年之沿革，然后新国家之文化乃可定其指归矣。

宰制天下，必相国情，必恤民隐，不能比五洲万国而同之。

凡百施政，莫不皆然，而教化为其大端矣。今世界教育家谓，教育为国家义务，文明国家必期于教育普及，其理何尝不是。而反观吾国国情与民隐，乃万不可行者也。周代教育，今之教育家诋为贵族教育，此不知东方国情之说也。“教育”二字，始见于《孟子》。教者效也，育者化也，其义与赞天地之化育同。谓上以教施下，而民从之如化之然。春风时雨一至，万汇莫不怒生。如风之偃草，如雷之启蛰。上老老，而民兴孝；上长长，而民兴悌。尧舜率天下以仁，而民从之。桀纣率天下以暴，而民从之。上行下效，上好下甚，此所谓化，不必人人入学校乃为教育也。

（【眉批】此得古教之大义者也。）

以禹域之广，人口之众，必如欧美期于人人受学，全国之财力殚矣。中国取民至寡。回思光宣之间定期立宪，兴立学校，成效未见，苛税百出，天下为之骚然，革命之说得以乘之。且不仅中国然，世界各国亦何独不然？吾闻各国大学日增，其得学士、博士学位者，或不能赡其生，思想乃日趋于危险。此图文明之美名，而阴受其实祸者也。

且社会组织，必使供与求相应。若供过于求，鲜有不生弊害者。昔顾亭林先生撰《生员论》，袁简斋先生撰《原士说》，已极论中国四民，号为士者太多。然则四民分业，不必人人受学。援古义以定制，为今日教育所不能外者矣。

（【眉批】顾亭林《生员论》。袁简斋《原士说》。）

今为新国家谋，教育与文化宜从民好，定民志。从民好者何？民之所欲，望上之薄赋敛，省刑法，俾得耕田凿井，清静无扰，仰事俯畜，养生送死无憾，如是而已。定民志者何？本三代庠序学校之旨，以明人伦为要。息邪说，放淫辞，拒诐行，俾血气未定者不为邪说所惑乱，亲亲长长，而天下平是也。既以此二者为主，则教育之费不宜多取于民。

宜复家塾之制，俾民教其子弟，国家但立专门以上各学校。

而为定家塾之制：男生六年，教之识字及洒扫应对。八岁入塾，至十岁延师授孝经、四书。十一学为国文，兼习一小经。十二以后，视所入之专门学校为之预备。再五年，其预备专修国学者，于此五年中在家塾毕诸经与通史。其预备习医、工、理、法、兵事、财政、航海、别国方言者，各随所志。而由国家定各门预备课目，合地方财力为公学，以受业焉。其不入公学者，可改而习商贾，治他业。十六预备毕业，乃入国家所立之学校，此家塾与公学之制也。

至国家之学，首宜立国学馆，本东方固有文明，从事于经史，由训诂名物以求义理，由典章制度以考治道，合知行为一，以明伦致用为归。此外，并立农、工、理、法律、财政、兵事、交通、各国语诸专门学校，以谋应用，并以六年毕业。俟专门毕业者众，再立大学院，俾学者从事研究，以期深造。

家塾随地立之，公学立于郡县，国学立于京师及省会。诸专门学校不必各省皆备，相其地所宜设之。凡公学毕业者，由国家从其所志考校焉，而升入各专门学校。学成以后，各依所习以取贤能焉。此国立各学之大略也。

方今教育，男女并重，反观往古，则男女职业不同，《易》称男正位乎外，女正位乎内。女子之职在治阃内，奉祭祀，修蚕织，勤鞠育已耳。故但有姆氏之教。今男女并学，女子社交与男子同，黩人伦，败风俗，莫此为甚。今后女子但于家庭受学，俾通书算知礼节足矣，不可仍蹈往者之失也。

（【眉批】汉族教育之要只在愚之也，切勿开其巧智猾心，为世上之害而已。）

家塾、公学以外，为教育之补助者有四。曰立学会（【眉批】学会之说。）以讲孝，复书院以校文，创图书馆、博物馆以广见闻。分端说之如下：

学会，随地、随人、随时可立。其在从政者，进思尽忠，退思补过。凡百行政，事必师古，以资借镜。从政之暇，宜与友朋讲习，并考求民生利病、行政得失，以省身心，以期寡过。所谓仕优则学，一屏以前宴乐佚游之积习。其在士夫，有守先待后之责。宜扶翼正学，排斥异端，以六经为依归，拯人心之陷溺。上可补国家政教之穷，中以为一身修养之谋，下以为后生之启导。有宋之世，讲学最盛，其流风余韵，直至有明。今宜复古以绍先修，于世道人心裨益至大。其在州里，宜选士人宣讲明清两代所颁六谕，衍为浅说，以导齐民，俾知循理守分，于移风易俗收效尤弘。

（【眉批】书院之说。）

文以载道，所关至重。孔子之称易也，曰："其旨远，其辞文。"曾子称，君子道者三，其末曰："出辞气，斯远鄙倍矣。"故鄙倍之辞，不出于君子之口。今后进少年，创为语文，淫词鄙说，不堪入目。无识之士，靡然风从，亦一时之妖异也。今国家宜下令严禁，并设立书院，考校文艺。选耆宿之老于文者为院长，月为之课，为之评定。凡能为雅驯之文者，与以奖励，拔其尤者，使掌国家文告之事。俾文体得以厘正，亦今日之急务也。

（【眉批】图书馆。）

我国往昔，州郡学宫及书院，多有藏书，供士子阅览，而无专设图书馆者。兹宜首先创设国家图书馆，收集经史百家书籍、图录，及古金石文字，欧美有用书籍，并宜收采，以供阅览。选国学深邃、人品端正者为之长。馆中附设印局、写官及编书处，亦选通人司其事。印局专印有用书籍，若有清列朝实录等卷帙重大，民间无传本及力不能举者，其古书孤本，及专门学者之新著，可发挥国学及学校所用书籍，并宜随时印刷，以颁行之。馆中所藏孤本未能遍刊者，命写官写副。若日本、欧美各国所藏中国古卷轴为中土所无者，与之联络，或影照，或传写，彼此互换。编书处，慎选学者，编辑专门及学校用书。此国家图书馆之大略也。

至国学馆及各行省，均宜设图书馆，以备馆生及各省士子阅览。若奉天所有文溯阁四库书，宜仍置原处，别设官以掌之。又，各省以前所设图书馆，并宜遴选通人，详加检阅。凡有伤风败俗一切书籍，必须毁灭无遗。坊肆所鬻，亦宜谕令焚弃，不得留存，以正人心，而维风俗。

近世古文物大出，若西陲之古简，鸣沙石室之卷轴，率归异域。即中州、关中、山左右所出古礼器，往往朝出重泉，夕登市舶，或入私人之手。其故家所藏，往往流出重瀛。此均我国文化之所寓，考古之所资，此亟宜立馆搜求，不可再缓。凡山川所出及故家储藏，尚未流出者，宜筹款购买，以免荡尽无余。购买以外，并宜设发掘部。（【眉批】发掘部。）若故都废址，殿寺旧基，宜遣通晓学术者为之指授。惟不得发掘陵基。虽欧美国家与学者多有行之者，然东西道德观念不同。（【眉批】白人只发异人种之坟耳。为白人之奴隶者，可发东方之坟。然而我国之大学者，悉为彼之奴隶耳。）中土帝王陵寝及古名臣墟墓，历朝制定，并由地方防护，禁止樵牧。且掩骨埋胔，垂之令典，何可灾及重泉？不得援他国成例而背东方之礼俗。

以上诸项开办经费，须由国库筹备，次第创设。至将来常川经费，宜将罪魁籍没田产，及各省旷土未垦者，拨充文化之用，不得再仰给国库，以重民间之负担。

此为新国家文化设施之大略也。以时间所限，不及详述。总之，施行文化以相国情，恤民力，定民志，正民俗，俾思想统一，返朴还淳为要归。

（【眉批】施行文化以返朴还淳为要□，此尤得东方文化之正义矣。）

顾予之说，与今教育学说多不合，知所言或有不洽舆望者。然回顾禹域二十年之人祸，实由新教育所致，凡有血气，莫不痛心。

往昔鄙人备员学部，曾力陈新教育之害，顾言之而不能用，遂致陆沉。今旧邦新造，覆辙可寻，故所言益不免迫切。所冀今之秉钧者，奋其勇断，速挽狂澜。教育前途幸甚，东方人类幸甚。

此满铁夏期讲义，备当道参考，乃无一顾者。

十五　监察院长就职宣言

（【眉批】可为就职宣言之典型。）

现今检察院之制，实仿往昔之都察院。虽执掌有繁简之殊，而绳衍纠枉，激浊扬清，厥旨无二。

“满洲建国”以来，标榜王道为治国之经。白叟黄童，当丧乱凋敝之余，喁喁望治。今既一岁有半矣，民困果已苏欤？萑苻果已靖欤？奢俗果已变欤？人心果已敦欤？财力果已纾欤？觇国者咸知去王道尚远也。而考其致此之由，实官邪尚未尽革之故。我执政轸念于此，爰命下才继长斯院，恳辞不获，惶恐就职。

窃谓本院为察吏而设，必正己乃能正人。不佞忝官院僚，矢秉忠悃，冰渊自惕。绝不汲引一私人，不妄使一官钱。愿我僚属，咸黾勉自厉，以慰斯民之望。

至新国家长吏，均受元首重寄，必能顾念时艰，上体执政澄清吏治之盛心。奉公守法，蔚为国桢，无劳白简。倘凡百有位仍有玩法营私，殃民通贿，紊乱风纪，违背王道者，则不佞与诸同僚职守之所系，固不敢恣意抨击以风力自翊［诩］，亦不敢畏葸旷职，致纲纪不张。凡我僚友，幸共勉旃。

十六　再申告本院僚属文

不佞到院就职之日，即与诸君倡言，本院为风宪之地，必先正己，乃可正人。今再就其浅者申言之，期与我僚友共相敦勉。

惟新国创造，垂两年矣。环顾国中，疮痍满目，民困未苏，浇风未革。推其致此之由，因承军阀淫荒佚乐之余，吏治尚未修，官方尚未正也。每见今之从政者宴乐佚游，如剧院博场、歌台舞榭、影戏茶寮诸娱乐之场，无不有其足迹。一夕酒食之娱，抵平民终岁之费。丝竹并陈，嘲谑间作，若不知其俸给皆出自人民之膏血者，此非国家前途之福也。

昔宋贤范文正公为秀才时，即以天下为己任，先天下而忧，后天下而乐。况身膺民寄，目击流离，竟无怛恻之心，惟以骄奢是尚。此风不革，国何由而兴？政何由而理？且我执政受政以来，痌瘝斯民，宵衣旰食，己溺己饥之志，同符先圣。凡百有位，若竟不知感发兴起，当忧己乐，此暴弃不足以临民者也。今欲革此颓风，当从本院始，而由不佞为诸君倡。

今后诸僚友，从政之暇，宜如古人所谓仕优则学，读书养志，进德修业。凡如前述诸弊端，有则改之，无则加勉。若亦同流合污，是不足任风宪之职。不佞虽欲为诸君宽，而法有所不可也。掬诚布臆，凡我僚属，幸共勉之。

十七　敬告内外百僚文

自前年三月，我宣统皇帝不忍负三千万有众之呼吁，勉就“满洲国”执政，已越二年。今我有众，因邦基日渐巩固，民生日渐安谧，深感元首救民之盛德，且彻底觉悟神州二十余年民生涂炭，皆由帝政改为共和所致，遂一致热烈拥戴我圣上为永久统治“满洲国”皇帝，以期长远之治安。此诚为东方由乱向治之机，至可庆幸者也。

夫古者建国立君所以为民，故民为邦本，抚我则后。自中土改君主为共和，遂启天下非分之心。人欲日肆，争夺频仍。连年内战，暴骨千里。民贼转相更代，暴民日昼横行。人纪沦亡，黄农子孙，行且殄无遗育。

今我“满洲”，亟图改革政体。此东方剥复之几，不仅为

"满洲"三千万有众之幸福也。自民众请愿之书上呈，我圣上方愍然以受政。后救民之怀，什未偿一，引为至憾。今又众心竭诚祈请，既凛于天命民意之不可违，又虑以典礼筹备重劳民力，已面谕诸执事：典礼所费务期至俭，惟加惠民生则巨金不惜。凡我臣工，切宜仰体，不可违越。

又，自古以来，人君不能独治。凡百有位，皆负佐理之责。今三千万有众，既欣得仁慈覆育之圣君，尤切望我新邦群彦，抚此甫离汤火之民，以不忍人之心行不忍人之政，整躬率属，勤求治理。期如武侯之尽瘁鞠躬，阳明之愿闻己过，先忧后乐，痛革二十余年奢靡淫佚之风，俾王道非托空言。此为改革以后，不佞与我僚寀所宜交修共勉者也。

下走职司风纪，渴望新猷，然未敢为出位之言。且以人之欲善，谁不如我？故罄其款款之愚，以其互相敦勉，倘亦我同人所谅许乎！

十八　致清宫通译官宗亲书

顷与板垣参谋商留张作相一事，参谋意不谓然。

弟思此事关系甚大。前熙[①]参谋长为弟言：吉省各镇守使，均为张所用，且多其亲戚。今由熙出任吉省政务，各镇使不明真相，必疑为熙借外力排张而自代之，将来必生纠葛。不如由贵军迅至锦州留张，勿令入关。张为人和平解事，必能听从。现在办法，渠可力保。坚属将此情形代达。乃不蒙垂听，恐此后必有对熙反抗之举。虽贵军兵力至强，然总以缩短战期，早日从事建设为万全之策。幸以此意再为转达。

至张以前因有排日之嫌，留张后，亦可不加录用，但保其产业，以示宽大，彼亦绝无反侧。弟与熙参谋长当合力担保。兹再郑重声

---

① 指熙洽。

明，弟与张未尝一面，因事关大局，焦头烂额，不如曲突徙薪。

弟即将返旅[1]，留此代谈，尚祈惠复，以慰悬念，无任企望之至。

又 壬申

别后阅报纸载：黑河镇使[2]拒绝洮南[3]，与之交战，闻之殊为悬念。

窃谓，黑、洮交战，若期限延长，深为可虑。因吉熙、哈张[4]诸人维持力量本甚薄弱，不可久长。又前次谋将二张[5]分离，一面速迎敝国皇上出关，以安人心，一面迅留张作相，勿令入关，以解释熙洽夺位之嫌。此釜底抽薪，速谋解决之苦心，乃不得贵军部同意，恐旷日持久，熙、张诸人竟无力维持，则前功尽弃。至皇上出关之事，又以贵国当道尚未能一致，遂致迟延。窃恐贵军部谋画亏于一篑，昕夕忧悬，不能措怀。请将此情形转达板垣参谋。幸甚！幸甚！

十九 致武藤大使[6]书

前拜麈教，钦慰良深。溯自去岁满洲事变以来，贵国政府及贵军部赞助新国之建立，力谋东亚之和平，伟烈丰功无任感佩。

惟观迩日新国家现象，尚有极宜注意者。谨就管见所及，为阁下陈之。

尝谓古人宰治天下，不外畏威、怀德二者。畏威者以力服

---

① 指旅顺。
② 黑河镇守使，马占山。
③ 洮南，指洮辽镇守使张海鹏，驻洮南。
④ 指吉林省长熙洽和驻哈尔滨的东北特别行政区长官张景惠。
⑤ 指东北军将领张学良与张作相。
⑥ 武藤信义，时日本驻“满洲国”大使。

人，如以武力戡乱，收效于一时是也。怀德者，以德感人，奠人心于永久是也。试以东方历史征之，在昔周武诛纣以后，即发钜桥之粟，释箕子之囚，式商容之间，封比干之墓，归马放牛，示天下不复用兵。盖兵者，圣人不得已而用之，如猛烈之药以之治病，病退不可复用。

今贵国兴兵除暴，战胜攻取，民固已知畏矣。继是，当收拾人心，以安反侧，图长久之治安为急务矣。今日新国未安之故安在？在张学良尚蟠踞关内，根株未去故也。谋去根株，不可徒恃武力，在怀之以德，以携贰其军心。彼现虽拥十余万之众，固无一人为之效死者，特尚未有所归向，故徘徊歧路耳。又闻关外将士在关内者，思归日切，而不即归服者，则疑虑新国家疑忌故也。若急由国务院开会议，早日将逆产事定议，请执政颁一明令，此次没收逆产，但限于张学良一人，余悉置不问。而所收张氏逆产，悉为救济贫民之用。如是，而关内外军民有不倾心归向者，吾不信也。则此一纸书者，固贤于十万师矣。且此举不费而惠，朝议而夕可行。若不此之图，而兴师构怨，窃以为劳多而效寡也。管蠡之见，试质之高明。

抑更有言者，贵国此次不惮征缮，殆为对苏俄国防也，异日必有对苏俄宣战之事。若亟谋以德怀民，民心胥服，吾知白山黑水间三千万民众，于贵国出师之日，必抱同仇敌忾之心，以为贵军后盾。若但以力屈人，则今日以力不赡而不敢抗耳，一旦有事，恐同舟皆敌国。此虑之不可不早者也。良药苦口利于病，忠言逆耳利于行。惟仁人能受尽言，故不避愚憨，幸阁下有以裁之。

（【眉批】白山黑水之间所住者何族？若夫汉民族，则此言虚矣。）

又 甲戌

前致贺简，值大旆莅视锦州，不知达尊览否？

顷报纸载，贵国政府有力者谋收拾北支时局，将援蒋介石，以图日、支、满之亲善。阅之不胜惶骇。

窃谓，中国二十年乱事日亟，实启之于孙文，成之于袁世凯，□之于蒋介石。蒋介石病国病民之罪，擢发不可数，□三尺童子莫不知之。今中国四百兆人民誓不与蒋介石共戴天。所与同恶共济者，不过其少数党人。今贵国若与以援助，而谋三国之亲善，是种荑稗，求嘉谷，养鸮獍而欲其为鸾麟也。请略数大患，约有四端：

一曰联俄将益便。蒋之联俄，乃其夙志，将以抗日也。其在南疆，联俄尚未尽便利。今助□至北，则使命交通无一不便。畏虎而为之傅翼，御□而开门以揖入之。使蒋得贵国援助而遽断俄交，因一日之援而弃其夙志，其断乎不能，虽至愚亦知之。害一。

二曰"容共"将实行。蒋外既联俄，内必"容共"。"容共"者，孙文倡之，蒋介石行之，且深获其助，得由粤东而伸其势力于长江流域者也。乃既得其助，而又因共产为世界所公恶，不得已而反共。反共情理之常，然他人均可为之，蒋介石而反共，是以怨报德，共党所不服也，故至今不能收反共之功。且闻，此次北上隐与共党密约，令暂不出所据区域，则将来必一变反共政策而为"容共"。可知，今贵国援蒋，是助长中国共产之势力，由南而导之北也。害二。

三曰排外势力必增加。蒋素利用青年，导倡排外。今外联俄而内容共，则排外之势力将增乎？减乎？且其人诡诈不信，赖"容共"而得之，既得而反共矣。反共而不成功，乃又联俄矣。今即因日前之利害与贵国订日、支、"满"亲善之约，不过一时事耳。时过情迁，安望其守信而不渝？观其对俄之事，其殷鉴矣。害三。

四曰中国民生将垂尽。中国而至今日，财政破产，民命倒悬，人纪沦亡，盗贼满地，沦胥之祸即在目前。孰致之？蒋氏致之也。其官吏黩货，将不尽杀百姓不止。其所亲昵，莫不家资千百万。宋子文者，闻且将万万矣。民何以堪！

中国所以称于世界者，地大，物博，人众而已。今疆土之广，盗贼充焉；物产之地，榛莽生焉；人民之众，救死不赡焉。日“满”两国与为比邻，中国沦□［丧］，而日“满”强盛，吾未知其可也。害四。

且贵国常言亲善矣。今蒋介石之治中国，不尽杀全国之民不止。若贵国援蒋，是蹈助蒋以杀全国之嫌。以此而谋两国国民之亲善，恐适得其反矣。人情莫不求生而恶死，蒋一日在职，国民一日无生望。故真正民意之所在，在灭蒋。南人之憾蒋，更甚于北人之憾张。使贵国援北支之民御蒋，民必大悦。即不援之而听其自决，民亦无憾于贵国。若必援蒋，是与真正民意相凿枘，亦违贵国之素志矣。中国共祸若北渐，则“满洲新国”北邻暴俄，南与中国尤密迩，虎狼在侧，焉能保一日之安？“满洲”不安，与贵国利害何如？与东亚之和平何如？此亦不待智者而可决者也。

下走年垂七十，与世无求。惟眷怀祖国，渴望和平，心所谓危，不敢避越俎之嫌。明知贵国人才之盛，固未必竟若报纸所言。然区区之愚，惟恐以一时苟且之图，启东亚无疆之祸。情急势迫，口不择言，幸阁下矜其愚，熟审其利害，与贵国政府谋所以善处之。

书不尽言，惟为国为时珍重。

二十　致熙宫相[①]书

旬日前拜教，尚未能详尽衷曲。山居稍暇，更藉楮墨，布其

① 指熙洽，曾时任伪满洲国宫内府大臣。

区区。

溯自辛未春，访公于吉林会城，承披沥肝鬲，一见如故。曾不逾稔，遽逢时会，肇建新邦。频年以来，虽所期不能一偿，而视夏后氏之一成一□，似差胜矣。矧丁乱极思治之时，万国不安之日，以列圣之深恩，我皇上之盛德，揆其情势，天命之来当不在远，澄几以俟之可矣。

而下走今日所极欲言者，则为尽人事，以迓天庥是也。兹据管窥所及，约有四端，谨为公陈之。

方今皇上富于春秋，而嫔位未备，圣嗣未立。此天下臣民所日夜祷企喁望者也。孟子有言：君子创业，垂统为可继也。宜即是时亟选淑媛，以充后宫。一旦前星有曜，上可慰九庙之灵，下以副臣民之望，以永奠亿万年不拔之基。国家要务莫切于此，今日急务莫先于此，此所亟欲言者一也。

宫中法纪出自草创，及公就职，日渐整厘，但仍有未尽厘正者。如醇邸额驸入宫，直至勤民楼下车，尚有所未合旧制。

（【眉批】满洲语，称驸马曰“额驸”。）

额驸进宫，一切规制与臣工等。皇上本友于之爱，由郡主施及额驸。然推恩太厚，绝非臣下所克当。公若奏明厘正，皇上从谏如流，必能嘉纳。即如以前郡主、额驸留住禁中，外臣多以为异。弟晓以因首都觅宅不易，皇上一时权宜。后果赁金壁东宅，不复住大内，是其明证。朝庭纪纲，不容稍有牵就，此所亟言者二也。

今日人心之害，由于学术。自西学东渐，以强权废公理，以自利为当然。于是人欲横流，遂演成今日之乱。其失意者，又托庇于宗教。宗教以数定之说，杜人妄念，诱以福利，而怵以危害。其所以勉人为善，用心良苦。然今之皈依者，莫非邀福远害而来。邀福之与向利，其得失相去不过一间。矧凡事委之于数，则向义之心日薄，与儒者正其谊不谋其利，明其道不计其功，遂成水火。所谓差之毫厘，失之千里者也。我皇上笃信孔孟之说，素不惑于鬼神。似闻迩来颇有以鬼神预言之说进者。古之圣君，法天为治，先天而天弗违，后天而奉天时，未闻决之于术。此所亟欲言者三也。

（【眉批】人心之乱，非由西学东渐也。礼防已坏，汉族之面目露矣，无惮耳。）

皇上至仁如天，为天下臣民所共晓，惟御近侍太严。待左右小臣若过于宽大，固易致不逊，然过于明察，亦使之手足无措。万一由畏惧而生怨望，其流弊有不可胜言者。愿我皇上量予包容，赦其小过，俾知威可畏，而惠可怀。此所极欲言者四也。

以上四端，率皆公职守所关。以公之蹇蹇匪躬，公忠体国，或已早经陈奏，不待弟言。在皇上，聪明睿知，或且不待公言。而弟犹以启沃望公者，殆不免所谓下愚过虑。弟备官三年，奉职无状，忧愧交萦，遂成疢疾。近日肝气作痛，牵及腰胁，力疾陈此，冀略尽臣子之愚诚。若公以所言非谬，采纳上陈，则不仅私衷感佩已也。

晤教匪遥，统容面罄，不尽屡屡。

附录

一　请预防未然疏　癸亥

为时局艰虞，请预防未然，谨陈管见，仰祈圣鉴事：

窃臣自遇十四夜灾变，夙夜忧惶，冀筹补救之方，以防未然，而纾圣虑。反复思维，谨得三事，敬为我皇上陈之。

一曰恤近侍。女子、小人，古称难养。阉人殆兼斯二者，所以御之之道，不外德威并用。若专任严法，则怨恫所积，将有铤而走险之虞。临清之变，是其前车。闻今内监执事者不过千余，生计日艰，不无可悯。以前大内失物，此辈原属嫌疑，然仅鼠窃狗偷，究非奸猾可比。故十四夜皇上通宵指挥救火，而轻尘不惊。此固九庙之灵所默佑，亦由人心之未漓。不然者，危之甚矣。事后回思，犹且不寒而栗。

窃意，此辈不能尽去，惟有遇缺不补，并徐汰其老惫及不驯顺者。宽其廪给，令得归里，不至饥寒。其裁缺所省，以加给执事之现役。施以如天之仁，生其衔结之感。即此次灾变，亦不可穷究，俾反侧自安。此臣所欲言者一也。

（【眉批】此汉人待近侍之法。若夫邦人，则有威克而已。邦人之心情太优，若如斯，则必过宽。）

二曰移室藏。方今皇室地产，为民国侵占者什八九，所存者仅宫中宝物已耳。而彼阁员、议员犹觊觎不已，或且昌言谓，是历代所遗留，非皇室所能私有，包藏祸心已非一日。即现今谋改三殿为议院，着着进逼宫庭，亦罔非觊觎宝物所致。且彼方连年私鬪，京师屡频于危，力不能自庇，则宝物聚于宫禁，亦复在在堪虞。

窃谓，莫如于东交民巷使馆保卫线内购地，建筑皇室博物馆、图书馆，预移重宝于此。由前钦派内务府大臣典司其事，清厘簿录，严重守护。惟购地建筑尚需时日。闻欧战以后奥国尚未遣使，奥馆空旷，现由荷兰公使管理。与商借为两馆筹备处，事关文化，当无不允，当即可着手移徙。如是，则一面可戢野心，一面可防散失。外府之藏，安于内府。此臣所欲言者二也。

三曰杜邪谋。殷忧启圣，多难兴邦。方今民国私争不已，安危利菑，内外离心，势将瓦解。剥复之机，近迫眉睫。伏愿我皇上默验天心，益昌圣德，以成宣光之盛烈。

而自去岁以来，颇流传倾危之说，有以化国为家，自削尊号为可去危就安者。此所谓操刃又以授人柄，卸甲以当敌之矢。苟非阴相民国，别有肺肠，其狂悖当不至此。盖优待条件势同国际约章，列邦具瞻，非议院所能废止。若废之自我，则邻国亦无从置词。居心阴毒，大奸似忠。

又有请贿议员以免削除优待条件者，亦属庸妄生事。伏愿圣明垂察，邪谋毋庸。此臣所以欲言者三也。

草野小臣，何敢妄渎天听。因曾奉面谕，遇事具折上陈，用敢不揣冒昧，谨纾其芹曝之忱，以备采择。伏维圣鉴。

二　大臣举止失常疏

为大臣急于图报，举动失常，恐误大局，谨据实密陈，仰祈圣鉴事：

窃臣前次在京，闻郑孝胥将赴洛阳。臣往问以赴洛之旨，对以将觇察吴佩孚倾向，并对彼有所陈说。臣告以，民国国是，朝夕不同，军阀倾向，亦因之无定，且其势力亦复不常。疆场无事，拥重兵，擅威命，一旦有事，往往顿至土崩瓦解。十年以来，往事多矣。皇室宜保威重，自处于超然地位，不宜与何方接近。今以皇室近臣遽尔前往，迹涉嫌疑，宜辍此行，以昭慎重。郑孝胥言此论颇允，然此行实迫上命，已濡滞至今不得不往。且一见即行，绝不久留。臣告以此行若竟不免，宜万分慎密，尤不可以君命将之。郑孝胥言：平生作事无不以谨慎为先，若不得已，则不能不以冒险出之。臣诘以事既冒险，则得失难知，万一挫失，何以处之？郑孝胥答以：亦自引咎而去耳。臣闻其言，实深骇异，欲再往阻之，则已行矣。

昔贯高、赵午藩国小臣也，当欲为主复仇，犹不使主知，曰事成归王，事败独身坐耳。郑孝胥设以前数年，奔走国事，固无所妨，今以曾任总管内务府大臣，且日侍君侧，出而奔走，即令不称君命，已不免贻累皇室。且以我皇上从善之勇，郑孝胥受知之深，苟觉庙算未妥，何难即行谏止。今日此行迫于君命，臣有以知其赴洛非尽出自圣意也。今日救民水火，系于皇上之一身，岂可更以皇室为孤注。倘危及大局，该大臣即自刭以谢天下，亦不足以蔽其辜！何得即以引去塞责！颇疑该大臣向以忠义自许，非有心疾，绝无□［谬］妄至此之理。及此次返京，则郑孝胥已与吴佩孚同车入都，在洛淹留颇久，亦非一见即行。且吴佩孚誓师征奉，邀郑孝胥列席，且指示大众，谓是皇室代表。郑孝胥意甚自得，返京后以此夸示同僚。□［谋］事不密，至于此极。臣乃益不胜骇异。

查此次奉直战端已启。吴佩孚与冯玉祥感情至恶，因冯玉祥雄据京师，不惜弃数年根据之洛阳，悉众北来。以兵力，□［趁］冯赴前敌而自代其处，肘腋之下，将有异心。其旧□同袍，闻已多携贰，军费更无从仰给。由津到京，日见其军队周章之状，其胜负绝不可知。若竟败北，则此次洛行，实为大局之害。辽沈诸将迩年对朝廷尚属恭谨，倘知郑孝胥列誓师之席，岂能不影响皇室？即吴师获胜，而此次洛行已损皇室尊严，矧未可必。其举动谬妄，非但臣一人惊异，同僚亦无不骇怪。

既而又闻，其介绍滇军师长杨某入觐皇上。郑孝胥与杨某并非素知，同车邂逅，遽为汲引。闻其主张谓：皇上非联络民国军阀，不能成中兴大业。前两次到津，见段祺瑞，为臣力言段之忠实可恃，又言冯玉祥乃宗教家，尤为诚笃，与彼皆至厚。夫以段之顽梗，冯之阴贼，海内之人莫不知之。而郑孝胥顾深信不疑，又汲引滇军败将，冀其翊戴，岂非梦呓？丁巳之役①，张勋虽败，而皇室仍匕鬯不惊者，以人人皆知谋出张勋，与朝廷无与故也。若当日张勋亦如郑孝胥，妄称上意，安得尚有今日哉！

臣窃谓，匡复之事，乃臣下人人应尽之责，成败利钝应以一身当之。我皇上则宜养德望，勤典学。民国之危已如累棋，一旦崩溃，天下人心之归皇上，如水之就壑，沛然莫御。故圣德圣学苟日进不辍，胜于十万雄师，何假助力于民国乱贼之余哉。

---

① 丁巳之役，指1917年张勋复辟事。

臣与郑孝胥交垂三十年，又申之以婚姻。虽知其志大才疏，似断不致荒悖至此。殆因迩来皇上命以总理内务府，数月以来，一无成绩可言，且因四库书事措置乖方，致引起民国种种干涉，殆不免内疚于心，急欲立奇功以自湔雪，遂不觉颠倒惶惑，极其所致，恐将有更险于是者。以今日之风雨飘摇，何能堪此。应请我皇上鉴其受病之由，知其行险侥幸，俾不与闻政事。国家幸甚！

臣叨受国恩，虽与郑孝胥私交有素，然不敢以私害公，上负圣知。臣所陈皆亲闻亲见，并非得之传闻，谨具密折上陈，伏祈皇上圣鉴。

三　授南书房行走谢恩书　甲子　（略）

四　自陈失职疏　乙丑　大正十四　民十四　（略）

五　遵旨筹议东陵善后疏　戊辰

为遵旨筹议东陵善后办法，敬陈管见，仰祈圣鉴事：

宣统二十年七月二十八日，钦奉上谕：“现因东、西两陵时被惊扰，守护几等虚设，嗣后宜如何审度时力，妥筹办法，昨已谕交载涛等迅速议奏。事关重要，不厌求详。溥侗、恒煦、铁良、袁大化、郑孝胥、袁励准、温肃、罗振玉、萧丙炎、万绳栻、商衍瀛等均著各抒己见，分别具奏，候朕采择。钦此。”

窃臣谓，此次山陵之变，为普天所同愤，今虽奉安粗毕，而守护之事极应熟筹，诚不容稍缓。惟查民国现状，已沦禽兽之域，毫无人理可言。陵寝在彼势力之下，安危即与为转移。虽与今日当事商定办法，而彼之竞争无已。今日权在甲者，明日且移乙。彼既无恒久之政府，我但能为一时之补苴。即令勉筹岁费，慎选守护，其无长久之效，殆可断言。窃谓为非根本之至计也。

考炎汉值王莽之乱，建武二年，赤眉入长安，焚烧宫室，发掘园陵，其事正与今同。而光武不惮征缮，明年遂降赤眉，祠高庙。五年，诏修西京陵园，汉祚再复，卒成中兴。伏愿陛下以光武之心为心怀，夫差报越之愤，日置此次山陵照片于左右，朝夕省视，以资警惕。异日光复大业，修复陵寝一如往制，惩罚失职，诛除首恶，以慰九庙之灵，以雪敷天之愤。臣所谓根本之至计者，此也。惟中兴之基根于圣德，并愿我皇上勇以定大计，勤以应百务，明以烛贤奸，恒以励初终，推诚以收人心，立信以示不二。以皇上圣哲之资，行此六德，乘势待时，宣光之兴可跂足以俟之。以视一时之补苴，其得失为何如也。

臣管蠡之见，未知当否，惶悚上陈，伏维圣鉴。

六　恭拟甲子事变通告民国政府及各国公使谕旨　甲子

藐躬冲龄践祚，值阳九[①]之厄，孝定景皇后不忍生灵涂炭。辛亥十二月二十五日，钦承懿旨，让出政权。民国亦订优待条件，以相酬报。于今十有三年，均照约履行。惟条件中有日后移居颐和园一节，本未规定年限，至今尚未能实践。今年夏间，曾亲至颐和园，相度数次，即拟移居。而二三老臣以民国干戈未戢，颐和园远在郊外，虑有不虞，而卜居他所，财力不易遽副，遂暂时中止。

乃十一月五日，忽由四人成立之摄政内阁，派遣鹿钟麟等以重兵突入禁城，逼迫出宫，并擅定修正条件，限三小时答复。且云：逾时即将暴动。彼时迫于暴力，惟有即日移居醇王府。旋由摄阁封闭宫殿，守以军队。当以横逆不能与校，遂电告段执政，段执政亦电斥其非。国论为之激昂，友邦为之骇异，以为摄阁必当顾惜舆论而止。乃复于醇王府密布军警，剥夺自由。

---

① 指辛亥九月初九日武昌起义爆发。

（【眉批】此汉族历史所常然也，逊位天子孰能不如斯。）

近日过激传单布满都市。报章揭载，李煜瀛、张继与段执政问答之言，称法国之对路易等事，引为前例，阅之尤深骇诧。路易暴戾恣睢，致遭弑逆，朕则不忍生民涂炭，让出政权，何乃援路易前例？言念及此，能不寒心！万不得已，始出居日本使署。

现宫禁既遭封禁，服御、器物无从取给。而委员会声言，将分别公产私产。从前辛亥条件，但载让出禁城，别无所谓公产。段执政前任总理时，明定热河、奉天行宫古物为皇室私产，议定收买价目。公文俱在，通国皆知。摄政内阁，以四人私意，单独擅修条件，任意推翻前案，于法律绝不能发生效力。此等劫夺行为，在皇室之辱犹小，民国之耻实大。

段执政手造共和，素重信义，必应将此次暴力压迫、万国腾笑之修正条件撤销，宫门内外之兵队撤退，代以保安警察。由皇室派员，妥觅房屋，将宫中服御、储藏早日移出，照约交宫禁与民国政府，以符辛亥条件，以昭大信。并将此谕录送执政府及驻京各国使署。所有现在内廷执事，并旧日臣工，亦通谕俾知朕意。

谨案：圣驾移幸日使馆之次日，臣振玉进言：以前逼宫暴举，其时安危之机，间不容发，故不得不权宜应之。然优待条件，曾经通知各国，有国际条约性质，非片面可任意取消。以前在民军势力之中，不能申辩。今已脱危地，若不行声明，似已默认。宜由皇上特旨宣告中外。

上曰：现左右诸臣各执一端，有主自销位号谢绝优待者，有自称与段祺瑞交厚，能令回复优待者。且有谓趁移宫卜宅，可追索民国积欠者。议论纷杂，均不可行。如宣言，将何以为词？

玉对以：但言优待条件，不能由片面取销，暴力逼迫，不能承认可矣。

时预拟此稿在袖中，因呈览。上以为措词至允，乃饬内务府移送段祺瑞，并行知各使馆。于是，请自辞优待解尊号者结舌；而谓与段交厚者潜襆被南归；欲追积欠者，亦自知不能程效。纷纭之说，始归静默矣。臣振玉谨记。

七　致陈、朱、伊[1]三师傅书　辛酉

敬启者：

振玉自丁海桑之乱，携孥浮海，荏苒八年。戊午之春，以近畿水患，返国振灾。侧闻我耆旧之得瞻仰云日[2]者，无不颂扬圣德圣学，日进无疆。私心窃喜，以为神州祸如此其极，而天既笃生圣人，中兴景运指日可期，遂幡然来归，伏处以待。今又三年矣。此三年中，目击武门政客，攘利交争，人纪沦亡，妖言日肆，诚有不忍闻不忍见者。

然生民以来，一治一乱，大易之理，否极泰来。今日者，殆乱极否极之时乎？我皇上生剥复之际，禀徇齐之德。今欲弭乱世而返之治，天下臣民不望之我皇上而奚望？夫中国之乱，将一纪矣。生民之祸，如此其烈矣，而人心犹未尽漓者，盖先圣先王之纲常名教，植基至固。而我皇上圣敬日跻，春秋日富，有以隐系天下之人心故也。

我皇上诚念二百余祀之宗社，四万万之生灵，三千年之文化，皆系于我皇上一人之身，必将追溯乱源，晓然于辛亥之变，由于邪说之横行，而乱臣贼子遂假借舆论，以练兵、兴学、立宪、变法为名，驯至以国家之力革国家之命。共和以后，由邪说而成暴行，倡乱之人，犹以为未足，复由革命主义进而为社会主义。有所谓新文化者，将推翻伦纪，改造一切，公妻公产，非孔

① 陈宝琛、朱益藩、伊克坦，三人均为溥仪之师。

② 云日，作者对溥仪的尊称。

非孝。大学教授为之倡，大学学生为之应。复藉报章杂志以传播，其毒害少年无识之士，如饮狂药，风靡一时，势不至驱人类而为禽兽不止。邪说诬民，于今为烈，欲谋所以廓清之，固非由正人心昌正孝不可。而为正人心昌正孝之先导，则必由我皇上躬为表率始矣。

乃昨阅报纸，记我皇上又招大学堂教习胡适入参前席之事。胡适者，固今日提倡新文化之巨擘，以邪说淫辞乱天下者也。不知何等至愚极妄之人，敢为援引，使得出入宫禁森严之地。在我皇上，天亶聪明，邪诐之辞必不能上惑圣哲。然天下臣民则莫不震骇矣。迩者，都下人伪传皇上将参观大学，众情惶惑尤甚。夫千金之子尚有垂堂之戒，而万乘之尊，遽有此非常之举动。心所谓危，有不敢不预言者。伏愿我皇上从容典学，遵养俟时，守列祖列宗之彝训，凛然于古今所以废兴存亡之故，敬礼老成，昌明正孝，庶臣民释非常之惧，苍赤无胥溺之忧。国家幸甚，民生幸甚。

振玉疏远小臣，初无言责，殷忧所积，忘其至愚，缕缕下忱，敬祈代达天听。无任悚惧，恐惶之至。

八　致郑苏堪[①]少府书　癸亥

沪上一别，荏苒两年。近闻应诏入都。圣上之倚畀既殷，公亦以整理自任，明良遇合，此其时矣。惟弟有鳃鳃过虑者，请略陈之。

从来内务府为神秘之地，堂奥深邃，不许外人窥伺。且自世相拜职以后，事事因循畏葸，数年以来，积习更深。故圣上毅然欲加厘正。嗣亦宜先陈明今日之事，外侮内忧必须兼顾，先和内乃能御外。务须不动声色，密查积弊之所在，然后乃能徐图补

① 郑孝胥，字苏堪，又作苏龛。

救，固非急遽所能程功。

第一，不可使同僚疑畏，致生枝节。譬如治病，欲疗沉疴，先须内顾元气，然后攻疾。若痛下针砭，则非徒无益。又譬之庖丁解牛，先明其关节所在，自能迎刃而解。若未明肯綮，刀斧遽施，必致刃残锋钝，转致无可措手。公利刃也，幸善用之。刍荛之献，公以为何如？欲言甚多，楮墨难尽，尚容面谈。

再，弟此次返国，本拟赁庑春明。乃到津以后，报纸即纷纷记载谓：有人汲引，将入侍内廷。蜚语之来，必有所自。乃决计侨寓津沽，不复迁徙。窃谓，今日长安居不易，不在米珠薪桂，而在口语横生。身之所历，敬以奉闻。即此可知弟为公虑者之非无因也。

又 癸亥

前次寄京一函，未蒙惠复。初谓，为王事贤劳，未遑裁答，不疑所言之凿枘也。及前月晤面，始知公仍主快刀斩乱麻办法，谓弟所言为畏首畏尾。弟遂不敢再以鄙见渎听。

今竟谣诼四起，内部顿分门户。息侯[①]书劾螺江[②]，有人又劾息候。而外侮遂益纷纭，谓皇室欲售卖历代储藏国宝。静庵[③]虽作书辩之，可预期其无效也。从前弟亦知临事过虑，固近于畏葸，然若一意孤行，必致决裂。今鄙人之言乃不幸而中之矣。

为今日计，幸以往事为戒，早图补救，以息纷扰，不可再抱薪以救燔。前者刍荛之言不蒙采纳，以三十年旧交，重以婚姻之故，不得已，遂以药石之言进矣。公其茹之乎，吐之乎？

---

① 息侯，即金梁。

② 螺江，指陈宝琛。

③ 静庵，王国维。

九　致陈、朱[①]两师傅书代升文忠[②]　癸亥

敬启者：

昨有友人自都来言：近因民国干涉皇室储藏，有张乾若[③]者出任调人，议将从前借陈三殿之物作价五百万元，再由皇室将关涉文化之物让归民国，亦定价五百万元，总共计价一千万元，将来由英美退出庚子赔款中拨付，但须由民国经理。皇室每年但能拨用息金，不能将全价交与皇室。并闻内务府诸公业已与之会议。

同仁反复筹商，觉此事万分不合。谨举大要，约为五端：

辛亥逊政，民国优待条约本有岁拨优待费四百万元之文。以近年皇室岁费支出二百余万元计之，固有盈无绌也。但以民国未尝实践，致内帑支绌异常。在我，因体恤民力，在民国，则为失大信于天下。调人今乃不为我催缴优待费，而议收买皇室储藏。此为民国耶？抑为我耶？似尚应考虑。而遽与会商，不合者一。

皇室储藏应归皇室，民国不能干预。以前段氏任内阁，借陈三殿之物，明认为皇室私产。矧日本并吞朝鲜，而李王世守之古物由李王自立李王博物馆，日本未尝干涉。夫以日本之强横，尚未违背公理，民国于我何能干涉？亦知虚声恫吓不能有效，乃变计而为收买。正宜谢绝，以定主名。迁就与商，不合者二。

民国偿还物价，将取之英美退出赔款，此项赔款乃民国所应付，英美退出以充文化之用。盖一面收入，一面支出，其支出也，乃用之社会，非归还中国，不得指此为民国之款，即不得由民国取充皇室储藏之价。倘使此项赔款英美为交好民国起见，辞

---

① 陈、朱，即陈宝琛、朱益藩。

② 升文忠，即升允。

③ 张乾若，名健，字乾若，湖南华容人。

而不受，然后乃可为民国之款。今既充社会之用，则不必由民国交涉。我皇上若赞成此举，可由我自由与英美交涉，售卖由我，捐赠由我，何须民国横亘其间？更何容以英美之款为民国之款，所购之物为民国之物乎？不合者三。

今姑不论事理之是非，即承认以此款收买皇室储藏，须知千万之价不交我而由彼代为经理，是明明未尝于退出赔款中付千万之价，但岁出数十万元为利息而已。既支出此岁息数十万元，优待费不待取销，而隐已销灭。况此项息金一二年后必不能继续，优待经费其前例也。悬千万以为钩，以一二年之息金以为饵，是隐改岁费四百万为数十万，而又得皇室储藏。在彼固为得计，在我将如何？不合者四。

即曰民国收买皇室储藏，将据物以定值乎？若曰据物定价，则三殿所陈，其价当不止二三千万。今更益以宫中所藏，始作价千万，是名曰收买，实命令也。若贸然从其命令，不知诸公何以对皇上？不合者五。

频年以来，频闻朝野间有持化国为家之议者。而以区区之愚，则以为国存则家存，家在则身存。反之，国亡，家于何有？家亡，身于何有？

又有持出己之说者。须知，皇上一日守宗庙，则人心一日不失，天命一日不去。车驾一出国门，则不可更入，垂三百年之统绪即于是告终，后此之事更非所忍言矣。今幸皇上之荣名犹在，即此时谋圣德圣学之增进，以待复旦之期，固非甚远。若轻举妄动，此民国之所喜，而非国家臣民之福也。

窃谓：诸公宜务其远大者，不宜舍本图末。在今日言节用，其宜也。但宜上下同甘苦，若因裁节而为皇上敛无穷之怨，不可也。度支奇绌，于优待费设法，正也。与调人商之，亦可也。卖物非计也。不得已而卖物犹可也。悉罄府藏以受民国之诳，不可也。

一得之愚，书奉大教。越俎之嫌，尚希鉴宥。若荷代为上陈，则区区之私忱而未敢以为请者也。

十　致荷兰公使书（代吕尚书升文忠张总宪[①]等卅八人）　甲子

敬启者：

本月北京摄政内阁无故遣警卫司令等，带兵突入宫禁，威逼宣统皇帝，限三点钟内立即迁移。派兵严重监视，封锁内宫禁，并以命令推翻优待条件，违背民国约法。幸承贵公使及英、美、日、意各国公使屡次至外交部，责以违背信义，圣躬方获安全。遐迩听闻，同深感谢。

查优待条件，乃辛亥年，民军因大清皇帝不忍兆民荼毒，卸却政权，遂经双方议定，优待皇室，声明待以外国君主之礼，并待遇皇族暨满、蒙、回、藏各条件，列于正式公文，照会各国驻京公使，转达各国政府在案。民国自此始克成立。今摄阁不顾信义，蔑视约法，所谓待以外国君主之礼者，竟无故加以种种非礼。中外交愤，公论沸腾。海寰等虽退处海滨，久离政界，然不得不起而呼吁。

素仰贵公使暨各国公使主持公道，务期根据约法，仗义执言，俾优待条件早日恢复，盟约得以不废。事关国际信义，故敢以为请，尚不止海寰等君臣私义已也。诸维照察，不尽屡屡。

（【眉批】已至此，清朝之威信扫地空。汉族之态，概如斯已。然而，春秋之义则不然矣。）

诚士纯抄录《辽海焚馀稿》附记

昭和十四年正月，据家严所藏之青［清］写真本写录之。其中有不明之字十数，有余书写之误二三。又，罗氏恳请辞职等

---

① 吕尚书，吕海寰。张总宪，张彪。

之疏，非关天下之大事者，故省而不录焉。

诚士纯抄录《津门疏稿》《辽海焚馀稿》二书跋记

闻之家严曰，郑孝胥国葬已毕之后数日，罗氏求家严之来访再三。家严乃至罗宅。罗氏既以此书①及《辽海焚余稿》之底本示家严，曰：罗、郑姻戚也，故至今秘而不洩。今郑已死，可以明关于逊清皇室人事之实情。且君为史家而研究“满洲”者，不可不知此间之消息。而以此间消息告君，亦知此间消息者之义务也。

家严已见此二书，且屡闻工藤氏之所语，乃知郑孝胥决非清室中兴之元勋，又绝非清室之忠臣。而其元勋忠臣，则升允、罗振玉等可以当之矣。

今年正月，余送口口弟之入营至新京。一夜闻之，不堪感慨，乃抄写此二书，为竹雪斋藏本之一云。

昭和十四年二月十三日夜

士纯志于燕都酒醋局之寓居

---

① 此书，即《津门疏稿》。

六二回忆（八）

李景铭 著

民国二十五年丙子，余年五十八岁

去岁十二月，日本百计经营之冀察政务委员会已发表，在南京已委曲迁就，宋哲元亦勉任艰难，然日本之意犹以为未足也，于是是年一月间，乃有所谓日本对华新方针者公布于世：

一、中日关系若进至“提携”可能时期，即为中国之独立繁荣而予以各种援助；

二、中国国民之自力更生乃属培养民力之根本要因，但欲达此鹄的，必须谋政治之安定而行改组国民政府，并使国家财政与中央银行之财政相分离；

三、为进行灾害防止与水利事业，计当设立以如满铁等类大公司为媒介之中日合办公司；

四、尊重外国既得权益，以防国际关系恶化。

时与余友程锡庚（莲士）谈及此事，程云：“日本所谓改组政府者，无非取消党治，以亲日派人替代欧美派人。盖日本视西南如美之视菲律宾，视南京如英之视埃及，将来对欧美外交须先得日本同意。然此所谓方针者，乃概括的内定之计划。”至是月二十四日，法报果载日本对南京提出新“二十一条”之要求矣。内容秘密不可知，而传闻所得者，一要求承认“满洲国”，二免

整理者：本篇资料由《近代史资料》编译室整理。

张学良职，三南京政府行政权只能行于蜀、黔、滇三省，其余均改为独立区，四沿江七省海军均当卸除武装。此外则无所闻知。及二月八日，上海法报所传译者较详，并云此等新要求自上年十一月中旬冈村少将返日之后即行提出，适是时五全大会甫开幕，故我国当时对此要求未置可否。日本消息，中国如拒绝此要求，已确定有详细之压迫方法，务必使全部承认而后已。果能承认，则日方在经济技术甚至军事上协助中国，亦属可行。其要求条件所可探知者如左：

一、中国正式承认“满洲国”，但日本为顾全中国人之面子，许以若干犹豫之时期，但中国当局在此时期内，应努力压迫国内之舆论，造成有利中“满”合作之空气。

二、在华北各省应该设特别区，此区内含山东、山西、河南、河北、绥远、察哈尔六省，而各该省应有特殊制度如下：

（甲）六省之文武长官概应为亲日派之人物，而在受任前应先征日本同意；

（乙）华北六省之铁路、矿山、电话、码头、航空、棉业、麦业，以及各企业，概应变为中日合办之事业，以符中、日、“满”三国经济合作之原则；

（丙）在此六省内，应请日本教官担任军警之训练事宜；

（丁）六省当局尽量聘用日人为顾问，其任务为促进日化。

三、沿海五省闽、浙、粤、桂、苏以及长江流域之皖、赣、湘、鄂等省，应成为对日“友谊”区，或中日“亲善”区。在此区内，行政应由各该省当局采取对日（即对于中国之保护国）极端亲善之态度。

四、西北诸省甘肃、陕西、青海、新疆等省，应组织为绥靖区。在此区内，中国政府应努力对共，而日方必要时可以军事协助中国“讨赤”工作。

五、中国之中央政府、党部，应努力执行对日亲善政策。日本方面承认其代表之资格，至于各地方政府有半独立或完全独立之态度者，日本当局个别与之交涉。

六、关于云南、贵州、四川三省，日本承认为中央势力范围，惟须对日表示诚意。

七、上海江湾、吴淞一带划作租界。

八、沿海沿江（长江）一带由日舰驻防。

然此不过译自外报之传闻耳，而我国报所载日本武官会议向我国提出之条件，与上述者大同小异，亦有可补上述所不及者，大概亦包括在新“二十一条”以内。其条件如左：

一、停止英国经济专使李滋罗斯进行之一切谈判；

二、五省财政独立；

三、中国退出国联；

四、承认“满洲国”；

五、中、日、“满”三国合作创立远东政治经济集团；

六、将粤、浙、苏、闽、鲁沿海解除武装；

七、设立奉天各地与扬子江流域之客货运输，俾华北国有之各铁路以后皆引入满洲会社经营管理；

八、停止全国反日运动；

九、取消军事委员会，军政集权于何应钦所领导之军政部，但实权集中于行政院；

十、免张学良职，并将其军队撤出陕西及西北各地；

十一、对于“剿匪”事宜，尤以西北各省，中日应完全合作负担；

十二、中国对于政治、经济、财政上应放弃美国援助；

十三、日本视察家有参与中国国民党大会之权。

是则外传新“二十一条”之一鳞半爪，其提出之后，中央虽未予以承认，而事实上则已向此进行。

外间有此新“二十一条”之传说，于是有谓其中条款或载于“何梅协定”中者。夫“何梅协定”自去岁传播以来，究竟有无此项协定，如有协定，何日签字？何以报上不发表乎？二月十日，余在华北学院公宴席上，举以询何其巩（克之）。何正告余曰：“《塘沽协定》确系五条，乃军事协定性质，为吾国所签字者，其余如设关、通邮、通车等，虽是口头约定，吾均一一实行。尚有未实行者，日方以为吾方已承认也。至‘何梅协定’，如所谓取消党部，撤退于学忠军队等等，吾国实未签字，惟一一照其所要求者实行。日本曾要求签字，何应钦仅复一函云：‘凡所要求，俱一一实行之矣。’故日本以为全部承认，而吾方只行其可行者，其未行者，认为不可行。以此解释不同，故日方谓有‘何梅协定’，而蒋院长对人谈话，则谓并无此协定也。究之，无论如何，以‘何梅协定’言，有撤退于学忠军队之条件；以新要求言，有免张学良职，并撤退其驻陕军队之条件。日本无非欲削东北军之力，以孤蒋介石之势也。蒋见日本之有求无已也，一方备战，一方择其可行者行之，不可行者仍坚拒之，日本亦无可如何也。”

四月十二日，唐馥田来谈，日本对华政策似转趋冷静之一途，闻特务机关长松室孝良辄告诫僚属少出门，少说话，少与中国人来往，盖蒋有备战，恐启衅端也。外国新闻记者与松室谈话，询以华北局势日方已满意否？松云：“譬诸棒球队，冀察为内圈，冀东为外圈，且看其运用如何。”记者云：“如运用不得法，将奈何？”松曰：“尚有第二法。”问以第二法如何，松曰：“中国为复杂国家，如问第二法，只有神能知道。”此语作何解释，甚微妙也。由是言之，则外传之新要求将消灭于无何有之乡乎？然日本则于暗中跃跃欲试也。

六月三日，唐长风语余：“日本将于行政各机关派一顾问，于每学校派一指导员，盖日本将于政治、军事、教育、经济行统制政策也。日本驻兵已入南苑，航空学校亦为其所占矣。日本著著进行，而东京政府尚持重。”

林少英于六月二十三日告余曰：“侧闻广田外相欲恢复九一八以前之外交。盖日俄之战，各国均与日有好感，故日胜俄败。今则日本退出国联后，各国对之均有恶感，如日俄战争再起，则群起而攻之矣。盖日之退出国联，与德异。德之退出，尚有与德表同情者；日之退出，则招天下之大不韪也。但广田外相虽有觉悟，而军阀之政策又不然。冀东、察北固听关东军之指挥，而为关东军所卵翼者也。华北则笼络于天津驻屯军之下。从前驻屯军权责在关东军之下，今则拥有八千之军队，且司令升为中将，亦可与关东军相颉颃，故内部辄发生意见。最近河北人士有推齐燮元出名，抗告殷汝耕贪污劣迹于东京政府者，亦即驻屯军与关东军互相抨击之一端也。”当是时，殷汝耕地位在可进可退之间，冀东自治政府亦在岌岌可危之际。

六月二十四日，张同礼（筱岱）自津来语余云：“日本对宋哲元要求四事：（一）免萧振瀛及第四师师长职；（二）接收海关；（三）各铁路雇用日本顾问；（四）提高冀察政权，以便与冀东合流。宋哲元只允对于第一项实行一半，且为抵制计，并以强硬派之张自忠为天津市长，日本亦无如之何也。天津本不驻兵，二十九军现着力包围丰台，盖丰台驻有日兵三千人，恐袭九一八之故智，故宋严重监视之。宋之决心，无事则虚与委蛇，有事则实行抵抗。非二十九军之力足以抗日也，实窥见日之无战意也。日总思以政治解决，最近有议就天津独立之说，推靳云鹏为领袖，设三会九部，政治委员会殷汝耕主之，军事委员会齐燮元主之，经济委员会陆宗舆主之。九部之中，白坚武为军政部长，曹汝霖为内政部长，王揖唐为交通部长，余未详。天津名流及二十九军曾一度电请阎锡山入平主持大计，阎婉却之曰：‘于学忠、商震、宋哲元亦何尝不与日合作，日皆始合终弃，未免令人寒心。’故坚决不来。夫日本既以宋为冀察领袖矣，忽而曰将与冀察合流，忽而曰将在天津独立，忽而曰以靳云鹏为领袖，忽而曰请阎锡山来平主持，故为种种情报奇离莫测者，无非以冀察未曾独立、完全脱离南京，不满日本之欲壑也。”

日本对华之方针如此，而我国各要人对日之态度如何，吾可以追忆所及者，书之如左：

（甲）萧振瀛之态度

萧振瀛固反蒋亲日派也，于何征之乎？是年元旦，余与张竞仁（心谷）在丰泽园聚餐，张谈其弟竞立自南京来商北宁路款项事，塘沽以东已为殷汝耕扣留矣。张又述其弟之言曰：“唐有壬之被杀，因与唐生智争艳也。相传湖南有二姐妹，姐已嫁，妹有国色，称始识唐生智，后为有壬所夺，故唐生智以卖国之名加唐有壬，欲枪击之，愤而之青岛。不久，姐失所夫，亦为有壬所得，生智愈怒，所以有此次之暗杀也。”萧振瀛告张竞立曰：“蒋介石真老悖乎哉！张学良失地四省，不加之罪，反俾以重任；商震卖国，反予以河南主席。吾辈喜峰口之战，死骸藉藉，不加奖励，反诬以卖国之名，似此是非颠倒，何足以服人心？今中央欲全体面，只有如演剧然。主将坐而发令，华北只有跪而受命而已，但令须由地方出，中央奉行之而已，若欲由中央出令，则无怪地方之不理。”萧固有不可一世之概，然其敢于明目张胆以反蒋者，恃有土肥原为后援也。萧与土素不相识，以雷嗣尚之弟名贲者为之介也。萧助土造成冀察之局，故宋以天津市长酬之，萧乃以津市府之参事酬雷贲，而其兄嗣尚乃得北平市社会局局长，亦寓酬劳之意。然而雷贲死矣，竟为蓝衣社所狙击矣。然则萧振瀛之未死者幸耳。萧既幸免，乃于三月十六日为其太夫人在怀仁堂演剧称觞。赵椿年（剑秋）告余云：“章炳麟（太炎）祝之云：‘相国岂徒刀笔胜，大东仍有酒浆来。’”上句谓其曾习法政，下句言其亲日而多友邦之友也。是日，入堂听戏者须经检查，是何许子之不惮烦耶。盖其中有一原因在，名为堂庆，实含政治意味。叶在穆（乃颂）告余云："西南曾派代表来平，为萧祝堂庆，代表姓名严禁报纸登载。"外传政治会议之说不无影响。盖是时宋哲元已与南京隔绝，又思联西南以自重也。夫宋哲元何以与南京隔绝乎？盖有二事可以证明之焉：一则张群外交部长照会各国公使，说明华北外交委员会但为研究机关，不能为外交主体。宋以此不悦，禁止报纸登载此项文件。自宋就冀察政务委员会委员长后，华北财政独立，竟将东北军军饷停发，于是二十万东北军皆投入共产，而报纸亦禁登载。宋既与南京隔绝，故外传政治会议消息，乃与西南生联络，非与南京有关系也。萧以堂庆之名义为政治之活动，招人疑忌无论矣，而不知其豪侈之举由于贪污，骄踞之情出人意料，言之殊堪愤恨也。

唐馥田曾于六月三日告余云："萧振瀛在津，舆论不佳。"余诘其故，曰："走私一案，已入私囊者二百余万金，凡有杂捐杂税，以贿行者均可豁免，豁免后市府财政不敷，则向商会、银行借款接济。现库空如洗，负债累累，无人敢接其后任。地租契税未完纳者，原限六个月减半完缴，近知运命不能到六个月，又缩短三个月，逾期不纳者，没收其房地，盖为一网打尽计也。河北船捐局长为宋之内弟，河北财政厅所派也。萧亦以船户之贿令免船捐，局长请示于财政厅，厅曰：'此非市长权限内事。'局长又以告萧，萧曰：'今日之天下是谁打出来，即应听谁之命令。船捐局既设在天津，我曰应免，即宜免。'结果而船捐局裁撤矣。外传免捐、免税之美名，而强横营私如此，故各机关多不满之。现行装已束，准备去官矣。"馥田之言如此。而更奇者，则六月八日，余在南兵马司东北大学附设之女子家政专修科演讲毕，该校陈主任语余曰："日本索出兵费十八万金，萧振瀛提出会议，张自忠诘以日本出兵并非吾辈所请求，何以给予兵费？萧曰：'不然，恐汝军队难保矣。'张自忠一怒，以掌批其颊，不欢而散。宋令张为萧道歉，故同赴天津邀客宴饮，示邻邦以内部并无分裂也。及萧回平，则宋软禁之，并其妻孥亦在监视中。外传萧已枪决者，即由此而讹传也。”

旋访李景和（孟鲁），谈宋、萧外交失败，因不知外交路径也。萧挟宋住津两个月，尽与永见参谋长接洽，而松室在平，置之不理，松室不平。盖松室地位在永见上，永见不过少佐，松室则中将也。然永见所要求者，阳允而阴违之，故永见谓萧为无信，以戏弄土肥原者，又来戏弄我辈，辄面斥之，令其去职。或曰今年春，蒋介石亦思牢笼萧振瀛，故萧态度大变，乃滋日方之不悦。积此数因，乃有今日之结果，其实则饱欲飏去，亦一事实也。闻萧祝母寿，殷（谓汝耕）上十万金为寿。以此推之，他可知矣。夫殷胡为以十万金寿萧乎，盖冀东政府之保全者，萧之力也。初冀察政务委员会成立时，委员王揖唐于第一次会议时，主张取消冀东政府。事未议决，而萧振瀛密告于友邦，故友邦传询王揖唐，扣留于日本兵营者四小时。是乃萧之戏弄王揖唐，以示好于日本，又欲以显其手腕，于是委员会无敢再言取消冀东政府者，故殷汝耕衔其德而思有以报之。

其更奇者，同日蔡缵周（亮澄）在民国大学语余云：“萧振瀛大不满于人口，彼曾面告河北建设厅厅长张厉生曰：‘世间说我卖国，即算我为卖国，然我卖国失了寸土尺地否？张学良不卖国，何为失去东省乎？’”大言不惭，闻者齿冷。夫萧之敢于如此夸大自侈者，是曷以故？盖为宋之嫡派，萧虽倔强，或有不当处，宋辄宽容之。然宋虽宽容之，而日本以其无信，且声名狼藉，故至六月间，卒对宋要求免萧市长及第四师师长之职。宋曲从之，竟以张自忠继萧之后，而萧遂不得不去。自知运命之不长，缩短三个月，减半征收地租契税，岂知未及一个月，而卒不保于其位乎。自卸市长后，乃欲得绥靖公署总参议之职，即以此名义赴日考察，冀政局变更，再为卷土重来之计。宋固乐从之，然二十九军全体反对，此议遂罢。此时之萧，内外人望俱失矣。

八月初，中日在怀仁堂开将校联欢会，中国方面由宋哲元邀集，日本方面由松室邀集。松室索阅宋所邀集名单，内有石友三、石敬亭、张维藩、萧振瀛四人，松室不同意，然柬已发出矣。即此一端，可见萧振瀛政治生命自此断绝矣。

（乙）其次，又再言宋哲元之态度

宋自任冀察政务委员会委员长后，其左右分二派：一派以萧振瀛为领袖，陈觉生、陈仲孚等属之，所谓亲日派也；一派以秦德纯为领袖，冯治安、张自忠等属之，所谓拥蒋派也。宋则周旋二者之间，故日本不信任之。宋则受冯、张之怂恿，思添练十二团以自重，又拟以孙殿英为北平保安司令。初司令属意于石友三，而石不愿就者，因日本不允其所辖军队离开战区，故宋拟以孙殿英为之。孙殿英初自太原逃入北平时，宋拟授以大名、顺德一带保安之职，令其招集红枪会等改编正式军队，或即以代石友三，其迟迟未决者，以日本对于孙殿英疑信参半也。以此之故，日本与宋哲元之间亦多龃龉。

六月二十四日，余偕杨连荣在中和园听程艳秋演《御碑亭》，杨告余云："最近宋哲元在津与日本会议，最感困难者二事：一承认内蒙独立，二允许察绥日本驻兵。宋在支撑万难中，中央有三电阻止其发表石友三命令，然宋与石感情又极洽也。"二月十二日，管翼贤语余曰："宋哲元下野时，栖息天津，辄在石友三宅与日人议事。宋任委员长后，询石欲何为，石曰：'愿执鞭弭周旋君侧。'宋三电中央，请取消通缉令，蒋不复，第于电文上批云：'爱国者可赦。'宋愤中央不纳己言，乃手谕派石友三为北平保安队司令。宋左右大起反对，曰：'石能任司令，我辈将何为耶？'日本事前未征同意，亦扬言曰：'如欲重用石友三，何不推为华北执政耶？'以此之故，石不能就。"又云："孙殿英之来，孙之自来也，非宋招之使来也。盖孙在太原，本有周日磨盘会。一日，杨爱源作主人，席甫散，而孙乘三等车逃至北平，欲自招集刘桂堂及青红帮一派自成一帜。阎闻之，急遣李小兰来平，馈孙巨金为旅费。盖阎视孙狗为奇货，始则羁勒之，见其驰骤中原也，则又有戒心焉。”余询管云：“孙何以狗称乎?”管曰：“宣统在关外蓄三狗，一名张璧，一名冯玉祥，一名孙殿英，此孙狗之名所由来也。”宋之所以联络石友三、孙殿英者，将为添练军队计。是时日本要求增加驻屯军，宋哲元要求自练军队。宋拟组织三骑兵旅为防西北共党之用，其军费将请中央补助。雷嗣尚、徐士英之赴京接洽财政也，拟有三步办法：一则请求补助，一则请将盐、关两税拨账，二者均不允，则出于截留一途，此即最后之第三步。质而言之，即财政独立也，故外间有三月一日起，财政独立之说。

然则宋果背叛中央乎，不知宋仍与中央有联络也。二月二十七日，林少英告余云：“蒋介石将分河北为四区，第一区以万福麟为‘剿匪’司令，第二区以宋哲元任之，第三区冯占海任之，第四区商震任之。名为‘剿匪’，实则抗日，不然商震本河南主席，何必越俎代谋乎？将来总司令或属诸吴佩孚。但外传中央之意，准败不准胜，意将诱日兵深入，延长战线，然后由俄共合攻满蒙，令其首尾受敌。”然则蒋诚与宋合乎？然蒋又不能全信宋哲元也。三月三日，偶与门人谢质如谈论此事，谢云：“前传我国以白银售美为购金之用者，实购得枪械不少也。去冬何应钦过济，亲交韩复榘现金五百万、子弹一千万。至平，交宋子弹之数如韩，而以五百万现金分交刘汝明、冯治安军两师，盖励其抗日而制宋也。宋滋不悦，避往颐和园，于是何应钦之驻平长官，亦不能安然就职。”然则宋之与何果终离乎？然何应钦赴并之便，曾于途中与宋一晤，外传蒋介石与宋在大名见面者，误也。宋之所为难，有军而无实也。日本乘虚而入，屡屡与商“防共”问题。

四月十一日，刘骧业（午原）告余云：“宋哲元在津，与日商‘防共’者，实即议军事协定也。此等问题颇重大。盖外蒙与苏联有军事协定，我方方提抗议，谓其有碍我国主权，设冀察再与日有协定，则冀察宗主权何在乎？且日本要求军民分治，于政务委员会下另设军事委员会，宋如任军事委员会主任，则政务会主席当让别人。宋如仍旧，则只能管政务，而以军事让出，另选他人任军会主席。一面又要求宋哲元许其内地驻兵。宋则权衡轻重，驻兵一事已面许之矣。宋初要求以取消冀东为冀察驻兵交换条件，日本果允许，亦无异将冀东推广于冀察。况驻兵已许，而冀东尚依然乎。”张竞仁（心谷）云：“宋已许天津、保定、通州各驻兵四千人，柴沟堡驻七千人，四者合计共驻一万七［九］千人。内地驻兵自此始。日本且示意宋哲元，约其为先驱，入晋‘防共’，而日以军队殿其后。”

四月二十三日，郑炎佐云：“外传宋哲元在天津被日本扣留者，不知令其签‘防共’之字耶，抑令其签驻兵之字也？”宋之左右有亲日、拥蒋两派，前已言之矣。其最有力者，尚有反日之派。盖冯治安、张自忠受冯玉祥、鹿钟麟、石敬亭等之指挥者也。在此环境之下，日本于要求驻兵外，又要求关税、铁路独立，宋极感困难。“赤氛”渐近，蒋介石、冯玉祥乃严电宋哲元，诫其勿须屈服，而日本催迫尤甚，并有限宋哲元五月底表示态度之谣传。

五月三日，王兆中（亚东）语余云：“中央诫宋勿屈，以国防之事委之宋，则以绥靖主任事委石敬亭代理，冀察政务委员会事委刘哲代理，河北省主席事委民政厅长代理，而甘肃前督军刘郁芬则周旋于数机关间，为最有力之总参议。宋自居天津英租界私邸，与日本周旋。外交之事，近多田将返国，专候新任日本武官喜多之北来，再开谈判。日本要求以殷汝耕为河北省主席，为取消冀东之交换条件，宋曰否否。宋之应付困难，近颇懊恼也。夫日本所以要求以殷汝耕为河北省主席者，即谓宋不能实行华北自治，可让殷汝耕优［代］为 之也。天津自日本增兵后，人心甚觉惶惶，故有云十日内或一月内，日本将迫宋表示态度，否则将令其军队全数退却也。”

余应郭则沄（啸麓）之约，方兆鳌（策六）询余云：“外间有华北行将易帜之说，确乎？”余曰：“否否。”及五月二十五日，王亚东果告余曰：“宋在津与松室、永见、喜多晤面，日方限百日内表示态度，意欲宋组织自治政府。宋曰：现在本来自治矣，何必标明题目。日方曰：然则组织‘防共’政府可乎？宋曰：山西之共已退，何必曰防？日本曰：东不是西不是，不如竟派四师团占领华北。宋曰：果尔，则吾可辞职不负责任矣。最后似又妥协，对于中日合作已签字矣，惟实行稍难耳。宋拟分三步骤：一姑与日本委蛇，一面巡视冀察，将自己军队集中，作为布防计划，以备万一；二派员报告中央，听中央主持；三将添练三军，以孙殿英、石友三、吕秀文为军长，以备抗日。”日本知宋之怀叵测也，又于天津增兵四千。适值五卅惨案纪念日，天津学校游行反对，罢课三日，北平虽有酝酿，以当局戒备森严，故未发动。总之，是年日本迫宋实行自治，即欲其对京宣告脱离之意，而宋则硬磨坚拒，实具苦心。冯治安乃宋之健将也，抗日尤甚。

七月二日，林少英告余云：“冯治安军队在丰台，有懔然莫犯之。我国军马奔入日本兵营，为日本所得，而日本副官到我国兵营，我国亦拘留之。今井武官自平赴津调停，以汽车往，改乘火车回，盖虑车过冯治安防地或生阻碍。日本辄要求冯军调往南苑，并索兵费二十万金。先是索兵费十八万，萧振瀛已许之矣，而张自忠反对，故以张代萧为津市市长。今又以军马奔窜，反索二十万金，至是不能不屈从之。日本又要求‘经济提携’也，于是有王克敏来平说。”

七月七日，李恩藻（麓平）云：“王之来，天津驻屯军所介绍，而宋哲元电招之。然二十九军中人以王过于亲日，多鄙薄之，故王又南下，抑郁不得志。”其故果何因耶？观于刘骧业（午原）之言可知矣。

七月十五日，刘告余云：“王克敏之事，发动于今年六月间，大抵南京与东京均以为‘经济提携’非王莫属，而又有吴鼎昌为之推动，故东京外务省以征陆军同意。陆军对‘经济提携’虽不满足，然亦不反对，故有电致天津驻屯军，促其协助，因而授意宋哲元，宋乃电招其来平。东京欲王分宋之力，或起而代之，南方欲恃王与殷汝耕同乡，使其取消冀东，合并冀察，故王目虽瞎，而雄心犹勃勃也。不意到平之后，宋仅以经济委员会主席与之。夫经济委员会隶属于政务委员会者也，王曾一度代理华北之领袖，岂能甘居人下？曾经一度接洽，拟以周作民、曹汝霖、王克敏为政务委员会常务委员，宋请加入刘哲，王又请加入汤尔和，此议未必成功，盖王意欲干涉其财政。夫财政既有财政处，秉承宋委员长处理之矣，常务委员将如之何，王揖唐之前车可鉴也。”又谈：“王前代理政务委员会主席时，曾赢十四万金，仅抵个人债务，而其第二妾负逋万余金，王仅分四千金与之，妾被债主所迫，服毒自尽。如此挥霍无度之人，焉足以言经济。田代司令、永见参谋亦谓目几全瞎，岂锦囊中果有妙计耶？今已南下，下月重来，亦见其仆仆风尘耳。”刘午原之言如此。

逾二日，有吉姓者告余曰：“王克敏与川越及陆相、参谋次长均有交情，此次来平，原因发动于西南。西南一批军械借款均由王经手承受，可告解决，因而议华北‘经济提携’问题，拟回复政务会、军政会，以宋主军，以王主政，而以殷汝耕副之，作为取消冀东政府之交换条件。冀东取消，则走私可解决。且拟以考试院迁回北平，铁道部、财政部、教育部均在平设办事处，以次长驻平办事，并以山东加入华北。故由宋具亲函，代王介绍于韩复榘。宋且曰：‘但求于国于民有益，吾无不从。即令吾离开北平，但要有地方可退，吾亦乐为。’王之南下者，以此也。”

吉之所言，与刘大同而小异。刘又告余曰："不止宋哲元无完全用人之权，即中央亦无自由用人之权。不观于中央所发表政务委员之曹汝霖、汤尔和、戈定远、刘汝明乎？日本曾提抗议云：事前未得日本同意，已属不正当，而主席居然接收不正当之命令，是何意耶？宋不得已，转报中央，故四人不敢轻于就职。不特此也，王克敏亦进退维谷矣。"刘又言："川越未来前，张群（岳军）、吴鼎昌（达铨）等本已在东京为王克敏布置，有田外相且与陆相协商，认为经济有'提携'之必要，王克敏亦为适当之人物，故有电致当地官宪极力协助。然自西南问题发生，蒋介石设国防会议，对日态度转趋强硬，故日本认为无进行接洽之必要，因而日本陆相电询天津驻屯军与王接洽如何，驻屯军复以不甚彻底，且王于健康亦欠圆满，故此事遂形延搁。王本拟于七月二十五日再度在沪招待天津武官，面商后即飞往庐山请示进行，今则武官见事态变化，亦不赴沪，此王之所以进退维谷也。"

王克敏既经南下，宋哲元乃于八月初赴任邱，将与中央特派之人密商改组政务委员会事，并将设交通建设研究机关。韩复榘亦约在德州见面，然宋不敢往，恐生中央嫌忌。中央有令韩下野意，张群、蒋伯诚之入鲁有以也。宋以时局阽危，挽救无术，日惟自托于博簺以自娱。赵鹤清尝谈，宋明轩日往齐之宅，聚石友三、马占山为竹战。噫！最高军事长官日以赌博为事，岂足为军人模范乎！然宋也、石也、马也，虽日从事于优游，而部下抗日情绪甚浓厚，故日本不惧宋之个人，而惧宋之军队，辄要求离开南苑，以免冲突。中央见宋、石之密也，亦屡施离间之计。夫宋哲元与石友三所以接近者，起因于韩、宋联衔劝中央与两粤息争，大招蒋怒，蒋乃以密函致石友三谓："宋、韩如有摇动，汝可相机行事。如能镇压，当授以冀鲁察绥之职。"石友三得函，惊喜欲狂，然宋遇之亦不薄，踌躇至再，乃以蒋函示宋。宋感其意，立即取销通缉令，聘充政务委员会高等顾问。宋既启中央之疑，而日本之压迫愈甚，丰台问题甫解决，而南苑问题又生。先是丰台之冲突，本拟以第五连与第六连换防，然双方道歉之日，由齐燮元（抚万）之子任翻译。齐子甫言：“此次因第六连训练未娴，发生误会，今拟将第六连撤防。”甫言及此，日军士卒拍掌欢呼“日皇万岁！”因而散队，致齐子未及将第五连换防之意补充。至翌日，第五连调到，前往接防，日军阻之曰：“昨日但言第六连撤防，未言以第五连换防，今胡出尔反尔者？”是时，北平日营之兵已至丰台，恐又生冲突。连长请示冯治安，冯命暂退，于是丰台成为非武装地带矣。日本得陇望蜀，又要求南苑撤兵，而宋哲元又从容处之，且择“双十节”在南苑阅兵，晚间在怀仁堂演剧，其盛况为九一八后五年来所未有。其实正在中日邦交极严重时也，阅操将以夸示于日人乎？是日，松室、河边均随同宋哲元绕场巡阅，军容固亦壮盛一时也。下午，何以必演剧乎？非真庆国庆也，因梅兰芳博士离平将近五载，二十九路军向未瞻仰其颜色，故欲藉此一开眼界，遂不免抛撇亡国恨，且唱后庭花矣。日本见宋哲元无移动军队意，不得已，降格以求，仍就经济合作问题研究。王克敏既不北旋，宋哲元乃以李思浩（赞侯）为经济委员会主席，于十月中旬发表，事前虽未征日本同意，日本见其为段祺瑞旧人，亦认为亲日派之故人，只有默认之一法。以此之故，暂获平静者两月。至十一月末，又谣言四起矣。或曰冀东将换五色旗，唱中华民国国歌，意将扩大者；或谓于学忠军队由门头沟开往察西，颇滋日本不悦者；或谓有人将运动恢复法统者；或谓冀东与冀察将合流，先由外交解决，至不能解决时，再以武力解决者；或谓宋哲元闭门谢客，表示消极态度者；或谓日本有去宋之决心者。议论纷纷，是以冀察政务委员会有禁谣之举也。

（丙）其次，可言韩复榘之态度

韩复榘坐镇山东，曾与日本约定山东惟宋哲元之马首是瞻，如冀察果独立，则山东可迎刃而解，故日亦谅解之。然韩又虑蒋之疑忌之也，故当日本压迫宋哲元过甚之时，常表示愿辞省府主席，专带军队，到必要时则率队从蒋而行。然与蒋太密，又启日之疑忌也，故又时与宋哲元周旋。宋亦欲援韩以为助，故回乐陵故乡扫墓之时，恒约韩以吐衷曲。因此六月间，有宋、韩合作之说，谓宋、韩将联合组织新政权，以韩为正，以宋为副。时正值西南变起，宋、韩联电，恳请息争。外传劝告不从，将有第二步之发展，即谓息争无效，即将对南京宣告独立也。然此亦一种宣传耳，岂真宋、韩之意见哉，但联韩以为助则实情耳。宋不止联韩已也，陈勉孙告余曰："宋派陈中孚以联络西南派，刘哲以联络东北。"凡此者，无非为自固计也。然韩虽长袖善舞，仍不免于六月中吐露辞职之意，盖以蒋调重兵监视黄河以南，颇滋不悦。延至八月间，蒋且遣人径劝其辞职，故宋哲元赴保定，与韩晤面取进止。盖西南发动时，宋、韩有联电劝中央与西南息争，中央以为地方官吏不应有此举动也。冯玉祥抵庐山，大抵为韩复榘执调人之责，然而蒋之于宋，终难谅解也。

十月十六日，张艺泉告余云："中央有六万军队北上，而韩复榘适于此时赴杭谒蒋，外间多以为与国防有关也。其实中央只有三分对外，有七分对内。所谓对外者，因绥东紧急，不能不预为之防；所谓对内者，当因东北军而生也。盖蒋对西南问题稍稍解决，而回顾华北遍地皆反蒋势力，无论宋、韩，无论张学良，均貌合神离者也。中国军队非嫡系者皆离心离德，无可讳言也。张学良以'剿匪'名义坐困新甘，败衄以后，中央不予补充，亦不加以接济，积久必有自取灭亡之一途。东北既失，复失西北，将何以归欤。故其军中口号皆曰'回老家去！'人人均感觉有回老家必要，故其最近行动与共取谅解，质言之，共同反蒋，共同抗日也。设宋、韩响应，则华北非南京所有矣。然最近数年之军队皆各自固其地盘，东方鸣钟，西方未必即应，故宋、韩均徘徊于中央、西南间也。今者中央军队东至徐州，北至平汉路，西至陇海路，取包围西北军之形势，而一面牵制宋、韩。宋属日本半保护之下，尚有‘塘沽’、‘何梅’两协定为之保证，中央军不能径抵平津，尚可高枕而卧，若济韩则非其比。故韩之赴杭，将以剖明其拥护中央之心迹，为自固地盘，欲得中央之谅解也。军人之脑中，只知有地盘，不知有国家，与其谓为国防赴杭，失之高视军人，不如谓其为地盘赴杭。”观察尤为确切也。

（丁）其次，再言阎锡山之态度

一月二日，与余天休谈，余云：“陕北共产党之军火、军饷均由阎锡山接济。”始不相信，嗣询诸太原军部中人，谓有此事。余惊讶何故。一日，遇景耀月（太昭），诘之，景云：“阎锡山向看风势行事，昔直皖战争，阎出师娘子关，前锋请示加入何方作战，阎顿足曰：‘小知何知耶，何方败即攻击何方，何方胜即加入何方，此尚须请进止邪？’阎之地位能维持二十余年，成不倒翁者，恃此术也。今见蒋势不能敌共，且与共妥协，许共先以新疆为试验区，有效再图甘、陕、宁夏，不久即将及晋，故首倡土地村公有，以与共暗送秋波，则供给军火、军饷，意中事也，不然蒋方‘剿共’，岂敢对蒋提土地村有之谬论乎？然将来必死于日本之手。盖日本即以村有为口实，直穿三晋，为攻陕之计，且径指阎为‘赤化’，以此太原人心颇觉恐慌。”

二月十一日，余晤前河南省府主席李小兰，询以晋情。李盖应孙殿英之招新自山西来也。李云：“太原与北平同一恐怖，但恐怖之情形不同，太原恐‘共祸’之蔓延，北平恐日本之压迫。蒋介石谓共产党不足虑，所可虑者日本。阎锡山谓日本不足虑，所可虑者共产。二人思想不同，阎初有敷衍日本意，自去岁五中全会开会，亲赴南京参加，见南京对日强硬，故思想亦为之变。然则蒋、阎将联共以抗日乎？曰是又不然。不过蒋、阎与共抗日之目的则同耳。共如越太行山，一至冀南，则日本亦必出兵察南，斯时战端恐将启矣。或曰然则阎其不能免乎？曰阎之地位问题甚小，中央自有整个计划也。中央电阎云：‘如以晋军抵共，能支持乎？能有把握乎？否则应否由中央军援助？’阎复电云：‘晋已不支，甚盼中央军之速来也。’于是中央军决意入晋。或云已到三万，或曰七万，山西地盘已去三分之一。然中央军虽到，并不与共交锋，不过坐镇观望，名为‘防共’，实以防日。共之在晋者，亦变更策略，口号止云打倒卖国之蒋介石！打倒狐假虎威之阎锡山！并不呼打倒土豪劣绅，故与民相安如故。不合作者可离去其乡，合作者仍保护之。检查同蒲路之乘客，并不抢掠，止检取护路军之枪枝，护路军亦即放之去，故民亦不觉其烦。由是晋之地盘，一半为中央军所占，一半为共产军所侵，而向称阴谋家之阎锡山，大有左支右绌之势。”

唐馥田尝与余谈：“世界阴谋家无过英国，中国阴谋家无过阎锡山。英见法之将独霸欧洲也，扶德以抑法。今见德之复兴也，又助法以抑德。始也，助日以抗俄，今则阴助俄以压日。意之敌阿也，暗中助阿甚力。今见阿之不支也，又以和平责意。美步英之后尘，以金银之力操纵日本，提高银价，日之投机者乃大购中国之银，甚而烂板铜质之银元亦不惜兼收并蓄。忽而放弃白银政策，使日本仓皇失措，因此金价大涨，日本又售银而购金，一高一跌间，日已筋疲力尽矣。此英美之阴谋操纵全世界之大势也。阎锡山有二十五年运命，亦视其阴谋为操纵，无论皖派（即安福派）、直派（即直隶派）、直鲁军、奉天军、国民军、共产军，无战不加入，而事前先取联络。知其将败也，望望然去之；知其必胜也，则加入以助其一战，坐分利得。此次共军入晋，将不得幸免矣。盖晋人颇不满于徐永昌，以其非晋人也，胡为以之主晋席？傅作义不为无功，胡为置诸绥远边地？故晋军有引共入晋倒阎之计划，不然河之西岸有两师，河之东岸有六旅，共军岂能飞渡耶？今有以阎为军事委员会副长，以商震代阎之说，故报载阎已到京，不为无因也。日人侦察晋省共军虚实尚未得真相，但微有由察东、热河出兵绥境之意，观于冀东之拟派飞机、拟派刘以琳（升冈）到热接洽，不无蛛丝马迹可寻。是以四月间，有日本将使宋哲元为先驱，入晋‘防共’，而日以军队殿其后之说，究之此日之山西不得为阎所独有矣。中央军与共产军驰逐之场，日本军且窥伺其侧，欲收渔人之利也。”

以上所言者，华北诸要人对日之态度也。自南京方面各要人之态度言之，将如何乎？

（甲）首言冯玉祥态度

冯玉祥既为南京军事委员会副委员长矣，究竟对日有作战计划否？余曾以询诸冯派之何其巩（克之），何曰：“冯副长向来主张强硬外交，即住在泰山数年，亦未改变宗旨。今赴南京任职，当然按其向来宗旨而行，但环境是否许可，则未可知也。”

（乙）其次言胡汉民态度

是年一月初，汪精卫以饮弹故，避居青岛，党员亦厌薄之，乃倾心于胡汉民。胡自欧归，博得党员热烈欢迎，王宠惠亦将接踵至，大约英美之援助已成功也。胡如诚心与蒋合作，或可携手相安，否则政潮又将起矣。故是时，党员日盼胡汉民入京。然胡之入京与否，以二届中央全会能否开会为衡。胡主对日强硬，果入京，则外交政策必变。然蒋无欲招胡入京之诚意，故二中全会或至延期，是则蒋胡之龃龉仍如故。

三月三日，门人谢质如自南京来谒，告余云：“胡汉民所以回国者，以汪精卫去位后，蒋有电致胡云：‘第可回国，诸事均待商。’故毅然返旆。及至香港，以所提条件太苛，故又难合作。胡之条件有六：一、对外政策之变更，即易亲日而抗日也。二、党之命令政府须实行，政府之命令军队当服从。三、南京宪兵司令谷正伦残杀青年将近十万，亟须免职。四、以余汉谋为京沪警备司令。五、以王宠惠为行政院院长，最低限度为外交部部长。六、一党专政亦可，否则开放政权。此外又要求驱逐陈果夫兄弟。盖南京表面上由国民党负责，实际则政学系占中心，何也？杨永泰、张群、张公权、吴鼎昌等皆政学系人物。”夫胡汉民甫回国而敢对蒋提严酷之条件者，或有欲驾而上之之意，故外间有胡汉民为大总统，蒋介石为副总统兼陆海军大元帅，王宠惠为行政院院长之传说。

四月八日，唐馥田告余云：“孙中山嫡派仅有汪精卫、廖仲恺、胡汉民三人，蒋介石乃后进之辈。廖仲恺已死，汪精卫已出国，胡汉民资格最老，领袖中国，接替林森，谁曰不宜。且宪法规定现役军人不得为大总统，蒋亦何妨以退为进，将来尚有以副座摄政之希望。要而言之，欧美派之成功也。胡、王均与英接近，而宋子文尤为中心人物，是又英国发挥其阴谋助吾抗日，而于我国利害之影响如何，固不可知也。”不意壮志未伸，胡汉民竟于五月十二日病逝矣。

是月二十六日，地方当局在中山公园公祭胡汉民，余姑往参观，正值芍药盛开，园丁笼以纱灯，唐人所谓“故烧高烛照红妆”意也。西南派代表黄锡龄来平参加胡汉民祭典，其实代表陈济棠与宋哲元商合作，谋抗日也。盖胡之遗嘱在反日、反蒋、反共，其后死同志仍拟继续奋斗，以竟胡未竟之志。噫，胡汉民亦人杰矣哉！余读胡汉民所著《汤山被囚始末记》，胡之被厄于蒋，无由发挥其怀抱，亦可概见矣。

（丙）其次言汪精卫态度

胡既回国，汪乃赴欧。三月三日，门人谢质如语余云：“汪受伤本不重，故能赴欧游历，研究中国应走之途径，将师俄之共产主义乎，抑师德之国家社会主义乎，是有研究之必要，盖将以此定外交方针。”

汪负伤远适亦尚可嘉，但其被伤之原因何如乎？六月六日，胡庆培（伯午）与余谈，汪之被刺，汪派之人不满汪之所为也。

汪派大人物如曾仲鸣、顾孟余、唐有壬辈，各偿大欲以去；而次等人材不过得局长；又次者穷无复之。汪乃月出三千余元交彭学沛津贴之，每人月得数十金，为糊口计，然尚积欠数月未发，故饷以一弹而泄愤。噫，政客可为而不可为耶！汪与胡固皆以文人为政客，比蒋之为新起军阀迥乎不侔。

汪之为人反复无常，余深鄙之，然其文采风流亦有可取者。余调其《渡辽词》，常拍案诵之。词序云："昔闻胡展堂（汉民字）诵其中表文（芸阁所为），词有'一寸山河，一寸伤心地'之句，未尝不流连反复，感不绝于心。近得《云起轩词》读之，则似已易为'寸寸关河，寸寸销魂地。'顾二语意境各殊，不能无割爱之憾。余冬日渡辽，所经行地，刿心怵目，不忍殚述，爰就原句成足此阕，点金之诮，所不敢辞，掠美之愆，庶几知勉云尔。"词云："云偃苍松如画里，一寸山河一寸伤心地，浪啮岩根危欲坠，海风吹水都成泪。夜涉冰澌寻故垒，冷月荒荒照出当年事。蒿里老狐魂亦死，髑髅奋击酸风起。"悲凉感慨，有情人读之，能无泪下乎？

（丁）最后再言蒋介石态度

四月六日，余自极乐寺国花堂看牡丹回，邱豫萱（访伯）适自沪至。询以南京政策，邱曰："政府无对日决心，因内部派别甚多，最后恐以四川为退步。"又谈孙中山"容共"时，即知其有不可压制之气焰，故援智囊于陈群，使其用长江青红帮之力为"扑共"之计。蒋介石"清共"时，即由陈群代划一切，今更无联共抗日之事。不数日，蒋介石已入川矣。

四月二十日，余在程树德（郁廷）所，遇尹朝桢。尹，川人也，语余："蒋之入川，将筹备建都用。四川经张献忠之乱，全川洗劫，各县无人烟者二十余年，城邑皆茂草丰林，至康熙初年，始有人迹。光宣间，肩摩毂击，称殷富焉。舆夫行一里，舆价仅一制钱，其物价之贱，可以推知。不意近二十五年来，大小七百余战，民已不堪，譬诸肺病已入第三期矣。不意刘文辉失败，刘湘以蒋之关系，仅拥主席虚名，而政权实操于蒋派。蒋在各县有别动队，对各知事有生杀之权。十七年以来，未尝党之风味，今则党化不行于华北而行于全川。蒋在川经营三事，一为兵工厂，一为公路，一为碉堡。兵工厂多建筑山峡中，枪炮、子弹、飞机实藏山谷间，所以避敌人耳目也。公路展宽九丈，对各县征发工役，县各四万人，自备伙食，壮丁不服役者日出三角钱代役，限半年全省均通车。碉堡需砖，无砖则拆城墙、庙宇、民房之砖以应之。怨声载道，饿莩塞途，二千万之饥民垂垂待毙。川之西南食草根、木叶，川北无草根、木叶者食人尸，是与苏联之大饥奚异耶！钱粮预征至民国七十余年。从前地窖之藏银二十五年来尽流出，以易枪炮、子弹，犹之山西二十五年来将全省之银尽易得白面、红丸也。”询以“共患”如何，谓川西仍有“匪”，不啻划江而治，盖指金沙江言。徐向前股又将入川，思窜滇黔矣。祸患之惨，为张献忠后所未见者。然成都城内地价大涨，以南京要人多向省城购田，且搬运箱箧寄存四川者不少。城以外则萧条不堪，白昼路劫，行人稀少矣。是时蒋之入川，不过筹备建都耳，尚未定建都于何地也，盖蒋尚徘徊于西安、成都两地而未决。

五月三日，王兆中语余：“蒋计划第一步邀请段祺瑞往南，勿为日人所诱；第二步牢笼吴佩孚，使其效忠中国；第三步使张学良、于学忠坐困陕甘；第四步收拾阎锡山军队；第五步擒制冯玉祥，凡韩、宋皆冯之所属也。而附带手段牺牲张宗昌、孙传芳两人，其意俟中国军队统一后再言抗日。幸而胜，则收复失土，不幸而败，退守陕、甘、川、云、贵以自固，故曰是时蒋尚徘徊于西安、成都间，毫无抗日之意。盖自阿伯尼亚战败以后，蒋以前车可鉴，尤加慎重。意阿之战，英法坐视不救，待阿如此，待中国亦可知矣。蒋见国联无力，益觉寒心，战端一开，国土沦亡不堪设想，虽欲拥数省虚名，不可得矣。”

十月七日，南京财政部参事蔡先辉为调查档案事，偕商科职业学校校长谌厚慈来谒。询以南京有无迁都之意，蔡云：“外交若破裂，政府或先退宜昌，财政部已将公文收束送往矣。”先是南京本拟于双十节开国民大会，一般皆谓其开会必不成，盖南京已入危险时期，后卒以各省市选举不齐理由，呈请延期办理。而蒋则于十月间在杭州召集会议，意在统一陕甘，解决东北军，遣韩复榘率师入陕，即以鹿钟麟治鲁。此盖出于冯之计划，未必完全蒋之真意也。

日本对华之方针如彼，而华北及南京诸要人态度如此，无非以全力保全华北，且维持全国之统一。不意日本日求华北自治之促进，方苦无法支撑，而察绥自治早已成立，西南之战争与西北之变乱相继而起，甚而日本亦生内乱，诚可谓东亚多事之秋也。兹分言如左：

（一）华北自治之促进

二月十二日，管翼贤谈华北军事与政治均入危期，最近外交中心已由陈觉生移入陈中孚之手，其故由于“满洲国”外交次长大桥以电贺宋哲元就政务委员会委员长职，并附长函，内言冀察与“满洲”有紧密关系，应研究者三事：一国境问题；二户籍问题；三铁路联络问题。宋遣陈中孚与之交涉，可允者均允之，大桥表示满意而去，故最近外交事由陈中孚主持，宋乃以外交委员会主席酬之。陈在趾高气扬时与土肥原交涉，陈问土三事：一、日本欲侵略华北否乎？二、日本有意“防共”否乎？三、日本欲侵略华北以共同“防共”否乎？如属第二项，则可略谈外交，如属第一项、第三项，则只可听日本之所欲，无外交之可言。土肥原曰，属于第二项，其意欲与华北当局订军事协定也。至以政治言，以管翼贤之观察，最近或有冀察民众参议会出现，作为立法机关，实行自治，公举领袖，驱逐中央所任命之官吏，未可知也。蒋知其然，亦定有应付华北之办法。

十三日，林少英谈蒋之办法有三：一、析分军队之力，使张自忠与商震生联络，冯治安听冯玉祥命令，故宋哲元处势至孤。张自忠军队开一部分赴河北边境，邻近河南，为商震所汲［吸］引矣。二、布置学生联合会，随时可以动作。三、郭纪云之骑兵团、冯占海之军队向归河北省管辖，今则直接中央发饷，故保定以南全属蒋之势力，宋无能指挥之矣。以此之故，宋处境至难，日本又日迫其独立，宋实无可如何。日本有以宋为华北领袖，萧振瀛为国务总理之意，然鲁韩不赞成，晋阎、鲁韩倾向中央之心有十分六，仅十分四与宋合作，是以土肥原亦无如之何也。不久，恐迫成战争方能解决。日本本拟华北就绪再图与俄一战，如能战胜，再与英美清算，然而天意不尽如人意，日本非有必胜之势，最近且日俄接触至紧矣。蒋亦非毫无准备也。唐馥田告余，蒋于一·二八后在沪演讲，谓目下民众自不能不责备政府，且集矢于予一人，且看五年以后，政府如何。是蒋必有五年准备之计划也。以所闻言，棉麦借款第一批来者为棉麦，其后则麦为表，子弹在里也；故宫博物院运往伦敦宝物之空箱，均运子弹回国。所最难者飞机之汽油耳。汽油名格思林，较普通汽油力大而速，英德各国多为国有，不使出售，蒋拟以五百万磅设厂自制，嗣得英美许可，均归其包办，如中国对日有战事，伊可源源接济。蒋之枪炮、子弹均由宁波入口，径运奉化深山中储藏，派一团亲兵拱卫。此项团兵与外隔绝，虑被人勾引，且透漏秘密也。蒋数回奉化扫墓者，实则巡视团兵也。太湖山中，亦储藏子弹不少。江西有大山，四面包围，内中可布置飞机四千架。张学良军队调往甘肃，全用德国军官重新训练，以旧军队全不能作战也。此所谓五年大计划者，谓以中国全部之力，抗日本全国之师也。此外又有所谓六个月现计划。

二月二十日，林少英谈：“蒋有备战决心，计划六个月内川粤汉铁路完成，有密令宋哲元严守六个月，定有办法，届时必将兵权授予吴佩孚。宋哲元一面又与日本直接交涉，盖国民党内部有分裂之象。蒋将取消国民党，自为有权力之大总统，要求日本助其统一全国，攻取西南。而蒋以承认冀察绥之独立为交换条件，故遣张群为外交部长，许世英为驻日大使，将外交置于自己直接势力之下，不令党员知其秘密。故党员及欧美派如宋子文等，均拥胡汉民为拥党之计，双方暗斗，不知孰胜孰败也。然蒋虽有一切计划，而日本乘其未备，欲为先发制人计，乃于二月间更动陆军，以喜多为天津驻屯军参谋长，冈村宁次为沈阳特务机关长，接替土肥原，盖以地方军队无力，改由中央军部直接支配华北。夫日本所以注意华北者，以华北为日俄必争之区也。俄自中东路售与日本后，共得价一万七千万元，约三期交款。日本初付第一期，知俄以此款为战费也，第二期之款至今未付，则日俄之争端潜伏可知。日未必与俄战也，据华北以防俄，乃其既定政策。日显然以图华北也，俄岂能坐视？俄不过暗中活动耳。日俄交驰于华北之区，中央岂有不自固国防之理。然中央一任于宋哲元，宋则虚与委蛇，日本亦细观国际形势以定进止。”

五月三日，余天休语余云：“国际情形不甚急，华北亦可苟延。日本譬如建屋者，然彼但按其计划进行，不能不赖有力者为之看守门户，即在建筑中，亦不能不惟有力者是赖。殷汝耕非实力派可比，故彼第一步计划，使宋哲元造成局势；第二步依此局势，觇验其成绩如何；第三步成绩造成，则惟彼所欲为矣。各项委员会即其布局之一种，或云法制委员会即执行司法行政之机关也。外传关税独立、铁道独立等，宋艰于通电，其实水到渠成，虽不通电，仍然可以独立。是时香山附近民地百余亩，已被日本圈作飞机场，华北虽未独立，华北已非我有矣。”

日本又见华北全部独立时机尚早，于是又筹分化政策，以次独立。六月四日，林少英谈：“外传冀东特务机关长二宫正与刘玉书接洽，运动天津独立。刘曾为天津公安局局长，孙惟栋为社会局局长。孙为亲蒋派，刘为亲日派（孙传芳旧部），故日前天津市长将刘、孙对调，先谋天津市独立，再继以北平市独立，又继以河北省独立。日本盖用分化政策，使华北破裂也。学生反对宋哲元军队南下，则日本之要求宋军离开北平，可想而知。冀东现在每年报效关东军数百万金，天津、河北如独立，其结果亦不过输金媚日而已，于吾民何益哉？蒋介石之意，将先平西南，而后整理华北，故最近南方消息甚紧，粤桂纸币低落，此为大原因。东京外交系主张派兵北来者，原将步南满会社之后尘，劝国内投资从事建设，有兵则资本家方能放心。然青年将校谓从经济入手，非二三十年不为功，现在国际风云甚紧，情势与前三十年不同，故青年派迫不及待急从政治入手。总之，双方并进，视我国之应付如何耳。”乃至六月十二日，程树德（郁廷）来云："日内风声甚紧，甚有谓华北将于十四日宣布独立，以与西南响应，尚未正式冲突也。”卒之，独立之事难见施行，又议以王克敏为经济委员会主席，以曹汝霖为外交委员会主席，仍拟从经济入手，然亦未实行。延至十二月二日，报载蒋介石有密谕，由王正廷（儒堂）带来北平面致宋哲元，内容五项：一、已许日本经济“提携”之办法可迁延，或阻止之；二、绥远军事应予以相当援助；三、对日作战所用之军需物及一切物品，在不刺激日本之注意范围内，应早为准备；四、学生之救国运动应予以支持；五、由冀察派代表常驻南京，与政府取联络态度。就此五项内容观之，则是年蒋介石与宋哲元协力支持华北之意亦可见矣。

（二）察绥自治之成立

华北虽可幸免，然一月二十六日，即得绥东两旗有成立地方自治政府之消息。翌日，余天休语余：“绥东所以自治者，将以与绥西对抗也。绥西尚属傅作义范围，卓什海已占察东六县，拟招德王等赴张北组织独立政府，而尼冠洲前往会议（蒙古政府自治委员会委员之一），不赞成，故在归途中被刺。最近百灵庙只剩空机关，人员均分散。日本计划如成立数国，须多驻兵方能维持，不如组织无数委员会，化整为零，令中国人自猜自忌，散其势力，故将来或有晋绥政务委员会、鲁豫政务委员会发生，未可知也。”逾月，李守信部迫近张家口三里，察哈尔政府迁避宣化，是时察绥均告警矣。然我军与日军相持一年，百灵庙得而复失者屡，非军事之不利也，中央国策之不定耳。

张体泉于十二月三日语余云：“百灵庙为绥远军事上必争之地，盖口外一片沙漠，人烟甚少，村集尤稀，交通亦不便，且无高大建筑物可以藏庋军用品，惟百灵庙则各项条件俱备，日本已经营两年，今一旦为我国收复，心必不甘，闻已由‘满洲国’调日军两师团往察北，大规模作战或将开幕也。”张谓：“冯玉祥在察哈尔竖抗日救国军旗时，中央如稍稍扶助之，不至有今日事。惜中央压迫过甚，使冯不得行其志，是以察北既失，绥东亦危也。”

孙瑞芹自传（一）

张坚一　张未名 译　关　康 校

编者按：孙瑞芹，曾用名孙颂鲁，1898 年出生于上海崇明岛一个富裕农民家庭，1920 年毕业于北洋大学法律系。先后在中美通信社、英文《北京快报》、北京路透社、北京国际通讯社英文部、英文《北平时事日报》、美国驻北平使馆等处任编辑或翻译，兼于燕京大学、北京大学任教。抗战胜利后，先后任英文《北平时事日报》社长兼总编、国民党中央宣传部国际新闻处华北办事处专员、行政院新闻局北平办事处专员、处长等。1948 年后任燕京大学新闻系教授。1952 年调入中国科学院近代史研究所，从事翻译工作。先后完成翻译的著作有《德国外交文件有关中国交涉史料选译》、费正清著《美国与中国》（与陈泽宪合译）、赖德烈著《现代中国史》（与吕浦合译）及《清帝逊位与列强》（与陈泽宪合译）等。1969 年赴河南干校。1971 年 2 月在北京病逝。其早年所撰英文社论，以《一个中国主编写的英文社论》为题在海外结集出版。

这部作于 1940 年的英文自传，记录了他早年的求学经历、新闻记者生涯，包括与张太雷的同窗之谊、在华英语新闻机构的状况等，对于张太雷研究、新闻史研究均颇有史料

译校者：张坚一、张未名，孙瑞芹之外孙，现居美国；关康，中国社会科学院近代史研究所编辑。

价值。其中因写作时代所限的部分个人感受亦未予删改，以存全貌，相信读者自有判断。

第一章　我的家人和家乡

1898 年 5 月，我出生在江苏的崇明岛。这是中国近代史上重要的一年：善意但没有实权的光绪帝在他的广东籍顾问康有为及其追随者的怂恿下，发动了权力之争和百日维新。

对中国家庭来说，一位继承人的降生始终是件大事，但我的出生似乎为父母和长辈带来了更多的幸福。父亲在 23 岁时与一位农民的女儿结婚，她比我父亲大两岁。他们结婚七年却未生育。我的叔叔比他晚两年结婚，已有一儿一女。

父亲被过继给了他的叔叔，他必须有人来传宗接代。我不知道在我出生之前的八年里，他是否考虑过纳妾。然而，有一件事是肯定的：如果生育无望，母亲是不会反对他纳妾的，因为对于她和她长大的家乡而言，有一个儿子是至关重要的。

祖父母和外祖父都在我出生前去世了。我们住在父亲从他叔叔那里继承来的房子中。房子很小，由三个房间和一个厨房组成。这所房子是一个大宅子的一部分，有几个孙氏人家同居于此。我的继祖母和她的第二个继子住在另一所房子里，离我们家大约五分钟的脚程。父亲似乎从未对继母产生依恋之情。任何人都不应责怪他，因为在我祖父续弦时，父亲已经结婚了。母亲和她的继任婆婆之间的关系总是客客气气的，但不亲密。虽然我是长房长孙，却从来没有获得中国法律和传统赋予继承人的特殊待遇。正如我之前所说，我的父亲已经被另一个家庭收养，因此二叔的长子获得了这个特权。这个堂兄比我大四岁。直到我出生，他不仅是他父母和祖母，也是我母亲最喜欢的孩子。事实上，他童年时就被宠坏了，后来变成一个糟糕的孩子。在他父母去世后，他成为衰老祖母的负担和操心的根源，但祖母从未停止过对他的慈爱。

我有一个小两岁的弟弟。他死于猩红热时，我只有6岁，但依稀记得他是一个漂亮聪明的孩子。母亲总是说他比我聪明得多，他之所以早夭是因为神仙需要他。他的死让父母，尤其是母亲悲伤异常。迷信的母亲为了试图与最钟爱的儿子联系，甚至长期求助于灵媒。

弟弟去世和妹妹出生之间隔了五年。三妹不幸出生在一个将女孩视为负债而不是资产的家庭中，当时许多中国家庭都是这样的。更糟糕的是，她脾气急躁，很难管束。两年后，我有了另一个妹妹，她与她姐姐的性格和行为截然相反，立刻成为了父母的掌上明珠。不幸的是，她在7岁时染上猩红热夭折。

五妹的去世让三妹成为这个家庭的独女，但即使这样也不能让父母很高兴，因为他们一直觉得她是一个任性的女孩。很悲惨的是，他们忽视了对她的教育。母亲去世后，她经常因身体不好不能上学。随着年龄的增长，她开始意识到需要获得适当的教育，特别是看到许多年轻表兄弟已经离开崇明到上海寻求高等教育、被塑造成材。她要父亲允许她也这样。他不情愿地同意了，因此她能够在她20岁去世前在上海的天主教女子学校学习了两年。

儿童总是更多地依赖母亲而非父亲，只要明白养育孩子是中国和西方母亲的特权，这一点就不难理解了。因此，我更依赖母亲。这并不是说她不宠爱我，她其实是个慈爱的母亲；但当我偏离了她为我设想的准则时，她可能会非常强硬、严厉。

我母亲是一位蒋姓富农的长女。她性格坚强，善于持家。在我出生前的八年里，她操持一切，从烹饪到打扫房子，还在晚上纺纱织布赚取外快，以贴补完全来自于地租的家庭收入。

母亲虽然几乎是个文盲，但她富有常识，这使她在日常处理各种关系时能处于有利地位。就算她能影响自己的丈夫，那也不是为了支配他。父亲了解自己的弱点，在处理实际事务时尊重她的智慧。父亲属于拥有土地的阶层，继承了养父的一小块田产，但他没有能力管理这块在海门的土地。很早以前崇明的地主就有在隆冬时节去海门，亲自监督向佃户收租的习惯，之后他们回到崇明与家人欢度春节。这种一年一度的收租行动会持续几天或几周。精明强干的地主通常能够从佃户那里获取最高额的地租，而佃户通常不太愿意报告当年的真实收成。父亲厌恶这样的旅行，并且不愿意直接与佃户打交道。他更愿给专门收账之人一点小钱，让他们负责收取一年的地租。

父亲一辈子都没有工作。这可能听起来很奇怪，但在他的时代，该阶级的大多数人都是闲人。他们的时尚是吸食鸦片，并且每天花几个小时在茶馆里交换新闻，说朋友的闲话。我的父亲很早就养成了吸食鸦片的习惯，但值得赞扬的是，他在晚年成功戒烟。这是一个了不起的事，因为通常的经验表明，一旦一个人吸鸦片上瘾后就很难戒断。而且，他不停地向他的孩子讲述吸食鸦片的罪恶。

在年轻时甚至结婚后，他不止一次参加过童生考试，但显然因为水平不够好，始终不能如愿。我记得，一旦他能够通过初试，就可以去太仓参加秀才的最终考试。不幸的是，他落榜了，失望地回到家里。此后就不再考试了。

他的中国历史读得很好。他的习惯是在晚餐之前或之后抽一两管鸦片，然后借助鸦片灯阅读《资治通鉴》或《纲鉴易知录》。有时他也会读些别的书，如《聊斋志异》。漫漫夏夜，我们在院子里纳凉时，他会兴奋地把这些故事讲给我们这些全神贯注的孩子听。他喜欢讲一讲《聊斋志异》里丰富多彩的鬼故事。讲完一个，我们会要求他再讲一个，尽管事实上我们幼小的心灵已经十分恐惧，甚至不敢自己回卧室。最后，母亲来救我们，送我们上床睡觉。

与母亲相反，他对宗教漠不关心。虽然他和大多数中国人一样，是名义上的佛教徒，并且崇拜祖先，但实际上他不履行佛教仪式，也不求助专业的僧侣。如果他在祖先的诞辰或祭日，或某些中国节日祭祖，也不是因为他真诚地相信他们的灵魂能接受后代的敬意，而是因为前人和别人都这样做。他认为烧纸钱纯粹是浪费，如果他能够以自己的方式行事，他在任何祭祀中都不会烧东西。

我没有受过宗教教育。母亲迷信，但不信宗教。她相信风水，崇拜偶像。当我们中有人患病时，她就会祈求灶王爷或城隍神的保护，并祈祷我们康复，因此常与父亲冲突。父亲相信中医的功效，并会听取当地中医的建议。

在旧历的三个重要节日中，我父亲最看重春节，尽管在晚年由于家庭环境的恶化，这个年度庆典失色不少。母亲对春节更认真，并尽一切努力使孩子们快乐。我们自然热切地期待着春节的到来，并早早就开始盼望着。学校在腊月二十三之前的一两天放假。腊月二十三那天，灶王爷应该回到天庭，向他的上司作年度报告。晚饭后不久，厨房就举行送灶仪式，人们向灶王爷贡献葡萄酒和食物。作为一家之长，父亲主持仪式。他先向灶王爷的画像磕头，然后是我们这些孩子。仪式结束时，父亲从厨房高处的小神龛中取下画像，并用糖果涂抹它的嘴唇。此时，母亲站在旁边，低声说希望灶王爷忘记我们在过去一年里犯的过错、回天庭后为我们多说好话。然后所有人前往庭院，在那里大家沉浸在虔诚的沉默中，观看焚烧纸马。人们认为纸马是灶王爷升天时的坐骑。在除夕还要举行同样庄重的仪式，欢迎灶王爷归来。

腊月的最后一天即除夕，对少年的我来说弥足珍贵。许多家庭用守夜的方法辞旧迎新，但在我的记忆中，我家从未如此。因为父亲是一个谨慎的人，很少承担任何他在农历新年前无法偿还的债务，因此从来没有债权人来逼债；而他也不是一个坚持不懈的追债人。一系列仪式始于10点钟左右，我们欢迎灶王爷回家，并在大厅里悬挂祖先肖像，这些仪式在午夜前不久结束。最迟1点钟，我们就上床了。

我们在新年的早晨大约10点钟起床，比平时晚。给父母行礼、亲戚拜完年之后，我壮着胆子走上城市的街道，那里弥漫着节日的气氛。我有一种强烈的赌博倾向，并且喜欢在各种各样的游戏中碰运气。有很多小商贩在节日期间提供这样的游戏，可以获得自由交易的机会。在农历新年期间，赌博是中国人的主要娱乐活动之一，甚至连母亲也纵容我这个稚儿的弱点。由于我有许多叔叔和叔祖，他们总是给我很多压岁钱，所以我从来不缺乏赌资。

父亲对自己的生日毫不在意，更不重视我们任何一个孩子的生日。我还记得当母亲为了给他过生日，计划邀请几个亲戚来吃面时，他十分不满，甚至发了脾气。这种厌恶部分因为他本性不喜欢表现自己，部分是经济上的考虑。这两个性格特征都被我继承了。他从始至终讨厌各种形式的赌博，甚至不让他的妻儿和近亲玩麻将。母亲告诉我，在某个农历新年，他曾参加过一场赌博，损失了1000多文钱。这点损失让他心灰意冷，以至于发誓此后不会沉迷于任何形式的赌博，并一直坚持到去世。

母亲不同意丈夫对赌博的态度；事实上，她喜欢偶尔与亲戚和邻居一起玩十几圈麻将，以调节生活。她可算是个比较好的玩家和输家。她通常更喜欢在家里玩，但有时会被亲戚邀请出去凑一桌。如果母亲打麻将回家很晚，并且输了几块钱，父亲就会抱怨，向她讲赌博的罪恶。母亲会假装听着，但如果父亲喋喋不休，母亲就会调动全部口才回击，谴责他的刻薄和贪婪，抱怨她在厨房像仆人一样操劳近20年，现在应该娱乐一下，他不应该苛责她的这种消遣。然后父亲会悔恨不已，为自己一贯的坏脾气请求原谅。母亲接受了他的道歉，然后问题就解决了。作为对丈夫的让步，她会暂停玩麻将几周。

外祖母是我家的常客。她去世已经超过 35 年，但我仍然可以回想起她的样子。她比母亲略矮，但二人长得很像。春节之后她经常来看我们。我是她最喜欢的孙子，如果我因为做了一些儿童恶作剧受到母亲责打，她就会出面阻止。我出生时她已经 60 岁，脸上满是皱纹。由于她一直在自己的家里操劳，故在来看我们时也不会闲着。她喜欢帮助已婚女儿做家务，尽管母亲不让她这样做。父亲很快就厌倦了她，非但不感激她的帮助，反而盼着她早点走。这自然让母亲很不高兴，她希望外祖母尽可能多住些日子。父亲不会隐藏感情，他很快就通过各种方式表达对丈母娘频频到访的不满，如早上不问好，用餐时沉默以对。这位老太太很快从这些明显的迹象中得到暗示，尽管我们这些孩子含泪肯求她多待几个星期，她还是匆匆离去。

每年母亲会带我和弟弟去看望外祖母一次。她住在距离带城墙的镇子大约 10 英里的一个村庄里，蒋氏家族已在那里生活了 300 多年。在我写到的这一年，她已经丧夫，长子结了婚，但也去世了。次子完婚，但他是家里的祸害，让她和一些亲戚忧愁焦虑。最小的儿子好一点，虽然他已达到适婚年龄，但直到外祖母去世才结婚。

至少有五个蒋氏家庭住在一个被小溪环绕的大院子里。一座可以在晚上吊起的木桥横跨小溪，附近有大片土地，全部由蒋氏家族的成员耕种。在房子的后面有大片的竹林，数百根竹笋指向天空。

作为一个孩子，我很喜欢探望母亲的亲戚，他们都对我很好。我通常在暑假拜访他们。我喜欢乡村生活。我们在黎明时分起床，在一顿简单的早餐之后，我会和年轻的表兄弟——其中还有几个同龄人——一起做些冒险的事，在邻近的田野里漫步，看年老的亲戚耕种土地。10 点钟回来吃午饭，之后小睡。有时一个舅舅会在下午带我去附近的小镇，给我点一杯清茶。5 点钟吃晚饭，8 点钟我们就都上床了。

农村人有一种粗犷的俭朴品德。他们诚实、勤奋、笃信宗教。每个人都拥有一块可以耕种的土地，如果夏季没有水灾，初秋没有台风，便有望获得好的收成。在那个时代，现代思想尚未侵扰崇明的乡村。当时上海和崇明岛之间只有一艘排水量 300 多吨的蒸汽船；在港口有几家现代棉纺厂，数量用一只手的指头就能数过来。20 世纪 20 年代早期，这些工厂招募的工人多数来自崇明农村。

当时，独轮车是这些城乡之间唯一的交通工具。这种交通工具在现在的有些农村还能见到。它是木制的，可坐两人。中心的车轮使车夫能够比其他人更舒服地驾驶车辆。为了防止摔倒，我通常被固定在将两个座位分开的板上，腰部缠着一根绳子。到达桥头时，谨慎的车夫会让母亲和我下车，步行通过桥梁之后再上车。偶而有一两个大胆而蛮干的车夫，认为让乘客下车、步行过桥是对自己能力的蔑视，坚决要求乘客坐在车上。结果常常是不愉快的：独轮车一滑，乘客和车夫落水。幸运的是，小溪通常很浅，除了浸湿衣服，头、手擦伤之外，没有更糟糕的事情。在我的记忆中，我们没有发生过这样的事故，因为母亲最关心我的安全，在通过狭窄的桥梁时总是让我下车。

在我 8 岁的时候，外祖母去世了，此后我们就很少去村子了。五年后母亲也去世了，我就基本不去了。虽然我的两个舅舅不止一次邀请我和妹妹在夏季去玩，但如果记忆无误，我们仅去过一次。我们待了大约十天，虽然大人和孩子们想方设法让我们高兴，但我仍怅然若失。一方面，外祖母已经离开，无论亲戚们对我们有多好，都无法取代她。另一方面，因丧母之故，亲戚们总是怜悯我们，每去一个地方，都被问起继母对我们怎么样，这让我们很反感。此外，我进入青春期后，乡村开始失去魅力，在我十几岁的时候，我从南洋中学到北洋大学上学，回崇明的机会比以前要少了。近30年来，我没见过我母亲的任何一个亲戚。

第二章　北洋大学时代

北洋大学没有哪个毕业班在毕业前后遇到的环境比法律系1920级即法律系F级更糟糕。它开班于1916年秋季，约有30名学生，15名来自上一个冬季录取的特殊班级，其他人来自预科。新生被告知这一年只有一半时间，根据当时北京大学（俗称北大）校长的建议，教育部决定取消北洋大学的法律系并将其与北大合并。此后，北洋大学将专注于矿业、土木工程和机械专业的学生培养。这种意想不到的变化在我们班上引起了轰动，大家召开紧急会议，一致决定请求校长反对合并。如果这一要求不被接受，那么就允许我们班在北洋大学完成四年学业。最终，后一个提案被教育部接受，结果我们成为了法律系的最后一届学生。

到第一年结束时，班级人数已经减少到23人，这个数字保持到1920年夏天我们毕业。我作为特殊班级的学生，在北洋度过了四年半的时间，但回想起来，特别是相比清华和燕京的大学生活，既不是非常合算，也没有意思。自1895年中国被日本打败后，西化浪潮席卷全国，北洋大学创立于19世纪的最后十年，在中国校长丁家立博士和美国校长多年的合作下存在了很多年。那位美国校长曾是传教士，后来辞职加入了美国的驻京外交机构。当我在1915年冬天入学时，北洋大学已经培养了许多法律、土木工程和矿业专业的学生，并派出了几批毕业生到美国深造。其中一些人如王正廷博士和王宠惠博士在世界上留下了自己的印记。学校和学生自然都为这些杰出校友倍感骄傲，我们会兴致勃勃地屏息倾听他们在北洋大学期间的轶事。

法律、土木工程和矿业三个学院的教师几乎全是美国人。法律系模仿著名的哈佛法学院，也从自己的毕业生中招募教师。可以说，根据此时大学教育的发展趋势，课程的重点放在盎格鲁——撒克逊法律上，而中国法律和中国政治法律制度的研究也在其中，但后者被置于不太重要的地位，学生们也普遍忽视。有一两位美国老师，比如爱温斯（R. T. Evans），他们后来在天津创建了非常成功的法律业务。爱温斯的课讲得相当好，但由于大多数学生的英语水平很低，几乎不可能领会讲授内容。因此，一些教师采用更简便的方法，让大家阅读教科书并逐一解释书中的法律术语。多年来，该系建立了一个很棒的图书馆，藏书主要都是有关美国法学方面的，但由于几乎没有课外作业，很少有学生利用它。

在我在北洋大学的最后六个月之前，赵天麟先生一直担任校长。赵先生毕业于北洋大学，在哈佛大学有令人瞩目的学术生涯，取得了法学学士学位。① 他30岁出头，是一个非常尽职尽责的人。他没有架子，学生很容易接近他。如果说他有何不足，那就是缺乏对教育的热情。学校的行政人员非常少——可能是中国所有大学之最——所以他倾向于让校务以传统的方式运行。他似乎并没有意识到当时激荡的各种青年文化运动；即使意识到，似乎对它们也不感兴趣。尽管他受过美国教育，但没有试图吸收美国大学生活的任何优点。新生的新生周、毕业班的校长招待会和毕业典礼一概没有。9月1日开学，1月份短暂休假，学年于6月15日结束。他不鼓励学生开展活动。在我上学的第一年，有一个新成立的英语口语社，但存在了不到半年。在我就读的最后一年，本来有计划出版年刊，但没有实行。学生团体很少超过

① 应为博士学位。——译注

300 人。河北籍学生占多数，其次是浙江和江苏籍学生。由于校长没有试图利用学生活动把各系和各省的学生聚集在一起，所以经常发生这样的事情：4 年学成，毕业生离开大学时认识的同学不超过 20 个，且通常还是本班的。

学校有七栋宿舍，因为所有学生都得住校。宿舍显然是在科举考试制度尚未废除时建造的，格局模仿的是贡院，共有几十个小房间。每个房间都被一面墙隔开，只能容纳一张床、一张桌子和一个柜子。宿舍大小统一，编号为 A、B、C、D、E、F。新生一般不容易分到好房间。好房间通常都是为那些必须提前一年申请宿舍的老生保留的。那些碰巧分在靠近窗户的人可以在下午 4 点钟之后学习，但没这么幸运的人不得不在教室学习，因为他们的房间在 4 点之后漆黑一团。在冬季，从 11 月 1 日到 3 月底的 5 个月，炽热的大炉子在白天和晚上供暖，与拥有中央供暖设备、抽水马桶以及现代浴缸的清华和燕京大学宿舍相比，北洋大学在这方面确实是最落后的。尽管该大学拥有自己的电力和供水系统，但卫生和洗浴设施至少落后了 20 年。

然而，这所大学的外观非常壮观。校园位于白河岸边，靠近 1900 年义和团运动时被外国军队夷为平地的军械库。校园是天津的景点之一，在樱花盛开的春季尤其可爱，城里的许多人在附近度周末。行政大楼顶部有一座钟楼，可以从在京奉铁路线上行驶中的火车窗口看到它。在我毕业几年后，大楼被烧毁。

学校纪律很宽松，只要能保证上课，学生可以完全自主安排时间，甚至于去城里的妓院过夜。其实，一些学生，主要是南方学生确实疯狂，但如果他们没有少修课程，并且能够通过考试，一样能够毕业。

在这四年半的时间里，我表现得非常好。我平常的周末娱乐是与几个朋友去电影院，晚上在 Wanpeikuan 区（Wanpeikuan Quarter）的一家南方餐厅用餐，然后回学校。直到大四的时候，我才第一次踏入歌女的房间。但我从未失去理智；我常常嘲笑那些被这些地方诱惑的人。

在北洋大学，徐谟对我帮助最大。我入学时，他已经是一名大三学生了。他大我四岁，因为曾经在南洋中学向他学过英语，所以我一直把他当作老师和监督员。我在北洋大学的最初六个月和他同住一个宿舍，但后来又搬走了，成了陶一民的邻居。徐先生于1915年来到北洋大学，当时他已经是一名优秀的英文学者和演说家，在不到一年的时间里，他成了北洋大学的高材生。他喜欢辩论，并且拥有很强的表演能力，这在大学的环境氛围中显得更加出色。他在大四时担任大学公共演讲会主席。这个学会里有徐志摩，他后来成为新月派最优秀的诗人之一。

我清楚地记得徐志摩成功通过第二届特殊班的入学考试后、从上海到达北洋的那一天。由于一整天都在下雪，当徐到达时，地面是厚厚的积雪。我碰巧去拜访他。他一出现，我就被他的风姿震惊了。他穿着一件非常昂贵的毛皮衬里大衣，搭配由海狸皮制成的同样昂贵的帽子。我立即告诉大家：一个英俊的学生到了。很快就有一群老同学聚集在我同学的房间前，急切希望能看到这个新来的人。然而，徐先生在北洋大学呆了不到六个月，就根据学校的合并计划，转到了北大的第一个班级，这一点我已经在前面提到了。

虽然我的大多数朋友都是南方人，但我也与几个北方人和其他班级的人建立了长久的友谊。我并不是预备班的学生，但也和他们交朋友。我永远的同伴是同班的吴南如和张曾让（张太雷），以及法律E级的陶一民。陶虽然高我一年级，但至少长我五岁；而张、吴和我同龄，是我们班最小的。我们都来自江苏，经常一起玩。陶体重约160磅，是明星足球运动员、校队队长。从很多方面来说，他是一个非常聪明的人，特别擅长烹饪和补袜子。但他比较懒散，不太注重课业。由于英语成绩不太好，他很有自知之明，知道自己写不了论文，所以不得不求助我，我也很乐意帮忙。

吴和张之间的关系比我与其余两人都要近得多。他们曾在江苏的同一所预科学校学习，同时从北大转学到北洋大学。张来自以陶器闻名的宜兴，从小就显露出非凡的才能。他会写旧体诗，能干，而且知识丰富。他相貌英俊，生气勃勃，脸色红润。他口才好，喜欢辩论。他和吴大多数时间都在一起，但有时候会吵架，并且连续冷战几天。然后，我扮演调解员帮助他们和好。在我们相识的第四年，我们三个成为不可分割的伙伴。

我的新生成绩令人失望：期末的学年考试中排名第 15 位。一些教师，尤其是冯海云博士非常偏爱优秀的学生，并且鄙视落后者。我是一个敏感的人，被这种明显的歧视激怒，因此在大二的上学期非常努力，但在年度考试前三个月患上了失眠，有两个月根本无法入睡。我尝试了各种药，但没有用。我被迫回到崇明休息。返校后，我毫无困难地通过了考试。我在第三年表现不错，在学期结束时排名第五。我的阅读范围很广，虽然对国际法和政治学特别感兴趣，但我试图跟上时事。我最喜欢的英文日报是《京津泰晤士报》。我喜欢读伍海德先生（Mr. Woodhead）的每日社论，尽管我很清楚他们在处理当时处于高潮的欧洲战争时有偏见，但仍然欣赏其清晰的风格和广博的知识。大学的图书馆订阅有由罗伯特·杨（Robert Young）精心编辑的《日本纪事报》（the Japan Chronicle）每周版的副本，我从未错过该报的任何一个问题，并仔细阅读其社论、注释和评论。他们涉及的题目广泛，并且让我感到非常公正。的确，我认为罗伯特·杨是最伟大的编辑，也是远东地区最公正的英国人。

像同时代的大多数人一样，我对协约国获胜的消息感到兴奋。1918 年 11 月，人们深信，随着普鲁士和德国文化被清算，世界将获得民主和安全，中国对日本和帝国主义列强的不满将在凡尔赛宫得到伸张。我参加了天津的胜利大游行，看到都督曹锟也在游行队伍中。我们从他的衙门口走到租界。

一个月后，当天津的德国人被遣返时，我开始怀疑协约国军队参战的真正目的。有一天，走过前德国租界时，我看到一些德国商店和公司正忙着盘点，我在街上遇到的少数德国人看起来很沮丧。我突然对这些无助的人产生了同情。许多德国人没有参战，可能也反对他们的政府，甚至一些在中国出生的人从未回过国。我问自己：既然战争已经结束并且正在建立一个新世界秩序，为什么协约国要如此对待这些德国人?《京津泰晤士报》公开宣称，为了彻底消除德国在这里的商业利益，确有必要将天津和中国其它地方的德国人遣返。我认为这个坦率的说法指出了战争的一个原因。

1919 年 5 月 4 日，为了抗议凡尔赛和平会议将山东划归日本的势力范围，一场具有历史意义的学生运动在北京爆发。当听说曹汝霖居所遭到破坏、当时正在北京的驻日大使章宗祥遭殴打时，我们深受鼓舞。我们与其他天津学校的学生一样，支持北京学生要求解雇和惩罚三名所谓的卖国贼叛徒——曹、章和陆宗舆——无论如何他们都对中国在凡尔赛的失败负有责任。

我们班和工科生对在天津学生运动勃兴的情况下是否应罢课存在分歧。我赞成继续上课，6 月份的学年考试也应照常举行，但我的意见被多数人否决了。我还参加了天津学生会组织的示威活动，以支持北京学生的请愿。在一个闷热的日子里，成千上万的学生聚集在南开中学前。但游行开始前，警察在学校周围拉起了封锁线，禁止示威者离开。接下来是可悲的场景：在示威领导人的指挥下，我们都跪了下来，齐声哭泣，请求让我们通过。最终，我们获准在警察和武装警卫密切保护之下游行。

北京五四学生运动爆发后不久，天津学生会成立了，学生经常在北洋大学集合，我们总有机会听到其领导人的演讲和辩论。

我对其中两个人的印象很深。南开学生会主席马俊是天生的领袖，拥有出色的外表。只要站起来说话，他就能掳获所有听众的注意力。他发音清晰，善于雄辩，有说服力，令人信服。在短时间内，他成为中国最杰出的学生领袖之一，经常被派往上海和北京执行重要任务。后来的几年我没有他的消息，但是听说他从南开毕业后不久就获得奖学金去了法国，回国后成为了一名共产党人，在 1927 年国民党对共产党人的屠杀中牺牲。

代表天津女子师范学校的刘清扬女士是一位内心火热的演讲者，她能与马俊和其他学生会领导人媲美。她的性别和口才让她很快成为运动中最受欢迎的领导者。当然，她不是美女，但我认为她也不一般。因此，当我多年后看到她作为清华一位哲学教授的妻子时极为惊讶。她看起来像是她以前的鬼魂，憔悴、脸上满是皱纹。她虽然一如既往地火热，但她发现周围没有人同情她的理念。

我们在北洋大学的最后一年发生了一件事情。此事原本与我们毫无关系，但后来发展成我们法学院学生与工科学生之间的斗争。在 1919 至 1920 年学年开学后不到两个月，工程专业学生显然受到学生罢课的影响——这是五四运动的后果——鼓动要求校长赵先生辞职，理由是他的法学教育背景使他不适合管理正在迅速向工程学院转型的北洋大学。我们班出现了分歧。有人认为活动是间接针对我们的，所以支持校长；其他人则不这样认为。鼓动者大部分是两年前从北大转学来的学生，他们试图争取我们的支援，但遭到我们婉拒。不幸的是，由于我们没有明确表示反对他们的主张，鼓动者将此视为默认，结果每当发表任何声明时，他们就会觉得自己代表了整个学生团体。经过三年的法学培训，我们可能过于关注这一程序的合法性，因此否定了工科学生为我们说话的权力。这最终导致了我们和鼓动者之间的分裂。

事实上，对于超过 200 人的学生团体来说，我们这个只有

23 人的班级确实无足轻重，但我们并没有被吓倒，并决心维护法律。与此同时，赵先生屈服于压力辞职了。工程专业的学生曾要求有工程学背景的人担任新任校长，但直隶省的教育专员似乎一心想挫败他们的想法，经当地行政长官批准，任命了另一位受过法律训练的人，即法律系的冯（熙运）博士。这项任命使事情更遭，因为他比赵先生更不适合担任行政职务。

如果鼓动者的领导人跟我们合作而不是进一步对抗，那么我们可能会采取不同的行动，因为我们大多数人都反对冯博士。但是他们一心要忽视我们的同情心而与我们为敌。这种情况一度变得很糟，以至于我们害怕报复，被迫离开了学校，到一家中国人开的旅馆躲避了几天。后来我们在天津中心车站附近的一所农业学校的旧址找到了临时宿舍，上了将近三个月课。期间，我们遭遇了一群学生对另一群学生最残酷的有计划的舆论攻击。当地的中国媒体说我们去民政署下跪请愿，恳求派遣军队到北洋大学赶走煽动者，但事实上这段时间我们根本不敢迈出临时宿舍一步。

多亏当局采取了拖延政策，鼓动者的信心开始动摇，当 1920 年春天来临时，他们显然已经失败了：如果他们选择留在北洋大学就必须接受新校长，并签署一份表示“悔过”的保证书，承诺在未来注意自己的表现。他们中的许多人不愿签而转学北大。签约的少数人中包括陈立夫先生和曾养甫先生，他们两人后来成为国民党员，并成为国民政府立法院的领袖。

我们胜利了。4 月的一天，我们回到了大学，但没有任何欢迎仪式，双方的争斗是如此痛苦，以至于那些留下的少数工科学生非常恨我们。月底进行了毕业考试。5 月的第一周，我们知道我们每个人都通过了毕业考试。除了班级晚宴外，同学们要求我用英语做一个简短的演讲。没有毕业典礼，也没有举行任何校长欢送会来纪念我们离开。不久之后，我向同学们告别，去北京找工作。

第三章 求职和新闻工作

每个大学毕业生的生命中都有一段被迫找工作的经历，除非他有独立的生活来源。虽然我对完成法律学业感到高兴，但却对自己面临转变职业的前景感到恐惧。父亲财力不足，所以出国攻读研究生学位是不可能的，我必须尽快找到工作。北洋大学法学院毕业生通常有三条出路：申请司法部颁发的证书，从事法律工作；参加外交部的领事公职考试；去教书。我对法律理论（法理学）很感兴趣，但从未认真考虑从事法律工作。我对外交工作有些兴趣，但领事公务员考试刚刚在去年冬天举行，而下一次还不知何时举行。所以留给我的唯一选择是去教书。但在哪里教、教什么？当时中国本土大学的毕业生没有资格在公立或私立大学任教，回国留学生在政府部门和高等教育领域仍然处于优势地位，大多数国内大学的毕业生只有在中学才能找到合适的位置。来自北洋大学的我很自然地希望教授法律课程，但是中学没有这类课程，国立大学也只有公共课。然而，由于英语是六年中学教育的必修课程，许多国内大学毕业生如果在毕业后找不到好工作，就会在中学教初级英语。

早在从北洋大学毕业之前，我就已经在朋友和亲戚中获得了擅长英语的声誉。这是因我对英语文学和英语新闻感兴趣，但我的英语水平没有经过检验，无非偶尔给媒体写信或撰写足球比赛报道。其实我没有接受过专业的英语教育，虽然水平高于一般的北洋大学学生。

毕业后，我花了两周在北京找工作。起初，我似乎成功在望。我在南洋中学和北洋大学的一名同学为了进入政府部门在三年前缩短了大学学业，现在给了我一份英文秘书的工作。他刚刚成为英商福公司的中国经理，并急于获得我的帮助。但他是一个滑头，我为他工作了一周，一分钱没有拿到。最后，我决定离开他。

我有两个在政府部门工作的叔叔，一个是教育部的低级职员，另一个在外交部担任高级职员。前者准备帮助我找一个教职。他说他认识师范学校的校长，会写信寻问是否缺英文教师。另一位叔叔自称关心我，但明确表示无能为力。现在回想起来，我必须说他们都是小人物，以他们的地位来讲帮不了我。

我曾经想在清华大学找一份院系助理的工作，但是我没有有影响力的朋友，没法让人把我引荐给校长，所以这个想法只是个美好的希望和不能实现的梦想。

与此同时，战争阴云正在迅速笼罩中国政界，我不得不与交通大学（the Communication College）的一群学生一起匆匆撤离北京。火车到达苏州之后就不能前进了，因为支持安福系的卢永祥将军的军队将昆山附近的铁路切断了，而督军李纯将军支持直系军阀。我们不得不在苏州滞留两天，等待事情的发展。在得知不会很快通车后，我们就到了镇江。在那里，我们登上了开往上海的日本轮船，返回老家崇明。

我和父母住了两个月，并等待两个叔叔帮我找教职的消息。为期两个月的暑假即将结束，而北京方面没有任何消息，我终于确信他们的努力失败了。我陷入绝望。我该怎么办？我讨厌无限期地留在崇明。我觉得我无论如何必须要做一些工作，否则很容易消沉和懒惰。毕业前，我一直有去报社的想法，但对是否接受法克斯博士（Dr. C. J. Fox）提供的工作机会犹豫不决，因为我担心身体顶不住报社夜班带来的压力。法克斯博士任职于天津的《华北明星报》，我曾通过该报学习政治科学。由于获得教职的前景黯淡，我鼓起勇气给法克斯博士写信，问能不能在他那里工作，并表示每月给我 60 元就可以。法克斯博士立即回复我说，我可以在 9 月 1 日开始工作。我于 8 月 31 日抵达天津，次日便开始工作。

法克斯博士已经聘请了我的两个同学，施陈深和吴南如。吴毕业后立即在《大公报》担任翻译，但由于资助该报的安福系失势，他在不到两个月的时间内就失业了。然而，他设法得到了另一份工作，给一个在天津的俄国人当翻译，后来人们才知道这个俄国人是布尔什维克的代理人。当《华北明星报》给他提供一个位置后，他大方地辞去了翻译工作，转而推荐了张太雷。当我到达天津时，吴为突然去世的母亲回家服丧，张也没有来。不久，两人都回来了，我们三人再次成为不可分割的同伴，同桌吃饭，并在位于法国租界的明星办公室（the Star office）对面的一家旅馆共用一间卧室。

我在报社的工作包括报道和校对，吴的工作也差不多。我们通常在下午 3 点到办公室上班，然后访问我们的各种客户，例如市内的中国警察局或基督教青年会。晚上校对，直到报纸可以付印为止。法克斯博士是《明星报》公司的总裁、编辑，但新闻编辑掌握在另一位法克斯先生手中，他们不是亲戚。后者在来中国之前已经在美国西海岸地区获得了丰富的报纸编辑经验。他非常麻利，以创纪录的速度在打字机上写下头条新闻，并最后校核重要的新闻。他看中了我，并教我如何获取新闻并诉诸笔端，但法克斯博士似乎并不赞同这种作法，因为他经常说我的主动性不够。尽管如此，在我为《华北明星报》工作的 40 天中，刊登在头版的报道比吴要多。我撰写了李纯将军的讣告，还介绍了梁启超先生在基督教青年会的讲座，两者都发表在头版上。

我在一次冲动中辞了职，我对法克斯博士感到内疚。我年轻，脾气暴躁，缺乏家庭的制约。如果当时我已经结婚了的话，可能就不会这么鲁莽了。但之后可能就会无限期地留在《明星报》了。事情是这样的：10 月 10 日，中国国庆假日，我去南开报道秋季校际运动会。我自己去了，相信这个运动会值得从

《明星报》的立场做个报道。但令我非常惊讶的是，我回到办公室时得知法克斯博士并不赞同，并且轻蔑地说我缺乏自信。我感觉受到极大伤害，决定立即辞职。法克斯先生非常乐于助人，并给以前曾在《华北明星报》但现在在中美通信社的侯雅信（Joseph Hall）① 先生写了一封非常好的推荐信。

我于 10 月 12 日到（北京）外交部街的中美通信社拜访侯雅信先生。他不在，然后我去了他同时担任编辑的《北京导报》社（The Peking Leader）。就在他即将离开的时候，我遇到他，并立即递给他法克斯先生的推荐信。他说，《北京导报》可能缺一个总校，但他不确定，将会在一周内给我答复。

一周过去了，仍然没有侯雅信先生的消息。一天傍晚，我鼓起勇气，打电话给《北京导报》编辑部。接电话那个人自称是弗雷德里克·梅耶（Frederick Mayer），并问我是不是孙先生。他建议我第二天早上 11 点在南小街的侯雅信先生家里见面。梅耶先生是中德混血儿，在《华北明星报》和侯雅信先生一起工作时我见过他，但我当时没有想到他会帮助我。

我在指定的时间拜访了侯雅信先生，他立刻勾画出了一副诱人的图景，显示出北京有无限的可能性在等待着那些有进取心的人。他说，他将在瑞金大楼设立广告部门，并希望我做一般的办公室工作，并从中国商店、公司拉广告。我承认从来没干过这种工作，但他说不妨试试。如果可以接受的话，他会给我一个月 60 元的底薪，我应该第二天早上去方家胡同蓝慕山先生（Mr. Ramsay）家报到。

我对这个提议感到困惑和惊讶，虽然这个位置看起来不太吸引人，但我决定接受，这样每月就能赚 60 元，不再依靠叔叔了。第二天早上，我去了指定的地方。梅耶先生稍晚出现，要求我向

① 英文人名应为 Josef Washington Hall。——译注

市内有名的外国和中国居民打几百份通知函，请求他们填写表格、为出版城市名录做准备。这项工作太机械化了，毫无乐趣可言，但它提高了我原本不高的打字技术。两个星期结束时，梅耶先生伤心而遗憾地宣布他的计划已经流产，他会支付我30元并立即辞退我。第二天，我再次失业。

现在，我的脑袋里充满了就业计划。我写信给各公立大学的负责人以及邮局申请职位，但除了后者，甚至没有一个教育机构确认收到了我的申请。我觉得一定有些不对劲，急切地渴望提高英语和汉语水平。我打算在向北京或天津的外国公司申请文书工作之前先买一台打字机，学习打字和速记。

正是在这种怀疑和不确定的情绪下，11月初的一个下午，我再次打电话给中美通信社并要求见侯雅信先生。他正好在，还告诉我中文编辑宋采亮（T. L. Sung）准备离职，他们正在寻找一位翻译来协助中文部的二号负责人，此人将在宋离职时晋升为编辑。他补充说，如果我感兴趣，可以在第二天下午来参加考试。

我第二天去了，并被介绍给宋和他的助手徐。宋选取了几则日本广告商的故事，让我译成中文。这花了至少一个半小时，在此期间我报怨我的中文不好。完成后，他要求我翻译《京津泰晤士报》的一篇头条文章的摘要。翻译完的时候，天已经黑了，我也饿了。宋先生随后拿起一份中文报纸，选择了两篇中文让我译成英文。房间没有火，寒冷阴郁。但我成功地翻译完了，还用打字机打了出来。回家后，我告诉叔叔，我绝对没有机会得到这个工作，并且会回崇明，用两年的时间提高中文水平。

让我万万想不到的是，一名男孩信使第二天早上送来了一张便条，要我下午再去一趟。在宋先生助手的指导下，我把昨天的程序又进行了一遍。第四天，我被召唤到公司见了总裁罗杰·柏尔（Roger Burr）先生，他曾在北洋大学供职。他说可以让我开始工作，每月 70 元，第一个月试用期半薪。

从此，我开始了为期两年的奋斗。因为我的新工作是全职的，而从叔叔家到报社坐人力车需要近一个小时，所以我决定搬进国立北京大学附近的一个公寓，那里有许多朋友。房租每个月 3 元，我有一个自己的房间，除了一块作为床的木板，没有其它家具。我白天不在房间，去东安市场的一家餐馆吃早饭。我经常在 7 点钟起床，匆匆吃完早餐后走到不远的办公室。我总是早上第一个到，并立即翻译两页商业资料用于公司的业务，然后等待老板来，他将在 10 点出现并从早报选些消息让我翻译。译文主要在外国公使馆中流传，平均每天约 10 页，包括政治、金融、军事和经济新闻以及社论。在最初的几个月里，我一直努力为中文报纸中的词汇找到正确的英语单词，但我过去从未想过有一天我会以翻译为生。我从未想过要在字典里给很多中文术语查找对应的英文，但现在我以翻译为生，必须非常努力地“挖掘”字典中正确的单词。我还记得两篇特别麻烦的文章，一篇涉及中国纺织业，另一篇讲的是南方的桑树。这些文章的术语很多，我必须咨询植物学和纺织专家，如何准确翻译仍然是一个难题，但我想我的老板也不太懂。

译文在中午交付给订户。我们在打字机上一张张地打完后，便交给身兼编辑和经理的侯雅信先生，他校对之后让打字员刻蜡版付印。一天早上 11 点左右，侯雅信先生叫我到他的办公室，说他很忙，希望我浏览一下我老板的翻译。我既惊讶又受宠若惊，在答应他的同时，又希望他保守秘密，以免老板难堪。侯雅信先生补充说，徐写的英文文章没有我的通顺。

柏尔先生对我的工作也非常满意，他在月底把我叫到办公室并支付了 50 元而不是我应得的 35 元，并将下个月的工资提高到 80 元。顺便提一下，这是我唯一一次按时收到工资，之后工作人员的薪水因为柏尔的丑行被拖欠。

现在谈谈这个美国人和他的机构。他是杰出的波士顿家族的继承人，毕业于哈佛大学，于1914年来到中国，加入北洋大学，担任英语和德语教授。后来，他辞职去了美国红十字会，为西伯利亚的战俘提供援助。据称，他是因受人怀疑而离开红十字会的。他无法说清囚犯家属委托他转给囚犯的大笔钱款究竟被用于何处。在美国加入世界大战后，他负责美国在华北地区的宣传，于是便成立了“中美”，即所谓的中美通信社。和约签署之后，该机构与美国政府断绝关系，成为他的个人财产，靠中国政府的补贴维持。

柏尔的生活非常奢侈。虽然他家只有妻子（德国人）以及一儿一女，但他拥有一所豪宅和一群中国仆人。他作为外交部、烟酒事务署（the Wine and Tobacco Administration）的顾问，每月收入一定超过1000元。（当时中国银元和美元等值，所以他的收入极丰。）但他并不是那种量入为出的人，结果是在我供职“中美”的18个月里，他无法按时给员工发薪水。

然而，他是一个狡猾的人，常常通过各种手段让员工在没有额外工资的情况下加班。在我入职不久，他宣布员工可以入股，并从每人的工资中扣除10元，作为员工在公司的股份。他明确表示，员工被辞职时就退钱，但这一承诺从未兑现。

就个人而言，他尽可能地作个好人。他对中国人从未流露出任何优越感，也不摆架子。我认为，这些特质使得除了我之外的中国员工都很听话。就算是他为了私利尅扣员工薪水的行为暴露在光天化日之下，他们仍然服从他。他说谎从不脸红，在月底无法支付工资时总能找到借口。

我花了6个月才发现，我为一个绝对不值得信赖的人工作，但我必须说他对我的能力评价很高。事实证明，在我逗留的前三个月里，他总是要我翻译中文官方文件和有新闻价值的文章。我一天的工作一般在下午7点结束，他经常让我再加一两个小时的班。当然，我加班没有额外报酬，但当我完成一篇翻译工作后，他会拍着我的背，夸我的英语很好。

以笔名 Upton Close 闻名的侯雅信先生也要求我作额外的工作。当我被“中美”的工作压得喘不过气时，他还让我给他当《北京导报》的版面编辑。我这样做了一个月，并在月底收到 40 元的支票后辞职。一个月后，侯雅信也离开了《导报》。

在“中美”，我与卓安生建立了友谊，这种友情延续到了今天。卓毕业于南京，出生于江苏镇江，曾担任柏尔的秘书。他英语说得很好，但脾气不太好。我们很快就成了朋友，经常花很长时间聊一些共同的话题。他打心眼里不喜欢柏尔，但对其错误的态度不如我严厉，经常不顾一切地替他辩解。

徐是中文部门的负责人和我的直接上司，他没有在“中美”工作很久。他毕业于圣约翰大学，英文和中文都还可以，但身体不好。当我认识他时，他的结核病已经很严重了。6 个月后，他在南方的家中去世。

在加入“中美”的头三个月里，我经常对叔叔抱怨日常工作的繁重，好几次险些要辞职。我特别不喜欢下午的工作，因为我不得不翻译英文报纸的新闻和长篇社论。最终，我接受了吴南如的建议辞职了，他同时辞去了《华北明星报》的职务，搬到北京。我限制自己只在上午工作。现在我有了很多闲暇时间，而且读了不少书。

到 1921 年夏天，“中美”由于不能支付工作人员的工资而每况愈下。我对柏尔的逃避极其反感。我得出了明确的结论，我是在和一个骗子而非绅士打交道，恐怕他很久以前因为干了许多中美法律都不允许的事情被投入监狱。有一位我忘记姓名的美国女士，来“中美”担任英文编辑，对我很在意。虽然她比侯雅信或柏尔更精心地修改我的翻译，但总是称赞我的用词，说我的词汇量很丰富。我经常找她探讨问题。当她知道了我对柏尔的不满后，建议我去找找北京的美国公使馆商务专员安立德先生（Mr. Julian Arnold），说他办公室里有员缺。

安立德先生已经在中国为本国服务了十多年，并且被视为中国通。虽然他让我感到有些敬畏，他还是非常友好地接待了我。他花了很长时间了解我以往的职业，问我国语说得好不好，以及是否可以处理普通的中文信件，然后找了《上海商报》（the Shanghai Shang Pao）的一篇社论，让我当面翻译并用打字机打出来。社论讨论的是美国在华盛顿召开的海军裁军和远东问题讨论会上的建议，我毫不费力地翻译出来。我在不到一个小时的时间内完成了翻译，然后把它递给了安立德先生。他看了一遍之后，又提了一些关于我中文水平的问题。接下来他问我希望拿多少薪水，以及我多久可以离开“中美”。我告诉他我当时的收入，并表示我希望每月至少200元。如果可以接受，我必须至少提前一个月通知“中美”。安立德先生答应在两天内告诉我他的决定。

从安立德先生提问时表现的态度看，我判断他愿意要我，然后我突然害怕起来。没错，我不喜欢“中美”和柏尔，但我仍然对报社工作非常感兴趣，并希望最终能够得到一份报社的工作。我在“中美”的工作是一个很好的铺垫。现在，眼前新工作的要求是完全不同的，如果我为安立德先生工作，就得彻底放弃进入新闻界的希望。安立德先生需要的是一名能够翻译、打字、归档和卖苦力的文员。我不是受过训练的打字员，也讨厌办公室的日常工作。更重要的是，我国语说得不很好，在安立德先生与中国官员的会见中，难以准确地翻译。

不出所料，安立德先生办公室的服务生第二天打电话给我，要我立刻去见他。我去了，得知我的条件可以接受，他希望我立即通知“中美”。我仍然担心这项工作不适合我，然后提出在通知“中美”后开始上班，但一开始每天下午工作半天。他同意了。

第一天下午，我的实习工作没有做好。安立德先生的助手考尔德（Calder）教我办公室的日常工作。他首先让我打一份长约8页的报告，然后教我归档的一般原则。我打字非常糟糕，尤其是夏天，大部分时间满手是汗。最后，他让我把一份制作珠子的专利文件翻译成英文。这件事情难度最大，因为文中有很多和宝石加工有关的术语。当然，我可以在翟理斯的《华英字典》中找到难翻的单词，而且办公室里就有一本。但当我翻译制造过程那部分时完全糊涂了。最后，我总算完成了翻译并交给了考尔德先生，我感到无地自容。

回到"中美"后，我把事情的原委告诉了朋友卓安生。我说我已经决定不接受这份工作，并会把他推荐给安立德先生，因为我相信他比我更有能力，特别是因为这份工作要打大量文字，而他很擅长此事。他非常谦虚，不情愿地同意了我的建议。

第二天，我再次拜访安立德先生，并向他解释我无法接受新工作。他对我很好，坚持要我再试试。我说我不会盲打，他回答说他会给我足够的时间学习。我说我确信卓先生会比我更称职，他说他们认识，但觉得我更"会用脑子"。显然，安立德先生对我的英语水平印象深刻。最后，他不得不放弃，虽然我知道他非常失望，因为此后每当我们碰面时，他似乎都不理我。当我把此事告诉同时来北京的克利福德·法克斯先生时，他强烈建议我接受这个工作。他说，报纸行业不挣钱，安立德先生给我的培训在日后会是非常有价值的。不幸的是为时已晚。

与此同时，在与旧交通系的宣传机构国际通讯社（the International News Agency）合作六个多月后，宋采亮先生回到了"中美"继续担任中文编辑。在许多方面，他是一个了不起的人。他是土生土长的广西人，至少比我长六岁，在圣约翰大学念了两年后，为家境所迫退学。他的英语和汉语都不错，但不算优秀。

他是个完美的翻译，但奇怪的是他不能写新闻报道。每当我遇到中文术语的问题时总是向他求助，他都能给出正确的英文。尽管年龄不同，我们慢慢产生了友情。他钦佩我除了翻译本国媒体的政治和军事新闻外，还可以报道体育和其他活动。

后来他邀请我一起创办《北京快报》（the Peking Express），这是一份 4 页的英文小报，上面有中文注释。该报主要面向中国学生。该报刚刚发行便立即取得了成功。我有了一个比大部分的同时代人更好的开端，《大众纪事报》（Public Ledger）的北京记者郝杰士（Frank Hedges）发表了简短的社论摘要《我们的生日》，这篇社论是我写的，而且广受关注。我非常努力地在《快报》工作，做编辑、记者和主笔。我年轻，对独立和自由的新闻充满热情，试图表达一个诚实的人对国家和国际事务的看法。世界基督教学生联合会即将在清华大学举行会议，中国媒体显然受到当时非常活跃的布尔什维克的影响，对基督教，特别是对联合会，进行了激烈的反对活动。我不是基督徒，但觉得这场运动不仅是受人鼓动的，而且会在世界各地代表的眼中伤害中国。因此，我谴责了这场运动，并撰写了支持董康的社论。董遭到媒体的谩骂，因为在他当了财政总长后废除了盐务署在报社所有的闲差。我以前从未见过董康，但觉得他正在尽最大努力扫除积弊，应该得到所有爱国的中国人的支持。这些社论被中美通信社和《北京导报》转载，并在中国人圈子中引起了轰动，当然宋先生和我都没有得到任何补贴。

宋先生把我介绍给了《国际》（Kokusai）的驻京通讯记者古野先生（Mr. Furuno），他后来成为我的第一位日本朋友，我通过他加入了《华北正报》。谦卑的古野从路透社东京分社（Reuters Tokyo office）起家，成为日本国家新闻机构早期驻京记者。作为一个日本人，他的英语非常好，对中国青年的理想充满同情。实际上，他受到了布尔什维克的一些影响。

在1921年的冬天，环游世界的北岩勋爵（Lord Northcliffe）来到了北京。他乘坐火车从上海出发，某日下午抵达北京，我做为《北京快报》记者和本地的日本记者一起采访了他。他在北京饭店五楼的大型接待室接待了我们。他的容貌与他非常钦佩的拿破仑极为相似。他回答了所有问题，他的应答方式给我们留下了深刻的印象：与外交官不同，他从不回避最难和最尴尬的问题。他当时正在发起反对修改英日同盟的运动，与劳埃德·乔治（Lloyd George）发生了争吵。在这个问题上，无论日本记者的感受如何，他都毫无保留地说出了自己的看法。

当注意到我是在场的唯一中国记者，并发现中国人比较腼腆时，勋爵坚持要我也提问。我提了一个关于当时正让英国政府焦头烂额的爱尔兰问题，他回答说此事有望和平解决。

然而，勋爵对中国的铁路服务十分不满，尽管津浦铁路管理局已经竭尽全力让他从浦口到北京的旅行尽可能舒适。勋爵后来接受了中国报社的采访，但我没有去。他在北京只待了几天，在此期间，政府的主要官员很周到地招待了他。

除了在“中美”当翻译以及在《北京快报》做编辑之外，我还设法抽出时间为刚刚在北京开设分公司的国闻通信社报道外国新闻。我以此身份采访了银行团的美国代表史蒂芬先生（Mr. Frederick Stevens）。当时，由于涉嫌垄断，银行团受到中国媒体的口诛笔伐。史蒂芬先生对我所说的关于银行团的垄断性质感到非常不满，让他的中国秘书敦促北京大学邀请他就银行团问题向学生发表讲话。我参加了会议并在《快报》中总结了他的讲话。他对我的文章非常满意，订购了几份载有报告的报纸，并寄给了他在纽约的银行。

我还参加了山额夫人（Margaret Sanger）在北京大学举行的关于节育的演讲，并为《快报》撰写了一篇报道。演讲在一间大屋子里举行，很多人来听这位著名的节育倡导者的演讲，胡适博士为她翻译。虽然仍然是单身汉，但我很容易就接受了演讲的第一部分即节育的必要性和原因，但在描述控制方法时我完全不懂，所以没等结束就离开了。

我与《快报》的关系让我结识了许多意想不到的朋友。一天早上，战前银行团的德国代表，也是战前北京外国社区最杰出的成员之一的柯达士（Herin Heinrich Cordes）在《快报》办公室拜访了我，并就各种问题与我进行了长时间的交谈。1900 年，他陪同克林德前往总理衙门，自己也被义和团打伤。他将最好的年华献给德国在中国的事业。当我认识他时，他已年近六旬。他于 1919 年被遣返，现在刚刚从德国回来，并且正在想方设法恢复他因世界大战而失去的财产。那时候，在京德国人的数量不超过 30 名，他们不太与外人来往，因为协约国还没有对他们做出处理。然而，与他的大多数同胞不同，柯达士从未表现出任何对在华协约国国民的仇恨。不久，我们之间形成了一种温暖的友谊。1926 年夏天他离开北京回国治病时，我登门拜访了他，不想一别成永诀。几个月后，他死于癌症。

我也结识了《华北正报》的赫尔·纽威尔（Herr Newel），以及当时《华北正报》的特约编辑辜鸿铭先生，我在后面会讲到他。

1922 年 3 月 1 日，我从中美通信社辞职，作为兼职翻译加入了《华北正报》，但仍保留了在《快报》的工作。到了 1921 年底，“中美”的事情变得如此不堪，以至于柏尔没有其他选择，只能出售该机构以支付员工工资和偿还个人债务。每当我向他索要报酬时，他总是说一两天内就会有钱了，但是到了指定的日子，他又从办公室消失得无影无踪。我年轻气盛，总是嚷着要部门同事们联合去交涉，但不知何故，他们害怕采取主动。1921 年圣诞节前夕，我带领一些代表闯入柏尔的办公室，要求支付一个月的工资。他没有给钱，反而说我正在破坏他的平安夜。我反驳说，我们也需要钱过圣诞节。

三个月后，我从“中美”辞职，但少了三个月的工资，于是我们爆发了激烈冲突。令我非常愤慨的是，他再次拖延不决，说他的钱在律师手中，而律师去了哈尔滨，要一周之后才回来。我一直追问他下次是否不会让我失望。这显然让柏尔恼火，他发脾气并让我滚出去。我很生气，并说不拿到被拖欠的工资就不离开。我甚至说，我从未见过像他这样的外国人，他是美国的耻辱。然后他出去了，拿回了一张 120 元的支票，说我必须在 5 分钟内离开，同时命令仆人把我拖出房间。

我说我不离开，因为他还欠我 40 元的公司股票。这笔钱他从未还我。我沉默的同事也都因此得到了一个月的工资。后来柏尔向宋表示，如果当时他有一把左轮手枪，就会杀了我。然而，他也承认我能写出好的新闻稿。

一个月后，柏尔偷偷溜出北京，留下许多未支付的账单。没有人知道他后来怎么样了。我从事英语新闻工作 18 年，他是我接触的外国人中最差劲的，说他是骗子都是客气的。

战后琉球问题资料选编

张燚明 整理

说明： 琉球问题错综复杂，战后国民政府对琉球态度摇摆不定。自1947年起，国民政府的琉球政策由国际共管变为积极争取收回琉球，并通过秘密支持“琉球革命同志会”（前称“琉球青年同志会”）的方式，以影响琉球民众在琉球归属问题上的态度，以期日后琉球民众能以投票方式归附中国，或由琉球地方政府“自动内向”。本篇资料涉及国民政府资助并运用“琉球革命同志会”，争取琉球回归的情况，反映了国民政府对琉政策的转变。原件藏台北“国史馆”、台北“中国国民党党史馆”。

琉球青年同志会请求准许琉球归还中国

（1946年10月28日）

琉球云者，原为台湾、冲绳之总称也。古今典籍，斑斑可考，中外人士，无不周知。同治十二年，日人始易名曰“冲绳”。按琉球为中国之孙国，中国敕使徐葆光于琉球王禅递之际，早剀切言之。然自万历卅七年日本武家政治渐濒式微，德川家康为求明哲保身，采锁国政策以来，日本国内之物资，不足以

整理者： 张燚明，复旦大学历史系博士研究生。

自给，遂转而垂涎于琉球，而发动萨摩强据种子岛、大岛本岛及琉球诸岛，将近美军政府所辖北纬卅度线以南以迄与那国之地，强自琉球分割。琉球王尚宁蒙羞于日本达三年之久。又自日本派遣官吏百二十名，颁定税制，强征人头苛税，是琉球之不幸实始于万历卅七年。而此次世界大战波及琉球，又复沦为地狱，文物制度，荡然无存。然经此事变，琉球旧土已不复置于日本羁绊之下，而美军并无久据琉球之意。然则琉球土地宁不应回返昔日受中国保护之状态耶？窃以为当前世界情势变幻莫测，可以中流砥柱者，舍我东亚民族其谁属？而世界之安定，又必先求东亚之安定。我琉人多系卅六姓之血裔，同属福建、广东之系统，琉人之为汉族，实无疑义。谨以汉族之流畅，求中国之安定，明琉球之归属，借以贡献于世界之和平。我等之希望，在使琉球归属中国，一旦有事，愿请缨杀敌，惩彼强梁，以臻东亚永久之和平。际兹琉民陆续遣回之时，同人等谨请永留中国，如琉球不幸归属他国，则请归化上邦，借表敬慕之忱。谨陈微志，伏乞鉴察俞允，不胜感德待命之至。

谨呈长官陈核呈主席蒋。

琉球青年同志会代表　赤岭亲助　喜友名嗣正

三十五年十月廿八日

关于收回琉球问题[①]

(1947 年)

一、中、美、英三大盟国领袖开罗会议声明书三国之宗旨：在使日本所窃取于中国之领土，例如满洲、台湾、澎湖群岛等归还中华民国。

二、千岛群岛日本系根据 1875 年日俄条约从俄国手中夺去，

---

① 作者不详。

现应归还苏俄。

光绪元年（一八七五），日本竟以压力强迫琉球不得向中国朝贡、庆吊及受册封典礼。

光绪五年（一八七九），日本不顾中国之抗议，废琉球藩改为冲绳县治，使旧藩王尚泰居东京。

光绪二十一年（一八九五），中日马关条约，中国不得已承认日本强占琉球之事实。

今以千岛群岛归还苏联为例，琉球群岛自应归还我国。

总之，收回琉球群岛于我国国防上和太平洋安全上，均有重大关系，希望予以充分考虑。

开罗会议声明书三国之宗旨，在剥夺日本自一九一四年第一次世界大战开始以后在太平洋上所夺取或占领之一切岛屿。在使日本所窃取于中国之领土，例如满洲、台湾、澎湖群岛等归还中华民国。

《资治通鉴》卷一百八十第二十六页："隋炀帝大业三年（公元六〇七年）三月，帝使羽骑尉朱宽入海求访异俗，至流求国而还。"

《隋书》："流求国居海岛之中，当建安郡东，水行五日而至。是后陈棱自义安浮海击流求，至高华屿，又东行二日至鼅鼊屿，又一日便至流求。"

收回琉球问题[①]

（1947 年）

一、政府对在琉球群岛迄未表示态度，遂引起各国之觊觎。

二、去年五月间，英国麦唐纳爵士在下院曾提出琉球的未来

① 作者不详。

地位问题，并质问外相，英政府将取何项步骤，以支持中国对于琉球群岛的要求，其关切琉球可想而知。

三、去年五月间，英国外相麦奈尔在下院答复麦唐纳爵士提出琉球群岛之质问曾声称：琉球的地位问题亦如其它日本领土，应由对日和会解决。

四、去年十月间，盛传苏联有拟取琉球之说。今年五月，战败国日本首相吉田茂，径向盟国最高统帅麦克阿瑟元帅提出对于和约之观点与希望，企图与美国共同托管琉球群岛。现内阁芦田均外相亦公然表示，琉球群岛在波茨坦宣言中尚未加以确定，意在希望保留此岛，更是显然。

留台琉球革命同志会会长喜友名坚决主张琉球重返祖国怀抱，其理由：（一）依据琉球之历史、风俗、文化甚至种族而言，皆应归入中国版图；（二）由国防观点而论，琉球与台湾仅隔一衣带水，关系异常重要，为中国所必争；（三）战时美军解放琉球，曾付出重大代价，但此不能作为美军长期占领之理由。日本要求共管，更属不当。

总之，收回琉球群岛于我国国防上和太平洋安全上均有重大关系，希望外交当局予以充分考虑。

日本之被占领并不像德国一样，日本政府及其他政权机构没有破坏，战争也未曾因有多数日本人民拒绝支持日本军阀而结束。换言之，即日本旧领导权的残余，既没有为外力所摧毁，也没有被他人篡夺，也没有产生另一种局面，俟有民主思想和热心改革政府的新人，能出来掌握政权。

备注：同式2件。附《资治通鉴》第180卷第36页节录及三国领袖开罗会议声明书节录等4张。

赖特才[1]提建议于对日和会时提出琉球群岛应归还我国案

(1947年10月7日)

说明：按琉球之为我国属地，由来甚久，史书记载甚详。自西历607年（隋炀帝大业三年）遣羽骑尉朱宽至琉球（亦作流虬），历隋、唐、宋、元、明、清，皆与我国有密切之关系。1264年（宋理宗景定五年），改流求为瑠求。1372年（明洪武时），又改瑠求曰“琉球”，此为琉球命名之由来。而琉球之成为我国属地，亦于明初之时确定。1404年（明成祖永乐二年）三月，中山王（即琉球王）卒，世子武宁，奉明诏书袭中山王爵，此为琉球受我国政府册封之始。自时厥后，其王之更迭，皆须受我国政府册封，始能定位。1871年琉球人66名，乘舟飘落台湾，其中54人为台湾土著高山族人杀害，造成“牡丹社事件”。日本竟向清廷抗议，清廷总理衙门大臣毛昶熙答称：“琉球为我国属邦，其民被害，不烦贵国过问。台湾番地，政教不及，其杀人劫掠，与我政府无关。”日本乃于1874年率舰进驻台东，讨伐高山族人。清廷又与争议，卒无效果，不得已订约议和，清廷赔偿琉球难民恤银十万两，交给日本政府。清廷此一措施，竟将琉球之宗主权，于无形中放弃矣。清光绪元年即1875年，日本于是正式占领琉球。光绪五年即1879年，日本不顾我国之抗议，废琉球藩，改为冲绳县治。光绪二十一年即1895年，中日订立《马关条约》，中国不得已承认日本强占琉球之事实。

盖自西历607年起，琉球与我国之历史渊源将达1300年。日本强力占领，不过七十年。史实俱在，可复按也。琉球文化，多同中国，其官制亦分九品，文字有字母四十七，字形均取中国字

---

① 赖特才，时任国民政府外交专门委员会委员。

之偏旁为之。其人民向多留学中国，故识中文者颇多，所刊四书五经及宋儒之书，旁附“琉”字，以便诵读。所用历书，皆由明清两代颁行。建立孔庙，行丁祭礼，建明伦堂，以为学府。月吉读清代圣谕衍义。欲补官者，须试表奏及诗，且以四书命题。其僧人能识番字，亦读孔子书，往袵为人子弟师，俨然海外中华。日本侵略琉球，虽已七十年，但始终未能使其同化，民间习俗，日用物品，均存华风，濡染之深，可以想见。至其人种，可分土著与外侨两部分。土著由来，虽已考证，似与南洋巫族不无关系。外侨部分，均为华侨，大概由福建及沿海各省迁往，最初或系商贾渔人，而明初所赐三十六姓之繁衍者，或占多数。三十六姓以阮、毛、蔡、金、梁、郑、林七姓为最著，多居久米村，后嗣借著汉姓。其国都首里，亦有向、翁、马、何四大姓，或即为华侨后裔，故有谓琉球六十万人，华侨占四十万，或亦有此事实。况琉球与台湾仅隔一衣带水，唇齿相依，更应为我国所必争。

总之，琉球在历史上、民族文化上，以及国防地理上，均有应行归还我国之证据与理由。故站在统一国家利害的立场上，对于要求琉球之领土主权归还我国，自属天经地义，毫无争议之余地。

备注：附请提琉球归还我国案同式一件，《史记》等节录一张。

琉球革命同志会吁请国民政府收回琉球等情签呈

（1947 年 10 月 20 日）

中央组织部部长陈立夫呈

谨签呈者：

据琉球革命同志会代表喜友名上主席蒋，吁请政府指示外交部向对日和会要求琉球收入中国版图等情。据此，理合检同原呈，敬祈鉴核。

谨呈总裁。

附原呈一件。

窃维北纬三十度以南【至】与那国岛乃琉球之领域，自联合国胜利以后在美军单独托管之下，虽已逐步走上复兴之道，此非永久之愿望也。查中国与琉球往来远在千百年前，不论政治、经济、文化、思想、风俗，无一不取之于中国。即以血统而论，仅有一部分由朝鲜、南洋迁来，大部分由福建迁入。所谓“三十六姓”，子孙绵延，可占人口大半。且琉球曾受中国敕封，其关系之密切，犹如父子。自万历三十七年之役[①]及甲戌之役[②]，遂被日寇全部侵占。从此关系始告断绝，琉胞陷于水深火热之中，然革命精神，民族正气，无时或忘，数次反抗，无数志士杀身成仁，可歌可泣，史迹不胜枚举。鉴于上述，琉球将来去处，抱入中国怀抱，自无疑义。是故，吾等同志组织“革命同志会”，目的在求琉球解放，归属中国。近观日寇，不惜卑鄙手段，无耻媚外政策，企图利用友邦养精蓄锐，冀卷土重来。如中国仍一本宽大为怀，姑息养奸，不加阻止，任其达成野望，琉球固属不幸，岂是中国、东亚之福？琉球虽弹丸之地，然对于国防上价值是毋庸赘述的。吾等同志有鉴于斯，际此对日合约前夕，吁请政府将琉球收入中国版图，务祈钧座指示外交部，向对日和会提出合理之要求，则东亚安定有厚望也。吾等同志誓必为后盾，效忠于祖国，共休戚共生死，在钧座领导之下，虽粉身碎骨，亦所愿也。区区微忱，伏祈鉴察采纳。

---

① 万历三十七年即公元1609年，日本萨摩藩于该年派兵入侵琉球，逼迫琉球向日本进贡，琉球王国形成“两属”状态。

② 指1874年日本侵略台湾事件。

谨呈国民政府主席蒋。

琉球革命同志会代表并喜友名同叩

外交专门委员会第七次会议记录

（1947 年 11 月 13 日）

地点：中央政治委员会审查室

出席委员：王宠惠、刘文岛、陈传生、范予遂、赖特才、王世杰、邵力子

副秘书长：洪兰友

主席：王宠惠

总秘书：赖特才

报告专项：……

二、赖委员特才提议，建议对日和会时提出琉球群岛应归还我国案。

本案今日再度交换意见，结果认为琉球归还我国问题暂时不作涉及，俟将来对日和会定期举行之前再行考虑。

郭治平呈蒋介石琉球革命同志会历年工作概况及现状情形

（1948 年 1 月 3 日）

“琉球革命同志会”于民国三十年五月先后在台、琉两地秘密成立，初仅同志二十名。该会之前身为“琉球青年同志会”，其宗旨在鼓吹革命、解放琉球、归属中国，并启发琉球之民族思想，击破日本之侵略政策。嗣后，因刺探日本军情，事机不密被发觉，该会工作同志赤岭亲助等不幸先后被捕。日宪以“外患预备罪”提起公诉，宣判徒刑各五年。当时以武力压迫而解散，该会同志等迫于环境，暂停活动。自民国三十四年八月，联合国胜利，台湾光复，该会同志赤岭等始获释放。鉴于琉球尚未解放，该会同仁欲达成目的，在各方襄助之下，迅速恢复组

织，当时参加者有六百余人。同年十一月，在台琉胞，由于战后生活贫困，在政府支援下，假台北市台湾戏院演剧三天，所得利润，全部充作救济贫困琉胞之用。又假台北广播电台，数度呼吁解放琉球，冀欲外界支援。三十五年八月十五日，并由该会主持下，在台湾警备总司令部召集全省各军政机关主管及留台琉球代表开“改进生活恳谈会”，琉胞代表一致要求中国应立即收回琉球，当时未得政府准许而中止。三十五年十一月，奉令遣送琉胞。至此革命工作顿挫，但该会同志仍抱坚毅不屈之精神，在琉地致力于革命运动，以迄现在。三十六年一月，前警备司令部参谋长柯远芬建议“琉球青年同志会”改称“琉球革命同志会”，曾以该会名义电呈国民政府主席，宣誓效忠祖国。三十六年五月，以本会名义，向国民政府呈请五点，吁请中央对日合约应将琉球问题列入议程。又，三十六年八月，向美国特使魏德迈将军吁请，对于琉球问题，应予合理解决，并由外交部转交建议书一份。同月，琉球与那国岛同志石原等十三人至台联络，报告该岛六千琉胞一致要求归属中国之意旨。对此并曾迅速转中央。现在该会同志在琉球现地有六千余人，在台湾仅联络人员三十名。际此对日和约期迫之时，须奋励以图革命之完成。

又，该会同志除原有之革命工作外，并献身于台湾治安产业（以水产机构为主）等责，期中琉结成一体，早日达成使命。

来源：原报人转据琉球革命同志会负责人喜友名嗣正呈报

毛人凤呈蒋介石琉球革命同志会检呈琉球国王之印模为属中国史证

（1948 年 3 月 31 日）

琉球革命同志会负责人喜友名嗣正等，以琉球为我国属土，史实俱在，胜利以后，日美两国均有夺取该地之意图，此国防要地，绝不能容许落于他人之手，特检呈“琉球国王之印”印模一纸，以为琉球属于我国之史证。现该印尚存琉球，视为国宝，谨检同原印模一纸，报请鉴核。

附呈：印模一纸（未附卷）。

来源：原报人转据琉球革命同志会负责人喜友名嗣正呈报。

意见：拟请转交有关部门研究，以作处理琉球问题之参考。

蒋介石电王世杰将琉球国王之印印模附发以为从属国之史证参考

（1948 年 4 月 1 日）

代电

外交部王部长勋鉴：据国防部转陈琉球革命同志会负责人喜友名嗣正等呈报，略以琉球为我国属土，史实俱在，胜利后，日美防均有夺取该地之意图，此国防要地，决不能容许落于他人之手，特检呈“琉球国王之印”印模一纸，以为琉球属我之史证。现该印尚存琉球，视为国宝，谨检同印模一纸，报请鉴核等语。兹将印模附发，希参考。中正。卯东。侍。洪。

蒋介石致吴铁城代电

（1948 年 6 月 15 日）

中央党部吴秘书长勋鉴：据密报称，琉球原属我国领土，现虽美军管治，人民均甚内向，拟请秘密运用琉球革命同志会人员秘密掌握琉球政权，冀于将来和会时，琉民能以投票方式归我统治，或由琉球地方政府自动内向，以保持我在太平洋之锁钥等语。应如何秘密运用，希即核议为盼。蒋中正。巳删。交。秘。

批示：候约丘念台同志一谈。

备注：如何秘密运用组织掌握琉球政权，请核议。

国防部第二厅呈蒋介石有关麦克阿瑟宣布成立琉球军管区调伊格尔斯为司令

（1948 年 7 月 19 日）

麦帅十四日宣布，自八月一日成立琉球军管区，并调伊格尔斯少将为该区司令。

批：呈阅。拟抄知外交部注意。

张寿贤[①]呈关于琉球问题摘要

（1948 年 7 月 21 日）

（一）琉球现状

人口：七十万，中国三十六姓系统六分之三，北方系六分之一，南方系六分之一，杂系六分之一。

面积：五千方公里，包括七十多个岛屿。

经济：人民生活相当苦。战前日本每年支出行政费一百万美元。战时美军登陆，破坏甚烈，死伤亦惨，计日军死伤十万七千，美军伤亡六万五千，琉球人死亡三十万。现琉球人民曾遍沦于无衣无食状态中，赖美军供应度日。

政治：琉球最高统治权属于美大琉球军政府，归麦克阿瑟节制。军政府之下设民政长官，由琉人担任，另在农业、渔业、教育各界中遴选十五人组织咨询委员会。

教育：初等教育一百余校，中等教育十二校，补习教育二校。

（二）琉球民族运动

1. 紫田米三等琉球民主党。

---

① 张寿贤，时任中国国民党“戡乱建国委员会”秘书处处长、中央党部秘书。

2. 牧志崇得等共和会。

3. 大城安义等成人会。

4. 喜友名嗣正琉球革命同志会。

（三）琉球革命同志会简史

1. 琉球革命同志会之前身为琉球青年同志会，民国卅年五月在台、琉秘密成立，同志仅卅名。

2. 民国卅四年八月，联合国胜利，台湾光复，参加组织者六百余人。

3. 卅五年十一月，台湾省政府遣返琉胞，革命遭受重大打击。

4. 卅六年一月，蒙台湾警备司令部参谋长柯远芬建议，琉球青年同志会改称琉球革命同志会，电蒋主席宣誓效忠祖国。卅六年五月具呈国府，吁请对日和约应将琉球问题引入议题。卅六年八月，向魏德迈特使吁请合理解决琉球问题。

5. 现在琉球革命同志会在琉球当地有同志六千八百余人，在台湾有联络员若干人。

（四）琉球革命同志会请愿

甲、书面部分。

1. “琉球现虽由美军管制，但美军仅着重于基地之加强，对于琉球人民之自由与福祉，未尝加以注意与改善。我们不怕吃苦，但愿建设琉球人之琉球。我们唯一的口号，就是要求真正的自由与解放。”（摘自《琉球与中国之关系》。）

2. “吁请政府坚持正义，收复琉球，我七十万琉胞为弘扬民族正气，回归祖国，愿作政府后盾。至于日本妄想再度奴役琉球，则誓死反对。至于友邦美国利害关系，祈请总统贤明措置，以外交折冲作合理之解决。”（摘自《请愿书》。）

乙、口头部分。

七月廿七日十一时与职对话：

1. 请修台湾省政府雇用琉籍人员登记规则：（1）人数准自半数增至三分之二；（2）准在被雇用之市镇居住。

2. 准予琉籍眷属在台湾居住。

3. 准予琉侨每年有两次送用品及家用至琉球。

4. 准许入籍中国。

5. 对喜友名从事革命活动放宽限制，准其返琉一行。

（五）对喜友名未来各项措置

1. 招待在京居住一星期至两星期。

2. 关于放宽对琉球移民之限制问题，由职先与外交、内政两部主管人员研商办法，自请钧座约主管部首长决定。

3. 关于对琉球革命同志之决策及运用，由钧座约行政院长，内政、外交、国防部长，总统府秘书长密商呈核后施行。

4. 总统回京后约见。

5. 发动若干人予以招待，鼓励其革命及内向情绪。

以上各点谨呈报秘书长钧察。

批示：如拟。密函询翁院长、王部长对于琉球问题意见。

备注：上吴铁城报告。琉球现况、民族运动、革命同志会简史等。

中国国民党中央执行委员会秘书处致彭孟缉、郭寿华电

（1948年7月23日）

台湾警备司令部彭司令、联秘处郭寿华勋鉴：密。蒙饬台湾省党部物色琉球领袖喜友名君等二人，由党干李德松偕同来京，征询各情，希即协助其出发并明电复为荷。中央执行委员会秘书处。午梗。汉。印。

中国国民党中央执行委员会秘书处致黄哲真电

（1948年7月23日）

台湾省党部黄书记长哲真：密。李德松同志偕琉使来京事，已分电彭司令、郭主任协助出发。中央执行委员会秘书处。午梗。议。

备注：请协助喜友名嗣正等出发来京。

琉球人民代表喜友名嗣正等上蒋介石请愿书

（1948年7月25日）

窃考琉球原属中国藩篱，从北纬三十度以南至与那国岛乃琉球之领域，自联合国胜利以来，在美军单独托管之下，虽已逐步走上复兴之道，但并非琉（球）胞永久之愿望。查中国与琉球往来，远在千百年前，不论政治、经济、文化、思想、风俗，无一不来自中国。即以血统而论，大部分系由福建迁入，仅有一部分由朝鲜及南洋迁来者。所谓三十六姓子孙，绵延至今，实占人口大半。且琉球曾受中国册封，其关系之密切，犹如父子。明万历三十七年，日寇首图侵略琉球，及至甲戌之役，遂被日寇全部侵占，从此父子关系，始告断绝，琉胞遂陷于水深火热之中，然革命精神，民族正气，无时或忘。无数次之反抗斗争，无数次之志士丧身于敌寇魔掌之下，杀身成仁，可歌可泣，史迹不胜枚举。鉴于上述，琉球将来应该重入中国怀抱，绝无异议。况自万历之役以来，琉胞含垢受辱已四百余载，琉胞数度呈奉血书求收还琉球，迄未能如愿以偿。此实为历史上之未决悬案，现在亟宜加解决之时。即以中琉地理关系言之，若祖国一旦丢失琉球，沿海边省势遭威胁，于东亚和平万难确保。琉胞有鉴于斯，故数度吁请政府，坚持正义，收复琉球，我七十万琉胞为发扬民族正气，回归祖国，愿做政府后盾。至于日本妄想再度奴役琉球，即誓死反对，若于友邦美国利害关系，祈请钧座贤明措置，以外交折冲合理之解决，则琉球幸甚！祖国幸甚！

谨呈大总统蒋。

琉球人民代表：

琉球那把久茂地五八　喜友名嗣正（印）

琉球与那国岛久部良四〇二二　庆田嵩熏（印）

琉球与那国岛久部良四〇二二　久贝清德（印）

琉球本岛那霸市　我那霸生康（印）

琉球伊平屋岛　岛袋松助（印）

琉球与那国岛久部良四〇二二　泽低忠次郎（印）

琉球与那国岛久部良四〇二二　宫里蒲太（印）

琉球本岛那霸市　与那霸宪一（印）

琉球与那国岛久部良四〇二二　岛本敏夫（印）

琉球与那国岛久部良四〇二二　米城太郎（印）

琉球与那国岛久部良四〇二二　福本丰（印）

琉球宫古岛乘便村下里　川满常盛（印）

琉球与那国岛久部良四〇二二　上原龟数（印）

琉球与那国岛久部良四〇二二　平得荣三（印）

琉球八重山岛石垣　大城次郎（印）大城清次（印）

琉球与那国岛久部良四〇二二　尾辻安男（印）

琉球本岛那霸市　上间正一（印）

琉球与那国岛久部良四〇二二　川满祐正（印）

琉球与那国岛久部良四〇二二　具志坚三郎（印）

琉球八重山岛　新垣龟六（印）

琉球与那国岛四〇二二　前幸地信市（印）

琉球那霸市上之藏七〇　赤岭亲助（手印）

琉球八重山岛　阿嘉宗政（印）

琉球与那国岛久部良四〇二二　国吉富夫（印）
琉球与那国岛久部良四〇二二　石原金弘（印）
琉球八重山岛　松川安雄（印）

中华民国三十七年七月廿五日

备注：请以外交折冲做合理解决，使琉球回归祖国。

苏泰楷致中国国民党中央执行委员会秘书处电

（1948年7月20日）

顷奉吴秘书长电饬，介琉球革命同志会二人到京。此间党部已决介现任琉球革命同志会长兼琉球人民协会理事长喜友名嗣正同志，定有日前与职协同来京。谨先电呈，敬祈转呈吴秘书长为祷。职苏泰楷叩。午哿。

黄哲真致中国国民党中央组织部电

（1948年7月23日）

中组部转呈吴秘书长钧鉴：密。琉侨喜友名嗣正化名蔡璋，及眉原金弘化名金弘，已饬本会李干事于有（廿五）日同来京晋谒，报告建议书随。谨呈。职黄哲真叩。梗。印。

郭寿华致中国国民党中央执行委员会秘书处电

（1948年7月27日）

中央执行委员会秘书处钧鉴：密。午梗电遵悉。琉侨首领喜友名等经由李干事德松、钟参谋强陪同，于廿五日下午五时，由台北飞沪晋京，请教示。谨复。台联秘处郭寿华叩。午感。

台湾警备司令部致中国国民党中央执行委员会秘书处电

（1948年7月28日）

中央执行委员会秘书处：由台湾省政府转到午梗议电敬悉。密。琉球代表喜友名嗣正，已于午日由本部参谋钟强陪同，搭机晋京。敬复。台湾全省警备司令部。午俭。备恒。

吴铁城上蒋介石签呈

（1948年8月2日）

敬呈者：

琉球革命同志喜友名嗣正来京拜谒钧座，陈述意见，业经察请核定日期能见者。兹陈该氏略历，敬乞察阅。

谨呈总裁蒋。

职　吴铁城敬呈

附喜友名嗣正履历。

简历表

姓名：喜友名嗣正（中国名：蔡璋）。三十六岁。

籍贯：琉球那霸。祖籍福建。第一世祖蔡坚。

住址：台湾台北市龙口街一段五号。

学历：琉球水产学校制造科毕业；夏威夷火奴鲁鲁基督教学校毕业。

经历：

（1）民廿二年，琉球水产试验场技士。

（2）民廿四年，美国夏威夷《实验之夏威夷》新闻社编辑。

（3）民卅二年，台湾总督府琉球疏散居民辅导员。

（4）民卅年五月，在琉球组织琉球青年同志会，从事民族解放运动。

（5）民卅四年八月，在台湾、琉球两地组织活动，改组琉球青年同志会为琉球革命同志会。

（6）民卅七年七月，琉球人民协会理事长。

现在：通讯处（中山北路华侨招待所235号）

报告

敬呈者：

前奉钧座代电，饬研究琉球问题，遂经约集有关人员先行初步交换意见，并饬台湾省党部物色琉胞来京详询一切。兹有琉球革命同志会理事长喜友名嗣正，由台湾省党部干事李德松同志偕同来京，就改善琉球地位及今后加强联系连日商谈。喜友名君拟于返台前向钧座致敬。谨转代为报告，敬祈赐约时间，以便转知为幸。

谨呈总裁蒋。

职　吴铁城谨呈

会议通知

（1948年8月5日）

敬启者：

前定于本月六日（星期五）九时在中央党部第三会议室商谈琉球问题。已奉查照，恭临参加/指派主管人员参加为荷。

此致黄司长正铭（外交部）、彭部长昭贤、丘主任委员念台。①

中央执行委员会秘书处

① 黄正铭时任外交部东亚司司长，彭昭贤时任内政部部长，丘念台时任国民党台湾省党部主任委员。

中国国民党中央执行委员会秘书处致翁文灏、王世杰函

（1948年8月5日）

径启者：

敬奉总裁旨，十五日巳删交秘电略开："据密报……希即核议"等因。除密电台湾省党部物色琉球革命同志来京详询一切外，关于琉球问题，我国究应采取何种态度，应如何运用之处，经转录电密达，至希惠示意见，以便会商研究为荷。

此致翁院长文灏、王部长世杰。

中央执行委员会秘书处

八月五日

张寿贤上吴铁城签呈

（1948年8月7日）

关于琉球问题，经于本月六日上午约集外交部黄正铭、内政部郑贤约、邓茹刚及台湾省党部丘念台同志等交换意见，结果佥认：

（一）就历史关系言，琉球以往仅为我国之属国，并非我国之领土，而开罗会议及波茨坦宣言亦均无琉球归还我国之协议，故将来对日和会，琉球可能采取托管制，由中国单独或由中美两国共同管理，甚至可能由联合国托管委员会管理。但琉球为我国东海屏藩，在国防价值上甚为巨大，我国实有争取其回归祖国之必要。

（二）无论以往及将来情形如何，目前对琉胞内向情绪及其回归祖国运动，应特别设法予以鼓励和协助，使其继续扩展，造成将来对日和会时于我国有利之情势。

根据以上认识，特决定数事如左：

（一）由台湾省党部秘密与琉球内向团体联络，并商同台湾

省政府及警备司令部，策动各该团体或个人从事回归祖国运动，必要时可由中央协助。

（二）各地政府对留居当地琉胞之管理，应特予放宽，俾增加其内向情绪。

（三）函台湾省政府修正《雇用琉籍技术人员登记规则》第五条，对船只雇用琉籍技术人员不作比例限制，并准许该项被雇用人员及其家眷在雇用市镇辖区内居住。

（四）函台湾省政府及台湾警备司令部，被雇用琉籍技术人员之有家眷在琉者，准其自行设法以用品送返其家中，不予留难。

（五）由台湾省方面选派小学教员分赴琉球各小岛施教，以争取第二代，并借以从事宣传。

（六）琉胞请求入中国籍者，可暂缓处理。

以上各点谨报，请鉴察。

谨呈秘书长。

职　张寿贤呈

八月七日

喜友名嗣正致敬词

(1948年8月8日)①

致敬词

一、谨代表琉球人民向总统致敬。

二、二十年来，中国对琉球深切关怀，情同骨肉，琉人无任铭感，恳将来益加关注，增进父子宗藩之情谊。

三、自明万历卅七年日寇第一次侵琉以来，三百余年间，琉

① 原档案误为7月16日。

胞特受凌辱。至清光绪五年，遂沦为日本之郡县。七十余年来水深火热之奴隶生活，虽文字被灭、姓氏被改，民族正气、革命精神仍存，反抗斗争、杀身成仁者络绎不绝。惟祖国海天远隔，呼吁难应，只有吞声饮泣而已。今世界交通形势大变，祖国无琉球，国防将遭威胁；琉球无祖国，民族将不能生存。故自日寇投降，琉胞曾数度吁请回归祖国，只以民心言。美国视琉胞如路人，日本视琉胞如奴隶，惟中国千余年均视琉胞如兄弟，故琉胞对中国断不以强弱变志，誓死反对归并美、日。祈钧座于盟邦签约时作合理解决，琉球幸甚！祖国幸甚！

四、敝会同仁为期琉球回归祖国、期琉球民族解放，愿团结一致，展开革命工作，谨恳钧座时赐以指示与协助。

五、详细关系，已另缮本呈览。至今日在台湾等地对琉胞之生活应请改善者，将与内政部及中央党部面商，请饬特予宽仁待遇。

六、今天在总统百忙中得晋谒鸿仪，深为欣感。谨祝祖国兴隆与总统康健！

琉球革命同志会会长、琉球人民协会理事长　喜友名嗣正谨呈

旁批：喜友名已到，九日纪念周后晋见总裁。

喜友名嗣正上中央党部总统府等呈

（1948年8月9日）

窃我琉球原为中国属地，人民亦即中国属民，中间虽经日寇侵占，多数人民实未忘中国。兹者日寇战败，琉球之回归祖国应无疑义。惟以对日和会未成，琉球归属问题尚未确定，以致为中国政府所留用之技术人员及在台湾谋生之一般琉球人民，其行动、居住及工作机会等均受到严格管制，因之彼等生活上及精神上均感到无限痛苦，而致常发生被留用琉籍技术人

员逃往及一般琉人走私等弊端。为谋得解除我琉人此项痛苦，亦即消弭上述弊端起见，除另呈请早日收回琉球，使琉人得与内地人民立于同等地位外，谨再沥陈数事，伏恳钧府部俯鉴下情，优予办理：

（一）请修正《台湾省雇用琉籍技术人员登记规则》第五条为“（1）船只雇用琉籍技术人员，最多不超过各该船船员三分二。”“（2）前项被雇用人员，准在被雇用市镇辖区居住，因故超出该辖区外时，应呈报并取得当地警察机关之证明。”

（二）请准许被留用之琉籍技术人员携眷在台雇用辖区内居住。（但可规定：来台后不得任意返琉。）

（三）请台湾省政府与琉球民政府交涉，准许中国政府留用之琉籍技术人员送回用品，交其留居琉球之家中应用。

（四）请准许琉人自愿加入中国籍。

（五）请指定机关与琉球回归祖国运动之团体联络，并指导其组训工作。

（六）请政府设法便利前项回归祖国运动团体之同志来往于琉球台湾间，以利工作。

以上各点，倘蒙赐准办理，即足以普遍争取琉人内向情绪，使回归祖国运动顺利扩展，固不仅解除琉人痛苦与消弭弊端已也。惶惧陈辞，伏维鉴核。

此致中央党部、总统府、内政部、外交部。

琉球革命同志会理事长　喜友名嗣正

三十七年八月九日于南京华侨招待所

中国国民党中央执行委员会秘书处致台湾省党部代电

（1948年8月10日）

台湾省党部：奉总裁代电，以据报称：琉球现虽由美军管治，人民均甚内向，请秘密运用琉球革命同志会组织掌握政权，冀于将来对日和会时仍能归我国统治，以保持我太平洋之锁钥等语。应如何秘密运用，希即核议为盼等因。经邀请各有关机关会商决定：由台湾省党部秘密与琉球内向团体联络，并商同台湾省政府及警备司令部，协助各该团体或个人从事回归祖国运动。特此电达，即希查照秘密办理为荷。中央执行委员会秘书处。未准。议。印。

中国国民党中央执行委员会秘书处致王世杰、彭昭贤等函

（1948 年 8 月 10 日）

复签

径启者：

奉总裁巳删交秘代电，为据密报称：琉球原属我国领土，现虽美军管治，人民均甚内向，拟请秘密运用琉球革命同志会人员，秘密掌握琉球政权，冀于将来和会时，琉民能以投票方式归我统治，或由琉球地方政府自动内向，以保持我在太平洋之锁钥等语。应如何秘密运用，希即核议。等因。经即约集各有关机关主管人员初步交换意见，结果佥认琉球为我东海屏藩，在国防上价值甚巨，我国实有争取之必要。现部分琉球既具内向情绪，且已有革命同志会之组织，自应特别予以鼓励和协助。爰经决定数事如左：

（一）由台湾省党部秘密与琉球内向团体联络，并商同台湾省政府及警备司令部，协助各该团体或个人从事回归祖国运动。

（二）各地政府对留居当地琉胞之管理，应特予放宽，俾增加其内向情绪。

（三）请台湾省政府修正《雇用琉籍技术人员登记规则》第五条，对船只雇用琉籍技术人员不作比例限制，并准许该项被雇用人员及其家眷在雇用市镇辖区内居住。

（四）请台湾省政府及台湾警备司令部，对被雇用琉籍技术人员之有家眷在琉者，准其自行设法以用品送返其家中，勿予留难。

（五）由台湾省方面选派小学教员分赴琉球各小岛施教，以争取第二代，并借以从事宣传。

以上各点，除分函外，相应函请查照为荷。

此致王部长世杰（外交部）、彭部长昭贤（内政部）、李秘书长惟果（行政院）、魏主席道明（台湾省政府）、彭司令孟缉（台湾省警备司令部）、丘主任委员念台（台湾省党部）。

中央执行委员会秘书处

翁文灏复中国国民党中央执行委员会秘书处函

（1948 年 8 月 10 日）

径复者：

接准贵处八月六日京卅虞议字来函，承询对于秘密运用琉球革命同志会人员，以期收回我国故土意见一节。经查关于琉球问题，总统前与美总统罗斯福及英首相丘吉尔在开罗会议时，业经共为谈及，并有所谅解。目前，我方如采取秘密方式运用私人团体有所活动，恐将伤及美英友邦之情感而有所误会。鄙见所及，认为此事实应特为慎重，仍以留待将来以外交方式解决较为合理。是否有当，相应复请察照为荷。

此致中央执行委员会秘书处。

翁文灏启（章）

八月十日

丘念台读琉球革命同志会《琉球与中国之关系》感言

（1948年8月18日）

诗曰："脊令在原，兄弟急难。"余读琉球喜友名君持示之琉球革命同志会著之《琉球与中国之关系》一书，竟不禁怃然，不禁感愤！

吾人为中华民族，应助琉球同胞解放；吾人为台湾人，尤应助琉球同胞解放。吾人应尽力助成琉球同胞"建设琉球人之琉球"之革命伟志，中琉同胞，其同携手，巩卫民族，安定东亚，以光先烈而酬祖德乎！

中华民国卅七年八月十八日，丘念台志于南京

喜友名嗣正致吴铁城函

（1948年8月22日）

吴秘书长阁下：

此次晋谒崇阶，蒙抚慰有加，对于琉球人民痛苦关切尤深，边民怀德，莫可言宣。琉球人民愿能回到祖国之怀抱，永做藩篱。嗣正永矢忠诚，在祖国之领导下，谋琉球人之解放与自由。肃缄布意。敬祝国运昌隆，并祝健康。

喜友名嗣正敬叩

翁文灏致蒋介石电

（1948年10月2日）

北平总统蒋钧鉴：外交王部长自巴黎赚日电陈：抵法后，杰曾与马歇尔晤谈两次，今午谈达两小时班，对于欧洲原子弹问题、马歇尔计划前途、韩国矿砂及日本赔偿等等，均经商谈，拟俟回国后详陈。唯有三事谨先电陈如下：（一）关于对日问题。杰询马卿略谓：和约一时既难成立，美政府愿否考虑以美前国务

院贝尔纳斯所提《中美英苏四国对日同盟条约草案》为基础，由中、美、英订立盟约，共负防止日本侵略之责（并声明苏联如愿加入，仍可随时加入）。倘有此约，则即无和约，中国人民亦可放心，因之美国对日经济措施，中国亦较便协助，中日间贸易商业关系，亦可开展云云。马卿对杰此议甚感兴趣，愿仔细研讨，并赞成杰与共和党代表达拉斯商谈。（二）马卿冲绳岛之设防，为对付苏联之要着，询我国对琉球之态度。杰告以我政府尚未决定，但杰本人预计我政府可赞同美政府在冲绳岛设防，唯琉球全部将来应置于中美共同托管之下。（三）马卿询问倘美国政府派麦克阿瑟赴华，代替巴大维，中国态度如何。但马卿对此系私人询问，不是正式提议。杰对此点尚未明白答复。钧座对以上三事有何措示，盼电示等语。此洽谈甚关重要，钧座有何指示，恳速电示。职翁文灏叩。酉冬。机。印。

批示：知道了。

丘念台致吴铁城代电

(1948 年 10 月 16 日)①

南京中央秘书处秘书长吴钧鉴：（秘）京卅虞议（2870）号代电敬悉。遵即秘密与琉球内向团体密切联络，并积极筹组琉球研究机构。惟事属机密，进行必须慎重，以免别生枝节。不意台湾全省警备司令部突于前（九）月廿八日召开“处理琉侨座谈会”，本会当派通讯组苏组长泰楷同志与主办党团吴干事成鹏同志出席参加。会后据呈称：查本日被邀参加座谈会机关，除本部外，尚有外交部驻台特派员公署，民政厅医务处、社会处、教育处、农林处、水产公司及基隆要塞司令部等八单位，计与会代表

① 原档案误为 7 月 16 日。

二十一人。该座谈会名称似仅商讨处理留居台省琉胞，然其讨论提案超出范围外，且当众宣讲中央秘书处机密文件，虽经本会苏组长再三郑重声明保密，但出席人多，难保均能做到，深恐将来发生意外泄露机密情事，则责任谁属，实成疑问。又，查本日座谈会主持人为钮先铭副司令，讨论提案中之第一、第四两项，本会仅声明在研究中，始终不发表任何意见；第二、第六、第七三项，照拟定办法通过；第三项议决暂缓进行；第五项议决取消原提案，盖认定琉胞视同国人等情。查该部未先征询本会同意，率尔召开本会主办之会议，尤其当众漏泄秘密，似应非宜。本会除积极部署一切并加强与该部联络外，理合将该部召集开会情形并检附该部《处理琉胞座谈会提案及拟定办法》乙件，电恳钧核备查。至于将来进行情形，自当专案呈报。台湾省执行委员会主任委员丘念台（公出）、副主任委员庄鹤礽（代行）叩。（37）酉（铣）党社。

附件如文（章）。

处理琉侨座谈会提案及拟定办法

提案	拟定办法
一、如何运用琉侨革命团体案。	先由台湾省党部拟具草案，然后召集各有关机关商讨决定之。
二、本省雇用琉籍技术人员登记规则第五条之修正案二条： ① 琉籍船员不予比例限制； ② 琉籍船员及其家属准在雇用市镇辖区内居住应如何决定案。	① 琉籍船员不予比例限制，但在廿吨以上船只，华籍船员不得少过五名；廿吨以下之船只，华籍船员不得少过三名。 ② 由各地渔会及雇主商讨指定其居住地区并应由各当地最高行政机关登记。
三、接济在琉眷属日用品应如何决定案。	每月由雇（留）人员自行设法船只运送接济品一次，但事先应报经本部核准，然后会同海关及宪警查验放行。

续表

提案	拟定办法
四、选派小学教师赴琉施教应如何决定案。	由省党部会同省教育厅拟具办法，然后召集有关机关商讨决定之。
五、不法琉人之处理案。	① 较轻者交由琉侨人民协会处理； ② 该会不能处理者，先送本部查讯，然后再移司法机关办理。
六、无职业琉侨在台应如何优待。	有技术者，经琉侨革命同志会或人民协会推荐，各机关尽量留用。
七、在职讯总队所管训之琉侨五名应如何处理。	由琉侨革命同志会具保后开释。

丘念台等上吴铁城呈文

（1948 年 10 月 29 日）

谨检具本省琉球人民协会等廿五单位本年八、九两月份工作报告书廿五件，呈请钧核备查。

谨呈中央秘书处秘书长吴。

中国国民党台湾省执行委员会主任委员　丘念台

副主任委员　庄鹤礽

台湾省琉球人民协会工作报告（八九月份）

（1948 年 10 月）

（一）政府对于琉民之管理以及本会进行工作之情形

查我琉球原为中国属地，人民亦即中国属民，中间虽经日寇侵占，多数人民实未忘中国。兹者日寇战败，琉球之回归祖国应无疑议。唯以对日和会未成，琉球隶属问题尚未确定，以至为中国政府所留用之技术人员及在台湾谋生之一般琉球人民，其行动、居住及工作机会等，均受到严格管制。因此，彼等生活上及精神上均感到无限痛苦，而致常发生被留用琉籍技术人员逃亡及一部分琉人走私等弊端。为谋得解除我琉人此项痛苦，亦即消弭上述弊端起见，除另呈请早日收回琉球，使琉人得与内地人民立于同等地位外，谨再沥陈数事，曾向政府申请者分述如后：

（1）请修正《台湾省雇用琉籍技术人员登记规则》第五条为："1. 船只雇用琉籍技术人员，最多不超过各该船船员三分二。""2. 前项被雇用人员，准在被雇用市镇辖区居住，因故超出该辖区外时，应呈报并取得当地警察机关之证明。"

（2）请准许被留用之琉籍技术人员携眷在台雇用辖区内居住。（但可规定：来台后不得任意还琉。）

（3）请台湾省政府与琉球民政府交涉，准许中国政府留用之琉籍技术人员送回用品，交其留居琉球之家中应用。

以上诸点屡经呈请，结果已蒙政府当局体恤下情，拟即日即将妥为解决。

（二）两月来本会进展情形

本会于本年七月八日呈准设立后，在政府指导之下，会务得以顺利进展，本会会员深为感激。两月以来，经本会极力宣传与劝导，陆续加入本会者甚为踊跃，现有正式会员男女计共二百十名，而近日在苏澳方面另有我琉人约百五十名，深明本会设立之宗旨，欲申请加入，现正进行办理中。然本会各项经费短绌，收支困难，皆赖同心合力，以期来日有所进展。故关于会费一节，现每名暂收台币二仟元，其他至于本会福利事业之创办，将视经费筹措情形如何，决定进行之程度，诸如教育、医疗亦在进行之例。

（三）会员指导及组训工作

现本会对于此项工作之进行极为重视，随时将派员赴全岛各地，严格实施集训，指导会员养成互助精神，遵守政府法令，纠正会员错误思想及言论行为，或助长其知识与技能等工作。

总之，关于其他应办之事项，本会当不必艰难，全力以赴，外则尚赖诸同志之了解、指引与协力，以期达到中琉一体之最后目标。

台湾省琉球人民协会启（章）

中华民国三十七年十月

台湾省党部致吴铁城电

（1948年11月10日）

中央秘书处秘书长吴钧鉴：密。琉球革命同志会喜友名于本月七日由苏澳化妆渔人潜入琉球工作情形，除另呈报外，谨电备查。台湾省党部。灰。叩。

喜友名嗣正（蔡璋）呈蒋介石琉球国民党组织计划

（1949年10月31日）

窃查琉球为中国属地，琉球人民即中国人民。不幸至清光绪五年沦为日本郡县，七十余年间，琉球同胞日处水深火热之中，过着奴隶不如之生活，唯以祖国海洋远隔，呼吁无门。日寇败降，全琉人民无不庆幸今后可以重返祖国怀抱。兹者，对日和会尚无确期，琉球归属问题亦尚乏明显确定。本会夙以标榜中琉一体为宗旨，为自由解放而奋斗，并期早日达成归还祖国之最后目标。兹启冒昧渎陈组织“琉球国民党”，拟具政策，务期全琉同志循次努力。

甲　政治

一、实现中琉一体，排除强权之侵略。

二、建立民主化之地方自治制度。

三、建立琉球之国际缓冲化，促进中琉结合之具体发展。

四、依民族平等之原则，促进琉胞地位之平等。

五、与各“反共”国家订立“反共”联盟，彻底保卫台琉一线。

六、组织防卫军，加紧军事教育，已完成护乡任务。

乙　经济社会文化

一、欢迎国际资本与技术合作。

二、公共性企业之公营化。

三、发展农民组织，保障农民权益。

四、保障人民言论、出版、集会、结社、宗教信仰及学术研究之自由。

五、依照国父“地方自治开始实行法”，推行各项自治事业。

六、促进中琉文化交流，消灭日本文化之遗毒。

（其余略）

值兹“共匪”日形猖獗，国势日益艰危之际，谨拟具《琉球国民党组织计划》，在钧座领导之下，愿以积极有效之行动，振奋革命战斗精神，齐赴国难，共□复兴。伏请钧座俯念中琉一体之关系，同志拳拳服膺之微衷，赐予批准采纳，则琉球幸甚！祖国幸甚！

谨呈总裁蒋。

拟办：本案既以琉球为主独立组党，所请批准一节，似应毋庸议。至蔡祈来台恳求钧座赐见，似可照准。面致赞助之意。

批示：如拟。

喜友名嗣正（蔡璋）上蒋介石签呈

（1949年12月14日）

一、窃本会为谋积极扩展琉革命工作，并协助政府“反攻”

计划，恳请赐予拨给手缲网渔船一对（两艘），俾便运营，弥补革命活动经费之不足，同时亦可从事台琉间工作之联络及协助政府海上防卫（现台湾海军总司令部缉获日本渔船只中，有明石丸及高洋丸等各两艘）。

二、本会对于会务上之处理，恳请选派专责者或专责机构，以资指导。

三、本会谋加强对外宣传，计需要设置印刷机及日文铅字，以印发宣传刊物。唯经费巨绌，力不从心，恳请赐予拨给该项器材，借资从事宣传。

倘蒙赐准办理，不特足以普遍争取琉胞内向情绪，抑且使中琉一体之神圣工作，更有顺利之进展。此诚不仅期接触琉胞痛苦，亦即争取祖国之光荣也！惶恐陈情，伏惟垂察。

谨呈中常委员谷转呈总裁蒋。

台湾省琉球人民协会理事长、琉球革命同志会会长　蔡璋

拟办：本件系于上年十二月中旬交来，因与桂总司令及有关同志先事接洽，故今始呈阅，谨注。

一、关于请拨渔船一节，正纲曾函询桂总司令，据复已一律改装炮艇，无船可拨。

二、似可不必专设指导机构，拟由中央党部郑秘书长负责洽办。

三、所请拨给印刷器材，加强宣传一节，似尚需要，拟酌予补助。至于印刷机及日文铅字，曾与希圣同志商洽，《新生报》现有平板机两架，并可代购铸日文铅字（一万台斤），计需价款新台币五万五千元之谱，是否可由本室购拨之处，敬祈钧核。

批示：知道了。

《近代史资料》总139号

主　　编　刘　萍
执行编辑　李学通
编　　辑　关　康